经世济民 和合至美

西南民族大学经济学院本科教学改革研究

郑长德　李道凤◎主编

·北京·

图书在版编目(CIP)数据

经世济民 和合至美：西南民族大学经济学院本科教学改革研究／郑长德，李道凤主编．--北京：中国经济出版社，2021.4

ISBN 978-7-5136-3041-2

Ⅰ.①经… Ⅱ.①郑…②李… Ⅲ.①高等学校-教学改革-研究-四川 Ⅳ.①G649.21

中国版本图书馆 CIP 数据核字(2021)第 070015 号

项目统筹 李煜萍
责任编辑 王 帅
责任印制 巢新强

出版发行 中国经济出版社
印 刷 者 北京九州迅驰传媒文化有限公司
经 销 者 各地新华书店
开　　本 710mm×1000mm 1/16
印　　张 16.5
字　　数 244 千字
版　　次 2021 年 4 月第 1 版
印　　次 2021 年 4 月第 1 次
定　　价 68.00 元
广告经营许可证 京西工商广字第 8179 号

中国经济出版社 **网址** www.economyph.com **社址** 北京市东城区安定门外大街 58 号 **邮编** 100011

西南民族大学中央高校教育教学改革专项
编辑委员会

“民族高校应用经济学创新型、国际化人才培养模式研究”课题组

杨海燕　西南民族大学经济学院副教授
肖育才　西南民族大学经济学院副教授
何雄浪　西南民族大学经济学院教授
张小兰　西南民族大学经济学院教授
姜太碧　西南民族大学经济学院教授
涂裕春　西南民族大学经济学院教授
黄　毅　西南民族大学经济学院教授
熊海帆　西南民族大学经济学院教授

目 录

CONTENTS

第1篇 课程教学建设篇

第3篇 教学模式研究篇

第5篇 教学案例分析篇

第6篇　实践教学环节篇

第1篇

课程教学建设篇

>>>>

1 民族高校本科教学管理体系研究
——以西南民族大学经济学院为例

李道凤　王巍伟　余国娟[①]

摘　要： 西南民族大学经济学院自建院以来，为少数民族地区培养和输送了大量的经济人才，为民族地区的稳定发展做出了不可替代的重要贡献。在此过程中，经济学院的教学管理工作日臻完善。本文旨在对经济学院的教学管理工作进行总结，并对教学管理工作中需要完善的地方提出相关建议。

关键词： 教学管理；教学质量；问题；对策

西南民族大学经济学院（以下简称“经济学院”或“学院”）的发展历史可以追溯到 1951 年，当时学校秉承“为少数民族地区和少数民族服务”的宗旨，建立了经济学科，1992 年成立财经系，1995 年改称经济学系，2000 年组建经济与管理学院，2003 年成立经济学院。建院以来，经济学院为少数民族地区培养和输送了大量的经济人才，为民族地区的稳定发展做出了不可替代的重要贡献。经过近 20 年的发展，经济学院已成为为少数民族和少数民族地区培养高层次经济金融人才的基地和重要的少数民族地区经济社会发展课题研究基地。为了不断为少数民族地区经济发展培养优秀的经济类管理人才，学院始终将本科教学管理工作放在非常重要的位置。

---

① 李道凤，西南民族大学经济学院讲师，助理研究员。主要研究方向：教育管理。王巍伟，西南民族大学电气工程学院讲师。余国娟，西南民族大学电气工程学院讲师。项目来源：西南民族大学校级教改项目“民族院校本科教学质量保障措施研究——以经济学院为例”（编号：2019YB10）。

1.1　保障教学质量，构建监控体系

本科教育工作是学院工作的重心，学院始终非常重视本科教学质量的管理，实施了一系列切实可行的措施加强教学质量监控，从教学目标监控、教学过程监控、教学效果监控等方面提升和保障教学质量。

1.1.1　教学目标监控

教学目标始终以人才培养为核心。为此，学院从加强制度建设、执行和监控教学目标、教学与实践管理三个方面加强教学目标监控。

1.1.1.1　加强制度建设

建立教学工作列入党政联席会讨论事项制度，本科教学重要事项均通过学院党政联席会议并以纪要的形式进行传达；建立党政联席会议成员听课制度，书记、院长联系班级制度，经济学院本科生导师制度。

1.1.1.2　执行和监控教学目标

围绕人才培养目标，修订和实施培养方案，有效执行教学目标。同时，整合学院的力量和资源，通过申报和实施各级各类教学改革项目，大力推行教育改革和创新，结合人才培养目标，动态实施教育目标监控。

1.1.1.3　教学与实践管理

学院把本科人才培养放在业务管理工作的第一位，并采取如下具体措施：加强本科生低年级管理、规范本科生导师管理、加强基础课程的教学管理、加强教学督导管理、建立院系二级督导制度、加强师生评教管理、加强学生社会实践教学管理、积极倡导学生保证足够的学习时间特别是对晚上8:30—10:30的时间进行管理。

1.1.2　教学过程监控

学院主要采取教学工作会议、教学检查、实践教学、评教和考试监控等措施实现教学过程监控。

1.1.2.1　建立院系两级教学工作会议制度

学院建立院系两级本科教学工作会议制度。学院每年定期召开一次本科教学研讨会，就当前教学中的重大问题达成共识；每学期开学时制订本学期教学工作计划，期末总结并检查计划完成情况；每周召开一次学院会

议，解决教学工作中存在的实际问题；以系为单位，每两周召开一次教学工作会议，解决各系在教学过程中遇到的具体问题。

1.1.2.2 “三段式”课堂教学检查

(1) 学期初检查

每学期初，学院按照人才培养方案进行教学任务安排。对课程表、教案、教材、教学进度安排、实践教学和教学大纲等的准备情况进行检查。

(2) 学期中检查

在期中，学院重点检查课堂教学内容、教学秩序、教风、学风、实验教学等情况，并组织学生座谈会、教师座谈会，进行课堂教学情况的调查。

(3) 学期末检查

在期末，学院组织督导组，通过随机抽查的方式，对考试、课程设计、实习、综合设计、毕业设计等情况进行检查，并组织学生参加学校网上评价及学院教学评价。

1.1.2.3 实践教学检查

根据学院制定的人才培养方案中实践教学管理的相关内容，学院充分利用实践教学管理系统的信息化优势，对各个实践教学环节实施有效检查，学校和学院督导组随机进入实验室听课或到校内实习/实训基地现场，检查实验、课程设计、创新实践等实践教学过程，以便能及时发现实践教学各环节中存在的问题，反馈到学院，督导改进。在实习教学过程中，由带队教师参与全过程，并由实习基地相关企业对学生实习情况进行评价。

1.1.2.4 建立师生互评制度

(1) 学生评教

每学期进行1~2次全院范围的学生评教工作，并将学生评教结果纳入教师业务年度考评，以评促教。

(2) 教师评学

教师通过对学生考试（考查）成绩的汇总分析和作业批改、辅导答疑等方式，及时了解学生学习状况；各系负责任课教师评教表的收集汇总和分析，分析结果反馈到学院，以评促学。

1.1.2.5　考试环节监控

（1）考试命题监控

考试命题要求能够覆盖课程大纲的所有主要内容，并能区别不同水平的学生，命题教师完成难度、题量相当的两份试卷由系主任审阅后交学院教务办公室，教务办公室任意抽取一份试卷作为考试试卷，两份试卷不允许重复，两年内试卷的重复率不得超过15%，对于公共基础课、学科基础课，实行统一命题，统一评分标准、统一阅卷，教考分离。

（2）考试过程监控

考试前，学院组织教师和学生学习考试管理相关规定，明确教师监控职责和学生考场要求，学校教务处负责学校统一考试课程的考试时间和地点安排，学院负责学院统一考试课程及考试时间和地点的安排，并打印学生考试随机座位安排表。考试中，由学校领导、教务处和学工处负责人、学院分管教学和学生工作的院领导等组成的巡考小组对考试过程进行巡查。

（3）成绩评定监控

课程考试成绩评定采用百分制或五分制计分。阅卷评分工作需在所有课程考完后开始，在学校规定的时间内，由任课教师将评分结果及时录入"教务综合管理信息"系统。成绩录入结束后，要进行试卷分析，包括学生成绩是否符合正态分布、试卷难度、及格率、各分数段人数等各项数据，当课程成绩出现异常时，任课教师需写出书面报告，写明情况，分析原因后提交学院。成绩一经评定，不得更改，若学生对其成绩存疑，可提出书面申请，学院组织教师进行复查。

1.1.3　教学效果监控

1.1.3.1　学生信息反馈监控

建立学生教学信息员工作机制。从不同年级、不同专业聘请学生为教学信息员，通过多种形式了解学生对教学情况的各种反应，指导和改进教学。

1.1.3.2　毕业生跟踪调查

通过对毕业生的实际能力和工作表现的跟踪调查，主动了解、收集用人单位对毕业生的评价以及社会对人才培养的意见与建议，为学院教学质量的提高提供客观依据。

1.1.3.3 毕业生实习考核

强调学生毕业实习与企业生产项目相结合、与就业上岗相结合，根据实际生产岗位需要进行毕业实践教学。在企业技术人员的指导下，与学院教师配合开展毕业实习，由校企双方共同负责实习学生管理，毕业实习的考核由校企双方组成考核小组共同进行。

在一系列监控体系下，学院整个教学环节形成一个完整的体系，从教学到实践再到毕业，学生在整个本科的学习过程中受到科学合理的规划和管控，教师的教学过程也得以规范，一系列的措施有效地提高了学院学生的整体素质和就业水平。

1.2 创新教学理念，推进改革规范

在本科教学过程中，学院注重创新教学理念，从教学改革、课堂教学、实践教学和第二课堂等四个方面不断创新，以培养合格和优秀的少数民族经济管理人才为目标，提升教学质量。

1.2.1 不断推进教学改革

近年来，学院承担教育部、四川省和国家民委的质量工程项目 10 项，校级教育教学改革项目 13 项，依托国家特色专业和经济学综合实验教学中心，编写教材 10 余部。

1.2.2 规范课程教学要求

1.2.2.1 课程规范

为了紧跟时代的需求，2016 年学校对本科生培养方案进行了较大幅度的修改，2017 年又根据形势的变化对 2016 年的方案进行了微调。调整以后，每门课程都有完整合理的教学计划与教学大纲，由学校统一印刷出版。教师授课需要严格按照教学计划进度进行，学院要求教师在教学中既能够保证计划性，又能够增加与更新专业前沿的知识。学院按学校要求统一排课，调课与临时调课程序规范、手续齐全。

1.2.2.2 教学内容与教学方法与时俱进

课堂教学是学生学习的主要途径，课堂教学方式方法是提高教学效率

和实现教学目标的关键。学院积极鼓励和重视推广具有创新性、能充分调动学生学习主动性、符合专业教育规律的先进课堂教学方式方法。许多教师在继承传统优秀教学方法的基础上，对新教学方式方法进行了有益的探索，取得了明显的教学效果。大多数教师在课堂上普遍采用了案例教学法，通过“案例—问题—讨论”的课堂进程，引导学生积极思考和发言，并在师生的共同讨论中相互启发，培养学生运用专业理论和与实际相结合的方法来分析解决实际问题的能力。

1.2.2.3　考试管理规范

学院在考试工作管理过程中，严格执行学校的相关规定，命题、制卷、监考、评卷、成绩登录、试卷分析、装订等考务（考试）工作严谨、规范，由专人负责此项工作，对最后归档的试卷，由专人检查与核对。平行课堂的课程统一命题，以保证公正性。学生考试、教师监考行为规范，无违规现象。严格执行教考分离、流水阅卷。

1.2.3　深入开展实践教学

实践教学是人才培养的重要组成部分，学院始终以社会需求和学生就业为导向，以培养学生创新精神和实践能力为目标，积极开展实践教育教学改革。近年来，学院积极探索实施实践教学改革，着力构建“立体式”实践教学体系，创新实践教学模式，不断提升实践教学育人水平。甚至有的教师增加了课堂过程的内容，有的教师以实践报告与实践时数为考核内容。

为了构建实践教学体系，学院在人才培养方案和教学大纲的修订过程中，重新梳理整合实践教学各环节要素，构建了实践教学目标、教学环节、平台支撑、制度保障融为一体，学科基础模块、专业技能模块、创新教育模块相互衔接的多元化实践教学体系，并与理论教学体系相辅相成，成为培养学生实践能力和创新能力的“立交桥”。同时，学院以经济学综合实验教学中心和经济学院创新分中心为依托，以校外实践实训基地为平台，以企业导师制为纽带，构建实施了“认知实习—专业实习—毕业实习”的实践教学模式，形成前后衔接、内外统合的实践能力训练机制，使学生通过模拟演练、参与性观摩、实习单位实习、总结性研究等环节提升实践能力。

1.2.3.1 实践设施和课程

已建成金融创新仿真实验室、金融投资实训实验室、国际结算实训实验室、国际贸易仿真实验室、银行保险仿真实验室、计量经济实训实验室、经济学沙盘演练实验室、空间经济学实验室等10个专业子实验室和一个大学生创新实践多功能厅。多功能厅总面积为2000多平方米，主要软硬件设施总投资1300余万元（其中经济学教学软件25款，价值284.2万元；科研数据库22套，价值128.2万元），实验教学设备730台（件），提供学生实验位655个。现有实验室中心主任1名、实验室主任2名、专职实验员2名、兼职实验授课教师16名。

开设的经济类实验实训课程主要有统计学原理、投资学、财务金融建模、计量经济学基础、金融交易技术分析、金融工程原理、国际贸易理论与实务、证券投资分析、财务报表分析、公司金融学、投资银行学理论与实务、金融衍生工具、电子商务、进出口实务、SPSS及其应用、创业学等28门，同时还承担大学物理、三维动画制作等学校公共实验课程。经济学院综合实验教学中心每学年度承担的实验教学人时数达162188，每学年度承担的本科生实验、实习、实训项目数825个，主办或承办各类科研教学讲座26场。

1.2.3.2 实践基地

学院是教育部高等教育司产学合作协同育人项目“大学生实习实训项目”建设单位，与四川省商务厅、中国工商银行、中国银行、中国农业银行、北川羌族自治县、兴业证券、华夏银行、民生银行、平安保险等10多家机构签订了合作协议，并在这些机构建立实践教学基地。

1.2.4 大力推动学生创新

学院秉承“每个学生都是增长点”的学生工作理念，致力于多渠道、多角度提升学生的综合素质及社会责任感，除了专业教学课堂之外，还建立了各类学生工作创新平台与第二课堂，与第一课堂相互结合和补充，有效地提供了学生自主学习和个性发展的广阔空间，全面提升了学生的创新创业能力。

1.2.4.1　学生工作创新

学院的学生工作创新丰富，创新平台包括：6个社团（一报一刊一社两会一队）——《经济风》、《经济学人》、“善之力”爱心社、经济时政协会、未来银行家协会、经世致用辩论队；4个网络阵地——学院网站、“Economics知道”微信公众号、学院微博、“经世先锋”微信公众号；3大特色品牌——“中国西部民族经济调查”社会实践活动、本科生学术年会、创新创业创未来活动月；3个论坛——中国经济形势与政策系列讲座、研究生“觉知”论坛、本科生“梦云湖”论坛；2级团学——院团委、团支部，学生会、班委；1个中心——经济学院创新创业分中心。

1.2.4.2　第二课堂建设

学院以“笃学尚赛，全面发展”为核心进行第二课堂体系的构建，并将其纳入学院人才培养方案，贯穿于人才培养全过程。设有西南民族大学经济学院创新创业分中心，由院长担任主任，分管教学副院长、分管学生工作副书记任副主任，团委书记负责中心日常工作。

院团委及经济学综合实验教学中心积极配合，为第二课堂的顺利开展提供有力的组织保障。相继组织4800余人次参加“挑战杯”“创青春”“互联网+”“创行”社会创新公益大赛，CFA全球投资分析大赛，全国大学生网络商务创新应用大赛等各项国际国内学生创新赛事。1200余人次先后获得国家级、省级奖励。

1.2.4.3　社团建设与校园文化、科技活动及育人效果

围绕基于专业的创新创业实践平台建设，学院创建和完善了各类社团。其中“善之力”爱心社是四川省大学生“十佳”社团，在中国扶贫基金会“爱心包裹”项目中多次跻身全国三甲，曾在人民大会堂受到表彰；经济时政协会承办的“全国大学生网络商务创新应用大赛”获国家级一等奖18项、二等奖14项、三等奖10项，西南赛区奖励近40项。从2015年开始，承办“四川省证券投资模拟大赛”，共吸引15余所高校5000余名学生积极参与。此外，还有“未来银行家俱乐部”、《经济风》报社、《经济学人》杂志社等学生参与竞技和写作论文的平台。

学院建立的学生创新团队包括：CFA团队，由本科生和研究生共同组

成，形成以硕带本的梯队模式。自参加 CFA 全球投资分析大赛以来多次获得中西部地区第一、第二、第三名的成绩。2017 年代表中国赴曼谷参加亚太赛。创行团队，始终秉承“以商业理念可持续性地帮扶弱势群体及弱势产业”的理念，在全国大学生创新公益活动大赛中屡获佳绩，自成立以来连续以区域赛第一晋级全国赛，多次获得全国一等、二等、三等奖。

1.2.4.4　国内外交流学习

近年来，共有 50 余名学生参与到美国、韩国、英国、中国台湾等地游学、做交换生的活动。学院积极联系国内高校夏令营项目，推介学生积极参加到外校夏令营的项目中，为学生跨校交流搭建了平台。学院鼓励并支持学生参加各类学术活动，以高级别学术会议为平台，促进学生之间交流学习。连续两年 3 篇论文入选美国社会学年会、美国经济学年会等会议，21 篇论文入选中国留美经济学年会、中国经济学年会等高级别会议。

学院着力于探索民族高校应用型、创新型经济类人才培养模式和提高人才培养质量，高度重视教学改革工作，教学改革在学院发展规划中占据重要地位。学院的教学改革始终以人才培养为目标，进一步巩固和加强民族高校本科教学基础地位，同时提升应用型专业学位硕士人才培养质量，培养了一批企业社会认可，具有国际化视野的高素质、创新型、专业化拔尖人才。

1.3　注重目标管理，斩获骄人成绩

经过多年的努力，学院注重目标管理，规范的教学工作、不断改革的教学方法使经济学院的本科教学工作取得了骄人的成绩。

1.3.1　招生及生源成果

经济学院本科招生面向全国，文理兼收，规模稳定。学生来自全国近 40 个民族，2014 年招收 442 人，2015 年招收 430 人，2016 年招收 459 人，2017 年招收 472 人。

1.3.2　学生指导与服务成果

学院以提高学生就业竞争力和民族团结进步为目标，根据各年级不同特点，分阶段、分类别、有侧重地提供学生指导与服务。

对新生，学院制订周详的新生教育计划，通过专业引导教育、法制安全教育等活动，帮助新生掌握各项规章制度和日常行为要求，提高专业认知度，为养成良好的学习和生活习惯奠定基础，使其平稳、快速地度过适应期。对老生，学院深化就业、考研、留学指导及服务。

一系列的举措收到了喜人的成绩。近三年学院平均就业率达 98%，考研出国率稳步提升至 21%。学院分别在 2014 年、2016 年、2017 年三年获得校级就业先进集体。五年来，经济学子斩获国家级奖励 35 项、省级奖励 40 项；获批国家级大学生创新创业训练计划国家级 16 项、省级 70 项。学生作品连续入围全国大学生创新创业年会、全美经济学年会等高端平台。

1.3.3　学风和学习效果

学院以“提高学生综合素质”为目标，以学生未来发展方向为切入点，从学生的需求入手，强化日常管理，实施分年级、分目标学风养成计划，营造“求真、求实、求精”的优良学风。具体举措包括：强化学生行为规范的培养与督促；严肃考风考纪，推进诚信教育；重视学业困难预警及帮扶；以班级品牌活动为抓手，建设班级文化和寝室文化。

学院加强德育，注重社会主义核心价值观教育、感恩教育、诚信教育和社会责任教育，鼓励和支持学生开展志愿者活动，培育学生的社会责任感和公民意识。

学院加强智育，依托《西南民族大学学生综合素质测评》并结合学院实际，制定和完善国家奖学金、国家励志奖学金、三好学生标兵、三好学生、优秀学生的评选体系。

学院加强体育，体测合格率均在 87% 以上；积极开展各种体育活动，在每年的学校春季运动会上，学院一直蝉联表演一等奖，运动成绩总分居学校中上水平。

学院加强美育，依托丰富多彩的第二课堂，举办各种美育活动。

根据学校 2017 年公布的“麦可思报告”统计数据，经济学院在教学满意度、学生服务满意度、就业稳定性、就业现状满意度、专业相关度、月收入、就业率七大指标中，有五个指标等于或略高于全校平均值。综合指标“对学院的满意度”，2015 届毕业生为 94%，2016 届毕业生为 95%。

1.3.4 毕业生就业成果

近五年，经济学院共有毕业生 3200 余人，其中本科 2700 多人，研究生 300 多人。综合就业人数 3168 人，就业率为 99%。近三年，学院毕业生就业率（最终就业率）一直保持在高位水平：2015 年为 99.17%、2016 年为 100%、2017 年为 97.14%。

近五年就业的学生中，升学人数达 400 多人，占就业总人数的 14%，学生们更倾向于在结束大学本科教育后选择继续深造。结合毕业生反馈信息统计可知，升学人数中 41% 的学生考取一般院校；35% 的学生考取“211 工程”“985 平台”院校，其中包括北京大学、中国社会科学院大学、电子科技大学、西南财经大学、中南政法财经大学、湖南大学、暨南大学等；23% 的学生选择出国继续深造。

近五年，毕业生中选择进入外资企业的占 14%；有 34% 的学生进入民营企业工作；13% 的学生选择进入国有企业；在国家“大众创业、万众创新”的号召下，有 13% 的学生选择了其他性质的就业，主要为自由职业及自主创业；此外，9% 的学生进入了事业单位及党政机关。

经过多年的努力，经济学院的本科教学工作赢得了社会的广泛认可和好评。家长愿意把孩子送到学院接受本科教育，社会和企业愿意接受学院的毕业生，学院毕业并接受研究生教育的学生也受到广泛好评。

1.4 应对现实挑战，创新改进措施

近年来，经济学院教学改革和人才培养质量得到大幅提升，教学工作大步推进，但在人才培养竞争多元化的新形势下，教学方面还存在不足之处。

1.4.1 教学名师相对缺乏

1.4.1.1 面临的挑战

首先，教学名师较为缺乏，导致在教学团队打造和教学品牌的整合推介上存在明显短板，严重制约了学院教学整体跨越式发展。学院目前拥有 1 名省级教学名师，3 名校级教学名师，但相较于学院师生规模和教学创新发展的需要仍显不足，且后续在国家级教学名师突破上存在较大困难。

1.4.1.2 改进措施

实施教学名师梯度培育计划，并在培训、项目申报等方面进行重点倾斜。同时，与学校积极沟通，希望学校在2018年及今后的教学名师评选和培育上能够向经济学院倾斜并给予更多的政策扶持。

1.4.2 部分专业教师引进难度大

1.4.2.1 面临的挑战

金融工程、保险学等专业教师缺乏，引进难度较大，一定程度上影响了课程教学质量的整体提升。

1.4.2.2 改进措施

建议学校能够将金融学、金融工程、经济统计专业三个专业归类为人才引进的紧缺专业，在教师招聘中给予相应待遇，吸引这些专业的博士人才来校工作；在增加师资队伍数量的同时，建议学校加快教学楼改造，为小班教学和翻转课堂提供硬件保障。

1.4.3 学生培养软环境有待改善

1.4.3.1 面临的挑战

主要体现在针对学生个体差异的分类分层教学做得不够，学风考风存在问题，学生工作与专业教学缺乏协同。

1.4.3.2 改进措施

针对学生个体差异，积极推进分类分层教学，加强学业预警与学业辅导。加强学风建设，营造浓厚的学习氛围，积极开展读书月、优秀学生报告会、学风建设月等活动。加强课程建设并创新教学方法，提高学生积极性。宣传考风考纪，同时严格执纪，做到违纪必究。以第一课程为中心、为基本原则，构建教学管理与学工的协同机制。

经济学院的本科教学工作，经过完善管理体系、规范教学进程、创新教学方法和内容等一系列的努力和坚持，总体来说，取得了骄人的成绩，但仍有进步的空间。在接下来的工作中，学院师生将携手奋进，为学院和学生的共同进步继续努力。

参考文献

[1] 原玲玲. 二级学院教学质量监控体系研究[J]. 理论探讨,2019(4):43-44.

[2] 刘卫今,皮建辉. 应用型高校二级院系教学质量监控主体内容探析[J]. 教育教学论坛,2018(13):25-27.

2 高校加强中国特色社会主义政治经济学教研思考

黄毅[①]

摘　要： 中国特色社会主义政治经济学是马克思主义政治经济学理论与当代中国经济实践相结合的理论成果，是中国特色社会主义理论的重要组成部分，也是中国特色社会主义理论自信的重要体现。将新中国的建设成就特别是40年来改革开放的辉煌成就凝结成的中国特色社会主义政治经济学理论纳入政治经济学教学，让大学生认识、理解和接受中国特色社会主义政治经济学丰富的理论内涵，是政治经济学课程的重要使命。但目前高校政治经济学教学还面临一些挑战，马克思主义政治经济学面临淡化和被边缘化的尴尬境地，探索原因、走出困境、推进高校中国特色社会主义政治经济学教研是非常必要的。

关键词： 高校；中国特色社会主义；政治经济学；教研

党的十八大以来，习近平总书记提出了坚持和发展中国特色社会主义政治经济学，不断完善中国特色社会主义政治经济学理论体系的重大历史任务。党的十九大做出了中国特色社会主义进入新时代的重大判断，确立了习近平新时代中国特色社会主义思想的指导地位。高校的政治经济学教学应当与时俱进，顺应时代发展，加强中国特色社会主义政治经济学的教学和研究工作。

---

① 黄毅，女，四川省邻水人，西南民族大学经济学院教授，硕士生导师。主要研究方向：政治经济学、服务贸易。通信地址：成都市一环路南四段16号西南民族大学经济学院（610041）。电子邮箱：767203282@qq.com。项目来源：西南民族大学2019年度政治经济学“课程思政建设”项目。

2.1 加强中国特色社会主义政治经济学理论教学重要意义

2.1.1 中国特色社会主义政治经济学是当代中国的马克思主义理论和中国特色社会主义理论的重要组成部分

马克思主义政治经济学是马克思主义的三个组成部分之一，是对马克思理论最深刻、最全面、最详尽的证明和运用，是由马克思和恩格斯共同创立的无产阶级政治经济学。它以社会的生产关系即经济关系为研究对象，在批判地继承古典政治经济学的优秀成果的基础上，重点剖析了资本主义的经济关系，开创性地建立了剩余价值学说，深刻揭示了资本主义生产和剥削的秘密，揭示了无产阶级与资产阶级之间阶级对立和斗争的经济根源，论证了资本主义必然灭亡和社会主义必然胜利的客观规律，指明了无产阶级的历史使命就是推翻资本主义制度和建立社会主义制度，最终实现共产主义。

中国共产党以马克思主义为立党立国的指导思想，一直高度重视对马克思主义政治经济学的学习、研究和运用。在革命、建设和改革开放等不同时期，中国共产党都将马克思主义政治经济学理论与中国的具体实践相结合，提出了一系列科学的革命、建设和发展经济的理论，指导我国社会经济发展建设的实践，取得了重大成就。中国特色社会主义政治经济学是当代中国的马克思主义理论，是中国特色社会主义理论的重要组成部分。

2.1.2 中国特色社会主义政治经济学理论是中国特色社会主义“理论自信”的重要体现

2016 年 7 月 1 日，习近平总书记在纪念中国共产党成立 95 周年大会上指出，“要坚定道路自信、理论自信、制度自信、文化自信”。“理论自信”是我国社会主义经济发展的重要理论基础和内在要求。作为马克思主义理论重要组成部分的马克思主义政治经济学，是我们从理论高度认识和研究资本主义制度的经济科学，也是我国进行社会主义经济建设的指导性科学。坚定认同马克思主义政治经济学和发展中国特色社会主义政治经济学理论是中国特色社会主义“理论自信”的一项重要体现。因此，我们必须坚持马克思主义政治经济学在我国高校教学中的主流地位。

2.2 中国特色社会主义政治经济学的产生和发展、内涵及原则

2.2.1 中国特色社会主义政治经济学的产生和发展

中国特色社会主义政治经济学的产生和发展是与马克思主义和科学社会主义特别是中国的社会主义理论和实践发展紧密相连的。

马克思和恩格斯是科学社会主义的创始人，也是社会主义政治经济学的奠基人，他们通过对资本主义生产方式矛盾运动规律和发展趋势的探索分析，揭示了未来共产主义经济发展的特征，这些理论构成了社会主义政治经济学的起点。十月革命后，苏联建立了第一个社会主义国家，在此基础上建立的苏维埃计划经济模式，构成了传统的社会主义理论和实践，这些理论存在严重的缺陷和教条主义。

新中国成立后，以毛泽东为代表的中国共产党人领导全国人民走社会主义道路，提出了一系列发展社会主义经济的理论观点，对中国特色社会主义政治经济学创立进行了探索，开辟了道路。改革开放以后，中国共产党不断丰富和发展马克思主义政治经济学，创立和发展了中国特色社会主义政治经济学。

2.2.2 中国特色社会主义政治经济学的理论内涵

改革开放 40 多年来，中国特色社会主义政治经济学的主要理论成果包括社会主义本质理论、科学发展理论、全面建设小康社会理论、经济体制改革理论、社会主义初级阶段理论、基本分配制度理论、社会主义市场经济理论、积极参与经济全球化和对外开放理论、走新型工业化道路理论、建设创新型国家和走中国特色社会主义自主创新道路理论、建设社会主义新农村理论等。

党的十八大以来，中国特色社会主义进入新时代，以习近平同志为核心的党中央提出了一系列新的重大战略思想和理论，包括：坚持和加强党对经济工作的集中统一领导，保证我国经济沿着正确的方向发展；坚持以人民为中心的发展思想，牢固树立创新、协调、绿色、开放、共享的新发展理念；我国社会主要矛盾已经转化为人民日益增长的美好生活需要和不

平衡不充分的发展之间的矛盾；使市场在资源配置中起决定性作用，更好地发挥政府作用；公有制为主体、多种所有制经济共同发展的基本经济制度是社会主义制度的重要支柱，也是社会主义市场经济体制的根基；认识新常态、适应新常态、引领新常态，是当前和今后一个时期我国经济发展的大逻辑；推动新型工业化、信息化、城镇化、农业现代化同步发展；主动参与和推动经济全球化进程，发展更高层次的开放型经济；深化供给侧结构性改革，建设现代化经济体系；等等。这些重要理论都是马克思主义政治经济学理论与中国实际相结合的产物，是中国特色社会主义政治经济学的最新成果。

2.2.3 中国特色社会主义政治经济学的重大原则

中国特色社会主义政治经济学应立足于中国改革发展的成功实践，应研究和揭示现代社会主义经济发展和运行规律，形成科学的理论体系。在今后的经济发展实践中，我们要始终坚持中国特色社会主义政治经济学的重大原则，包括：

2.2.3.1 解放和发展社会生产力原则

解放和发展生产力是社会主义的本质要求，是社会主义的根本任务，也是巩固社会主义制度的内在要求。当前我国初级阶段的主要矛盾是人民日益增长的美好生活需要和不平衡不充分的发展之间的矛盾。如何满足？同样迫切需要大力发展社会生产力。人类社会的发展是自然的历史过程，而最终推动其发展的决定性力量是社会的生产力。当前我国仍将长期处于社会主义发展的初级阶段，建设中国特色社会主义的第一要务就是解放和发展生产力。邓小平同志指出：“社会主义的首要任务是发展生产力，逐步提高人民的物质和文化生活水平。”习近平总书记指出：“全面建成小康社会，实现社会主义现代化，实现中华民族伟大复兴，最根本、最紧迫的任务还是进一步解放和发展社会生产力。”

2.2.3.2 以人民为中心、共同富裕原则

坚持以人民为中心的发展思想，这是马克思主义政治经济学的根本立场。要坚持把增进人民福祉、促进人的全面发展、朝着共同富裕方向稳步前进作为经济发展的出发点和落脚点。以人民为中心，就是要坚持共同富

裕，这是社会主义的本质要求、根本原则和最终目标。共同富裕是人民群众通过自己的辛勤劳动相互帮助，最终实现普遍富裕。共同富裕，不是平均富裕，而是在消除两极分化的基础上，实现人民群众的全面发展。

2.2.3.3 社会主义市场经济原则

中国共产党创造性地对马克思主义政治经济学进行创新，提出社会主义市场经济理论。市场经济理论讲究使市场在资源配置中起决定性作用，坚持将市场经济与社会主义基本制度结合起来，坚持社会主义国家要从宏观层面上对市场经济进行调控，以减少市场的盲目性和自发性，要用“看得见的手”引导“看不见的手”。社会主义市场经济理论既继承和发扬了马克思主义理论的精髓和思想方法，又将我国的实际与理论相结合实现创新；既借鉴了西方经济学的方法和手段，又坚持了公有制为主体、多种所有制经济共同发展的基本经济制度，守住了社会主义本质的底线。在马克思、恩格斯创立的经典社会主义理论中，社会主义是实现计划经济，消灭商品生产。但通过中国几十年社会主义经济建设的实践，证明在社会主义初级阶段，引入市场机制才能促进经济增长、实现社会繁荣，符合社会发展实际。改革开放以来，在建设中国特色社会主义经济的过程中，我们逐步实现了从高度集中的计划经济向社会主义市场经济的转变。

2.2.3.4 公有制为主体、多种所有制经济共同发展原则

中国特色社会主义制度的重要支柱和社会主义市场经济体制的根基是以公有制为主体、多种所有制经济共同发展的基本经济制度。公有制为主体表现为国有经济对经济发展起主导作用，并且能控制国民经济的命脉。在经济发展过程中，要保证各种所有制经济依法平等、公开、公平、公正参与市场竞争，共同使用生产要素，同等受到法律保护，依法监管各种所有制经济。

2.2.3.5 社会主义分配原则

对于社会主义社会的分配制度，中国特色社会主义分配理论发展了马克思主义理论，主要贡献表现在以下三个方面：一是坚持以按劳分配为主体、多种分配方式并存；二是劳动、资本、技术和管理等生产要素按贡献参与分配；三是坚持效率与公平的统一，在经济发展的基础上更加关注社

会公平，实现社会的共同富裕。

2.2.3.6　独立自主同扩大开放、参与经济全球化相结合原则

独立自主、自力更生是我们社会主义发展中大国经济发展的基本出发点。同时，我们还必须坚持对外开放，积极参与经济全球化进程，坚持“引进来”和“走出去”相结合，充分利用好国际和国内两个不同的市场，坚持资源优化配置，坚持改革开放不动摇，将对外开放与独立自主、自力更生的关系处理好。

2.3　高校中国特色社会主义政治经济学教学所面临的挑战

2.3.1　马克思主义政治经济学理论教育被弱化

目前，我国高校马克思主义政治经济学在学生中的影响力已呈弱化趋势。相关课题组对北京地区高校在校大学生的调查显示，学生对马克思主义政治经济学的认同感明显弱于对西方经济学的认同，说明马克思主义政治经济学教学的影响力已经弱于西方经济学教学，学生对中国特色社会主义政治经济学的认识以及接受的教育和受到的影响更少。

习近平总书记在庆祝中国共产党成立95周年大会上的重要讲话中明确指出：“马克思主义是我们立党立国的根本指导思想。背离或放弃马克思主义，我们党就会失去灵魂，迷失方向。”高校培养的是未来我们国家的建设者和接班人，学生的人生观、世界观和价值观形成过程中，如果缺乏马克思主义理论的教育和指导，我们未来接班人的马克思主义理论素养从何而来？政治经济学是马克思主义理论的重要组成部分，马克思主义政治经济学教育，不仅关系到学生知识结构的完整性，更关系到我们党和国家的前途和命运。

2.3.2　课程课时设置弱化了中国特色社会主义理论教育

目前，我国高校经济学相关课程设置中，马克思主义政治经济学类课程（含选修课和必修课）通常只设置“政治经济学”“社会主义经济理论”“马克思主义经济思想史”等课程，这些课程课时有限，对中国特色社会主义理论的介绍也非常有限。相反，高校中西方经济学类课程（包括选修课和必修课）则设置有经济学基础、中级微观经济学、中级宏观经济学、计量经济学、西方经济学史等，课程和课时较多。经济学相关专业在校生也

更多地选择西方经济学类课程，而较少选修马克思主义政治经济学类课程。政治经济学是我国教育部规定的经济管理类必修课程之一。学习政治经济学不仅能够培养学生的经济学思维，而且能够帮助学生分析和理解经济发展规律，是一门培养具有经济学思维和能够应用经济发展规律人才的重要理论课程。本科学生通过该课程的学习不仅要掌握原理，还要能运用马克思主义政治经济学理论对现实进行分析，但如果该课程对当今现实的中国特色社会主义理论都不涉及，或涉及很少，如何让学生理论联系实际？所以，课程设置的弱化，导致学生对中国特色社会主义理论认知不足，马克思主义政治经济学类课程对高校在校生影响力减弱。

2.3.3　教材及教学内容缺乏对中国特色社会主义政治经济学理论的完整介绍

目前大部分高校所用政治经济学教材的内容中，资本主义部分内容相对比较成熟，框架结构比较完整，逻辑也较为严密，社会主义部分则缺乏严密的理论框架和内容体系。随着经济的飞速发展，经济制度必须做出相应调整，以便适应经济的发展。构建合理、完善的经济制度是为了更好地约束和维护利益相关者的行为，更好地营造有序的经济发展环境。经济制度的变迁使传统理论课程必须与现实经济动态相结合，引入更多新的经济学名词和理论。目前的政治经济学教材对原有的马克思主义政治经济学理论有继承，也有发展，也引入了一些新的理论和新的内容，但对中国特色社会主义理论在教材中没有完整、充分体现。虽然教材每过几年就会更换版本，但内容并没有修改多少，个别地方增加了一点阅读材料，而现实中国特色社会主义经济发生的重大变化、社会建设实践的重大成就、对现实意义重大的经济理论未能与时俱进地加入教材。教材对现实缺乏解释力和说服力，更无法指导实际，教师的教学和研究在很大程度上被限制在传统的框架内，无法回答一些现实重大理论和实践问题。

2.3.4　师资缺乏且现有队伍不稳定

目前高校教师中，讲授马克思主义政治经济学的师资严重匮乏，这也是当前我国马克思主义政治经济学学科建设和发展面临的瓶颈问题。20 世纪 90 年代以来，西方经济学在高校恢复开设很多课程并俨然成为我国高校的“主流经济学”，各大高校在政治经济学和西方经济学的课程设置、教材内容、师资素质等学科建设方面一直存在争论。“以马克思主义政治经济学为核心的教学体系和研究体系不断地被排斥和贬低，而以西方经济学为核心的教学体系和研究体系不断被人为拔高和渲染”，面对马克思主义政治经济学被边缘化的严峻形势，许多马克思主义学者极为忧虑。同时，现实是马克思主义政治经济学课时量越来越少，高校马克思主义政治经济学师资越来越被挤压。政治经济学学科教师在科研和工作量考核上都得不到应有的重视，加之学校在教材选用上严重西化，教师科研队伍建设弱化，经济学话语权不在马克思主义政治经济学学者手中，研究马克思主义政治经济学的教师也纷纷转为研究西方经济学或其他产业经济学，马克思主义政治经济学学科被淡化、被边缘化；教师队伍人员建设中，新入职的教师中很难有专门研究马克思主义政治经济学的，很难见到有研究中国特色社会主义政治经济学的博士生进入高校，人才严重缺乏。

另外，目前经济学的研究方法过于追求运用数量经济学的工具进行分析，模型化的分析比较受当今经济类专业杂志的欢迎。有计量模型，才能体现文章的水平。按照这样的逻辑，我们现在阅读的不少经济类名著出版都成问题。迫于现实的压力，从事政治经济学研究的多数教师也只好追求西方主流经济学数理和模型表达的学术范式，将从事社会生产活动的主体归结为简单的线性“经济人”，使本来恰能容纳人文关怀的政治经济学教学研究失去了人文底蕴，落入纯粹工具理性的分析窠臼。教师的研究方向和兴趣直接影响教学效果，学生也看不出马克思主义政治经济学与西方经济学有何异同，更看不出马克思主义政治经济学较之于西方主流经济学对经济发展有更强的解读能力和前瞻性，从而导致学生对马克思主义政治经济学学科的淡漠，马克思主义政治经济学在高校也逐渐失去教学与研究的阵地。

2.4 高校中国特色社会主义政治经济学教学改革的几点思考

2.4.1 加强中国特色社会主义政治经济学对大学生的影响力

2017 年 7 月，习近平总书记强调中国特色社会主义进入了新的发展阶段，在新的时代条件下，我们要进行伟大斗争、建设伟大工程、推进伟大事业、实现伟大梦想，仍然需要保持和发扬马克思主义政党与时俱进的理论品格，要勇于推进实践基础上的理论创新。时代是思想之母，实践是理论之源。我们要在迅速变化的时代中赢得主动，要在新的伟大斗争中赢得胜利，就要在坚持马克思主义基本原理的基础上，以更宽广的视野、更长远的眼光来思考和把握国家未来发展的一系列重大战略问题，在理论上不断拓展新视野、做出新概括。

大学生是国家未来的栋梁，党和国家事业的接班人，要加强对大学生进行中国特色社会主义政治经济学的教育，从课程、课时安排上，保证对大学生中国特色社会主义政治经济学理论的教育和考核。在对大学生进行中国特色社会主义政治经济学教育过程中，不仅要宣传中国特色社会主义理论，更重要的是让大学生深刻体会到中国特色社会主义理论的重要现实意义和理论意义，也让学生对理论学习有责任感、使命感，认识到学好理论对于未来完成历史和人民赋予他们社会责任的重要性。

2.4.2 加强政治经济学研究，将中国特色社会主义政治经济学理论纳入教材

马克思主义政治经济学经典价值也面临新的课题，需要我们不断探索。马克思主义传统的劳动价值论科学总结了历史上的社会发展实践，对资本主义社会矛盾的分析在十月革命、世界经济大萧条、第二次世界大战、中国革命等20世纪一系列重大事件中得到验证。但被认为“腐朽、垂死”的资本主义国家的经济发展不断焕发生机，而社会主义阵营却陷入严重衰退以致苏联解体、东欧剧变。这些反差用传统的劳动价值论难以解释。当前以“人工智能+物联网+可再生能源”为核心的第四次重大技术革命则对传统劳动价值论提出了更大、更严峻的挑战。传统的劳动价值论还需要对中国经济改革中出现的重大现实问题给出有说服力的回答。

我们应当避免将马克思主义政治经济学理论僵化教条化地认识，避免把马克思《资本论》中的每句话都当作已涵盖一切、永远适用、不能改动的“金科玉律”，对现实问题或避而不见，或牵强附会，或做出与现实完全相悖的结论；还要避免对所有提出“传统劳动价值论需发展完善”的新观点、新思路都指斥“背离、歪曲、庸俗化了马克思主义”。

政治经济学作为一门研究经济关系及其运行规律的科学，需要观察和分析现实的经济社会现象和问题。新中国成立初期，我国政治经济学教学的任务是为建立新的社会主义制度服务，改革开放时期政治经济学教学的任务是为改革开放提供理论指导。目前中国改革已进入“深水区”，在国际形势复杂多变、新一轮科技革命的冲击正在到来的新形势下，全面深化改革的复杂性和艰巨性前所未有。在中国经济发展的新阶段和新常态下，“政治经济学的教学任务是着力研究经济发展规律，为实现经济科学可持续发展做理论指导”，重点研究中国特殊的发展道路。政治经济学所揭示的经济规律具有客观性，新的历史时期政治经济学的任务不是简单描述经济现象，而是要透过经济现象，揭示其经济发展的本质和内在的必然性，从而上升为系统化的经济学说，为新常态下的经济发展、经济结构升级和供给侧结构改革提供理论指导。同时，当前比以往任何时候都需要经济理论学界凝聚共识，为建立“中国特色社会主义政治经济学”贡献智慧。所以，历史赋予我们使命，如何将马克思主义理论与现实结合，用改革开放的成果指导中国特色社会主义经济建设，是政治经济学研究的课题。同时我们需要将马克思主义理论发扬光大，将改革开放后的理论成果系统地纳入政治经济学的教材中，完整体现经济发展的实际，不断丰富和完善马克思主义政治经济学理论。

2.4.3 加强师资队伍建设

针对马克思主义政治经济学地位被削弱和边缘化、教师队伍萎缩和理论功底不足的问题，高校需要提高一线教师的马克思主义政治经济学理论修养，加强学科骨干的培养。首先，在国内一流大学加强对马克思主义政治经济学博士的培养，为高校马克思主义政治经济学提供师资来源。其次，对高校在岗的骨干教师加强再培训，提高教师队伍的素质。目前，全国各地高校教师培训项目较多，但针对马克思主义政治经济学的培训主要是中国人民大学在做，且收费还比较高，全面提升全国高校政治经济学教师的素养有一定的困难。希望更多的知名高校和研究机构加入其中，希望北京大学、清华大学、中央党校、中国社科院等机构承担起这个责任。另外，也要在科研项目上给予教师更多的经费支持，让高校马克思主义政治经济学教师能深入进行科学研究，还能有机会走出国门，考察当代资本主义的经济发展，有切身的感受，而不仅是纸上谈兵。针对高校教师经济学研究重数理模型和西方经济理论、轻我国经济发展现实的研究现状，高校马克思主义科研和学术活动应当引导教师不断研究马克思主义政治经济学，联系资本主义和社会主义发展进程，在学术研究方面做到系统化，尤其要联系我国社会主义建设实践，破除对马克思主义教条式理解，繁荣马克思主义政治经济学教学与研究。

参考文献

[1] 习近平. 毫不动摇坚持我国基本经济制度 推动各种所有制经济健康发展[N]. 人民日报,2016-03-09.

[2] 尹才祥. 扎实推进高校马克思主义政治经济学教学改革与研究[J]. 改革与开放,2017(13):126-127+134.

[3] 竺立军,杨迪雅. 北京高校政治经济学教育调查研究[J]. 中国青年社会科学,2017(4):91-95.

[4] 张宇. 中国特色社会主义政治经济学[M]. 北京:中国人民大学出版社,2016.

[5] 李旭章. 中国特色社会主义政治经济学研究[M]. 北京:人民出版社,2016.

[6] 本书编写组. 当代马克思主义政治经济学十五讲[M]. 北京:中国人民大学出版社,2016.

[7] 邱海平.《资本论》及其当代价值[M]. 北京:经济科学出版社,2017.

[8] 刘明远. 马克思主义经济危机理论与当代现实[M]. 北京:经济科学出版社,2009.

[9] 黄毅,等. 中国特色社会主义政治经济学应用初步[M]. 北京:中国经济出版社,2019.

3 民族院校高等数学教学改革探讨

何雄浪[①]

摘　要： 高等数学是包括民族院校在内的众多高校的文理基础课程，扎实学好高等数学不仅有利于学习其他专业课程，更能培养学生思维的条理性、逻辑性和举一反三的共通性，提升一个人的科学文化素养和道德情操。由此，本文从民族院校本身、学生、教师教学三方面分析了民族院校高等数学教学方面存在的问题，并针对相应的问题提出了教学内容与课程体系改革、实施分层教育、改革教学手段、优化教学环境等建议。

关键词： 民族院校；高等数学；教学改革

3.1 民族院校高等数学教学改革缘由

通常认为，高等数学是由微积分学、代数学、几何学以及它们之间的交叉内容所形成的一门基础课程，具有高度的抽象性、严密的逻辑性和广泛的应用性。创造性是数学的本质，而数学赖以发现、创造的主要思维方法是归纳与演绎（黄家寅、汤智慧，2006）。高等数学是包括民族院校在内的众多高校的文理基础课程，扎实学好高等数学不仅有利于学习其他专业课程，更能培养学生思维的条理性、逻辑性和举一反三的共通性，提升一个人的科学文化素养和道德情操。随着高等教育进入大众化阶段、计算机对数学学科发展及数学教育的影响不断加深，以及现代科学技术及其他学科发展对数学的依赖程度越来越高，高等数学教学改革已成为各高校关注的热点问题（萧树铁，2001），但高等数学课程本身的特点使它被掌握的难

① 何雄浪，男，四川南充人，西南民族大学经济学院教授，博士生导师。

度较大，特别是对于部分基础薄弱的少数民族学生来说。因此，民族高校高等数学课程教学有其特殊性，有必要对教学改革做进一步的深入探讨。

为了切实提高各少数民族教育水平，促进教育资源的公正与公平配置，党和国家建立了一系列的民族院校，经过多年的实践和探索，民族院校为我国民族高等教育的健康发展提供了成功的范式。成功的民族教育，将为我国培养更多的少数民族高素质干部和人才，传承和弘扬各民族优秀文化，而民族高校也将成为展示我国民族理论和民族政策的重要窗口，促进文化交流与传播，维护国家的稳定与和谐。由于民族院校的生源群体的特殊性和维护民族团结的重要性，大力发展少数民族高等教育、提高民族院校的办学质量和水平、突破民族院校核心课程教学存在的瓶颈，对于促进民族院校高等教育事业发展具有重要的意义。

3.2　民族院校高等数学教学中存在的主要问题

目前，民族院校高等数学教学中存在的问题集中体现在高等院校自身、学生与教师教学三个方面。

3.2.1　院校自身方面

3.2.1.1　生源个体差异日益扩大，呈现两极分化态势

民族院校的生源可分为三部分：内地较发达地区的学生、贫困地区（包括民族地区）的汉族学生、民族地区的少数民族学生。由于内地较发达地区的学生所处地区的经济文化较发达，教育水平较高，高考入学平均成绩明显高于其他地区，这部分学生约占民族高校学生的1/3；而贫困地区的汉族学生大多数来自农村，受经济、文化、教育等发展水平的限制，学生的基础素质相对较差，但他们在资源匮乏的地区能考上大学，说明他们自身具有较强的求知欲，并且刻苦努力，追求上进，愿意学习；而民族地区的少数民族学生所处地区经济文化较落后，教育水平和质量较低，再加上我国对少数民族地区及学生实行的高考照顾政策，使他们可以以低于前两类学生的分数进入大学学习。在进入大学后，则出现了学生数学基础参差不齐，而教学内容和教学要求却完全一致的情况，这就难以避免地导致两极分化现象的出现。以西南民族大学经济学院某专业的一位同学为例，该

同学来自经济、教育发展都相对落后的大凉山地区，由于其愿意学习、乐于学习，以相对不错的成绩考入西南民族大学，但是，与其他来自教育发达地区、数学基础好的学生相比，在高等数学的学习效率上仍有很大的差距。虽然在平时上课的学习和课下的复习中，她都保持极好的态度，但是期末考试仅取得中等水平的成绩；而同班一位来自湖北省黄冈市的同学，其数学高考成绩在140分以上，虽然在平时的学习中没有上一位同学刻苦，也没有经过大量的训练，但由于他具有较好的数学基础和对数学符号、公式的较强理解能力，在期末考试中取得了比前者更好的成绩。由此可以看出，来自内地较发达地区的学生即使在高等数学的学习上没有那么用功，但其成绩和贫困地区或民族地区的少数民族学生相比可能会更好。如果一名学生来自教育水平较发达的地区且平时的学习又十分刻苦，那么民族地区的少数民族学生在学习成绩上可以说只能望尘莫及。

3.2.1.2　师资力量匮乏

目前，民族高校与国内重点大学相比，教师数量有限，并且有限的教师还需要承担全校工科、理科、经济和农业等专业的高等数学课程，导致教师的课时量较多。虽然教师都恪尽职守，但这种情况却不利于教学质量的提高。同时，由于大学课程名称、学时及内容相对混乱，加上少数民族与汉族班级、本科与预科的区别以及部分来自少数民族地区的少数民族学生存在的语言上的沟通问题，其中一部分教师必须要单班授课，这使较为少量的教师必须要超负荷工作才能保证学校的教学工作正常展开。在教学形式与教学手段方面，大多教师均依据教学大纲和教学计划按部就班地完成教学任务，以这种单一的传统的讲授式教学方法进行高等数学知识的教授，并不利于民族地区的学生在短时间内接受消化抽象且枯燥的知识。因为教学任务较重，大部分教师几乎没有时间和精力参与教育成果的研究，难以形成高效的教学科研团队，这样不仅制约了个人的发展与创新，同时也限制了教学质量的提高与教改工作的推进。

3.2.1.3　教学管理模式有缺陷

目前，民族高校重点考察教师是否按时上课、学生是否到课听讲，设立了一系列打卡设备，却忽视了对教师实际教学能力的检查与评价，导致部分教师只是满足于在课堂上所做的备课笔记，以及为了应付检查，简单地按照PPT逐字念课件上的内容，较少甚至没有融入自己对知识的讲解，上课没有顾及更多学生群体的需求，导致课堂模式死板、课堂氛围低沉、课堂效果一般。另外，还存在部分教学管理者仅凭自身经验指导教学，不善于学习先进教学管理的模式与手段，没有根据高等数学课程的特殊性采用适当的教学管理方法，缺乏在教育教学方面的创新性，使教学管理模式趋于单一化。同时，部分教师也不具备解决突发事件的能力，较差的应变能力对教学管理的发展也形成了一定制约。在行政型教学管理中，计划的制定及其实施效果的评价并没有作为改进工作和参与决策的重要手段。目前的教学评价主要是期末的教学评估，并且硬性要求学生针对每位教师在课堂前、中、后的各方面进行评估，其中需评估的项目多达几十项。但是，出于评价指标体系缺乏科学性，信息收集缺乏全面性，定性方法、定量分析方法缺乏准确性，以及评价结果落实不到位等原因，教学评价常常流于形式。另外，教师这一特定身份对于学生具有特殊的心理压力，且绝大多数同学并不重视教学评价这一形式，故对于教学评价一般都给予全优。这就与教学评价的最初目的背道而驰，达不到教学评价的目的。而对于教师和课程的综合评价，很多简化为单纯对教师的评价，但课程设置和教学内容的评价并没有根据科目的差别而体现出差异。

3.2.2 学生方面

3.2.2.1 学生的知识水平存在较大的差异

随着国家对民族地区经济扶持力度的加大以及全国各地区义务教育的普及，少数民族地区经济得到跨越式发展，人民的知识文化水平也得到了较大提升，更多的少数民族学生克服了路途的遥远和生活的不适，通过高考进入民族高等院校进一步接受大学教育。各少数民族学生的加入使民族院校的生源分布更趋多元化。以西南民族大学为例，在读学生来自全国31个省（区、市）的56个民族，其中有来自内地较发达地区的学生，而更多的是来自民族地区的少数民族学生。但是，由于入学分数不同，学习基础和能力也不同，相应地，学生的数学成绩也表现出严重的“两极分化”现象，导致高等数学的教学质量出现较为严重的下降情况。以西南民族大学经济学院某专业数学考试的期末成绩为例进行数据分析，得到了如下结果：全体学生的及格率为82.8%，在不及格的学生中，少数民族学生占据了80%，而且没有一位来自偏远地区的少数民族学生的成绩达到优秀，其余来自偏远地区的少数民族学生的成绩多分布在及格和中等之间。由此可以看出，来自偏远地区的少数民族学生和来自较发达地区的学生相比，在数学的理论基础、学习理解能力方面都存在较大的差距，再加之大学课程与高中课程的差异性，使不同地区学生的成绩差距进一步拉大。

3.2.2.2 少数民族学生存在一定程度的语言障碍

我国境内语言资源的丰富程度，世界罕见。除汉族外，我国55个少数民族约占全国人口总数的8.4%。在众多的少数民族中，除回族和满族已全部转用汉语，其他53个少数民族仍在或多或少地使用自己的语言。有些民族转用或兼用汉语；有些民族内部不同支系还使用不同的语言。如裕固族分别使用东部裕固语和西部裕固语，瑶族分别使用勉语、布努语和拉珈语。就读于西南民族大学的少数民族学生主要为藏族、彝族、蒙古族、维吾尔族、苗族、壮族、哈萨克族等，他们自幼生活在本民族的语言环境中，家庭内部的民族语言启蒙早，而把汉语作为第二语言，对汉语的学习一般在接受小学教育之后才开始，且在中学以前的数学学习过程中大部分教师均使用民族语言授课，导致很多少数民族学生的汉语基础水平与同龄的汉族学生相比较差。在进入民族院校后，相对薄弱的语言基础导致部分少数民族学生在以汉语为主导的高等教育中无所适从，学习吃力，特别是对高等数学的学习，晦涩的数学名词和专业性极强的公式符号，对学生的汉语基础要求很高，在对高等数学语言的理解上要经过语言和思维的转换，这无疑对来自偏远山区的少数民族学生造成了极大的挑战，在少数民族学生与那些汉族学生或是熟练掌握汉语的学生之间形成了一道学习屏障。掌握不了书本上的要点，对数学语言的理解存在着很大的偏差，困扰着很大一部分学生。另外，由于大学授课的公共性，基础不同的学生却接受着同一水平的教育。教师在教学过程中很难注意到少数民族学生的汉语理解水平，很自然地按照正常的思维逻辑进行授课，从而造成汉语基础好、理解能力强的学生对高等数学的理解较深，成绩也较好，但来自偏远山区的少数民族学生因为汉语理解障碍，难以跟上正常的教学进度。因此，如何对少数民族学生正确地因材施教、如何有效地抓住重点、如何更优质地发展民族高校的高等教育，成为发展民族高等教育的关键所在。

3.2.2.3　部分学生对高等数学兴趣不浓

经调查，近一半的少数民族学生表示对高等数学兴趣不高，认为高等数学枯燥乏味、晦涩难懂且没有生活实用性。归纳其原因，包含以下三个方面：一是来自高等数学课程本身，高等数学是后续课程的基础课程，集几何、代数于一身，具有高度的抽象性和严密的逻辑性，与中学数学相比，难度跨度较大。在多年的教学过程中发现，部分少数民族学生在刚接触高等数学时都充满热情、斗志昂扬，班级学习氛围也十分高涨，但是随着高中知识的减少，高中向大学过渡知识的增加，再加上少数民族学生出于主客观原因，可能在初等数学的掌握与理解上存在欠缺与偏差，做不到初等数学和高等数学的知识衔接，基础薄弱的少数民族学生逐渐出现了掉队的情况，由此在班级中的成绩也逐渐落后，这一系列的情况导致少数民族地区的学生渐渐失去了继续学习高等数学的兴趣和信心。二是教师在诠释定理和解答习题过程中，没有考虑到少数民族学生的接受能力，再加上语言翻译与沟通的问题，学生课后与教师联系甚少，不能做到对知识的及时疏通、及时消化，日积月累，仅有的学习兴趣也消磨为零。三是典型的实用主义作祟，高等数学学科的固有特点，决定其不同于英语、计算机等实用性极强的学科，学生可以即学即用，效果明显。这自然导致学生将更多时间投入回报率较高的学科，以期学到更多的实用技能，利于就业，而对高等数学课程，则持能拖就拖、“60分万岁”的消极态度。

3.2.3　教师教学方面

3.2.3.1　教师授课思维僵化，课本内容枯燥无味

任课教师因受学科本位主义思想的影响，缺乏对高等教育本质的认知，肤浅地将高等教育等同于专业化教育，教师职责变成“为专业教育服务”（萧树铁，1998），并一味追求高等数学的严谨性，因此增加了学习的难度，致使学生认为高等数学高不可攀。而大部分的数学教师在讲课过程中只注重理论知识的传授，而缺乏对少数民族学生实际应用能力的培养，即使少

数民族学生系统掌握了课本上的理论知识，也难以在实际生活或其他专业学习中得到恰当的应用。部分教师盲目地崇尚高等数学的严谨性而增加课程难度，大多数内容讲解是照搬书本，知识干瘪，没有融入高等数学的精髓和魅力，导致少数民族学生产生厌学心理，认为高等数学晦涩难懂，如同天书。

3.2.3.2 课堂缺乏互动，课后施加压力

受传统教学模式影响，教师忽略了学生的主观能动性作用，仅是大搞“满灌式”和“填鸭式”授课，课堂气氛沉闷，偌大的教室仅存在教师的一家之言，课后实行题海战术，给学生布置较多习题，无形间增加了学生负担和心理压力，造成学生的厌学心理，结果则是事倍功半。

3.2.3.3 教材缺乏创新，考核形式单一

过于死板的教学大纲和教学计划，限制了教师创新教材的能力，也影响了少数民族学生对知识的理解和应用。高等数学教材大多循规蹈矩、千篇一律，没有考虑到少数民族学生这一群体的特殊性，形式相对陈旧，内容相对单一，不能满足新时期培养创新型少数民族人才的时代需求。高等数学教材内容也缺乏实用性，与少数民族学生的专业知识以及实际的生活有所偏离。另外，目前在对学生高等数学知识掌握程度的考核上，仍然采用单一的笔试方法，其中，笔试内容多数为书本上的例题和课后习题，缺乏多元化的考核形式，导致学生为了拿高分而不停地疯狂刷题，只知其然，不知其所以然，思维禁锢，难以创新，培养了一批“高分低能”的庸才。

3.3 民族院校高等数学教学改革的建议

民族院校的高等数学课程改革是一项漫长而艰巨的任务，需要立足于少数民族学生的实际，结合教育学理论的研究，因时制宜、因地制宜、因人制宜地开展对于不同层次学生的高等数学教学。依据“教学有法，但无定法”的原则，在创新中求发展，从而全面提高数学教育质量。另外，在高等数学课程改革的实践过程中，一些棘手的难题是不可避免的，我们需要的是“抓铁有痕”“锲而不舍”的精神，实事求是，从实际出发，做到

民族平等，维护民族团结，促进所有在校学生健康发展，为少数民族和民族地区培养更多的高素质人才，为新时代社会主义进一步繁荣提供人才支持。由此，本文就我国民族院校高等数学教学改革提出以下几点建议，仅供参考：

3.3.1　加强教学内容与课程体系改革

教师应当成为教育教学的组织者和引导者，对于教学内容的选择和课程体系的管理需要进一步地进行改革，研究国内外先进的教育模式，制定一套符合少数民族学生的教学内容，如有针对性的课本编制、教学内容、课下互动模式。根据现有的教材课本和教学资料，结合少数民族学生自身所存在的不足以及他们在学习上的特点，编写适用于他们的教参教材以及辅导资料，提高少数民族学生对知识的理解能力，减少他们对高等数学学习的抵触情绪。通过合理的机制，在课程设置上强化对数学的基本概念的理解和记忆、逻辑思维方式的训练和数学基本运算技能的运用，强调融合后的数学综合能力的培养，达到学以致用的目的。教学内容与课程体系改革是教学改革的核心，是实质性推动民族高校高等数学教学改革的必要条件。

第一，删繁就简。突出基本概念的掌握，通过关键词、关联词来构建知识网络，在没有基础的情况下不要一味追求复杂的数学运算技巧，针对抽象性强、掌握理解难度高的部分不能一味地按照书本习题程序进行教学，应该引导学生进行趣味学习。由于高等数学知识所具有的独特的抽象性，其在理解上具有极大的难度，尤其是对于数学理论基础较为薄弱的少数民族学生来说。针对他们不能较好理解高等数学原理及其知识的问题，应适当降低教材内容的难度，突出重点教学内容，减小其学习高等数学的难度，达到这部分学生可以理解掌握的程度即可。

第二，扩张原有的数学界限。将数学实验和基础实践适当地穿插到微积分、线性代数、概率论与数理统计中，并进一步地渗透到更为贴近现实的数学运用案例中。由于少数民族学生在中学阶段对数学知识学习的欠缺，他们在大学阶段从内心对数学就有一种畏惧和抵触的心理，再加之高等数学很难，更加令其不愿学习。而调动其学习热情是解决少数民族学生高等数学成绩提升较慢的一个因素。将枯燥的高数课本的内容融入灵活多变的实验案例中，充满乐趣的生活实际会增强少数民族学生学习知识的兴趣，降低其抵触情绪，可有效提高民族类高等院校高等数学教育的质量。

第三，详细划分教学内容。根据不同的专业、不同的基础，将每个章节分为基础课程、进阶课程、应用课程、实际操作课程等。高等数学的教材内容应切合学生所研习的专业，不仅令高等数学的学习在少数民族学生的数学素养培养方面有所建树，而且能对少数民族学生以后的生活与工作起到巨大的帮助作用。这既是我们教育的初衷，也是我们教育的目的。而实现这一愿望，就需要我们将高等数学教材的内容与少数民族学生的专业知识相结合，有所侧重地进行高等数学的教授。例如：对于经管类专业的少数民族学生，应侧重于数理统计的教学与应用，以此增强此类专业的学生对专业知识的理解和对实际问题的应用；对于计算机科学专业的少数民族学生，应加强线性代数的教学，增强其对矩阵知识的掌握与应用，与计算机代码的编程相结合，促进知识的融会贯通；对于生物类专业的少数民族学生，应该使其对两方面的知识都有深刻的掌握。因此，高等数学的授课教师应根据所教少数民族学生的专业，有侧重性地进行知识的传授，不断深化改革课本内容，以此达到使少数民族学生的数学素养提高、知识理解加深的目的。

第四，教学的管理体系改革。遵循重点高校的管理模式，取其精华，再结合自身民族高校的教学特点，进行符合自身条件的改造式管理。针对少数民族学生在高等数学学习中的语言障碍，可让教学经验丰富、对学生有耐心且懂得双语（汉语和少数民族地区语言）的教师进行授课教学。及时解决少数民族学生在学习过程中遇到的知识或心理上的问题，免除他们产生的心理波动和畏惧心态，增强他们对高等数学学习的信心。适当地给予他们鼓励，增强其学习的成就感。

第五，构建多元化的考核系统。现阶段民族学校对学生高等数学学习情况的考核多侧重于笔试检验和上课的平时表现，较少甚至没有涉及少数民族学生知识的实际应用能力和数学素养的考察，这就使最后的考核成绩偏向于理论掌握，具有一定的片面性。基于目前高等数学考核的缺陷，应该在此基础上进行最终考核程序的创新。根据少数民族学生的自身情况，构建多元化的考核与评价体系，以此促进民族学校高等数学教学的改革，适当地调整教学方法和手段，从而增强少数民族学生的数学素养以及综合能力。完善考核体系，提高高等数学成绩评定的客观性与全面性。

3.3.2　实施分层教育法

最近，“分层教学”观念活跃于各大教育理论的平台，所谓的分层教学，是一种在教育改革背景下新兴的教学理念，这种教学形式，要求教育工作者能够因时制宜、因地制宜以及因人制宜地授课，进而使整个教育过程能够面向全体、注重差异，从而使教学具备一定的差异性、层次性和针对性。可以大致把民族院校在校学生分为以下三类：甲层次为数学基础好，考试分数高的学生；乙层次为数学基础中等，考试成绩一般的学生；丙层次为数学基础薄弱，考试成绩较差的学生或是来自偏远地区的少数民族学生。在保证整体教学质量的情况下，遵循成绩较差或少数民族学生的学习规律，采用适用于他们的教授方式，在新媒体发展较快的大背景下，使用短视频、微课堂，借助手机学习软件等新型的教学模式，将复杂的问题简单化、抽象的问题具体化，增强他们对主干知识的理解，实现因材施教。针对不同层次的学生，设立不同的教学大纲和教学计划，实事求是，依据学生的接受能力、智力水平、自觉程度开展分层教学，本着“够用为度”的原则，做好正确的教学定位（刘元骏，2003）。

3.3.3　改革教学手段，优化教学环境

加强师资投入，将现代科技应用到高等数学的教学中去，实现科学教育改革。通过新媒体技术和教师课堂教学的有机结合推动民族高校高等数学的教学改革，提高民族高校高等数学的教学水平。

第一，引入业内优秀的教学模式，并根据民族高校所具有的独特性进行二次升级，形成符合教学现代化的多媒体教学课程。同时，将抽象的数学公式实体化，充分利用多媒体的模拟、重现、变抽象为具象的特点，将静态的数字转化成动态的形成过程，打破原先传统的课堂教学模式。

第二，建立开放式学习模式，教师可以循序渐进地采用开放式实验课题，允许学生利用少部分课堂时间和大部分的课余时间到实验室根据自我兴趣实际操作数学软件，进行数学实验，从而在兴趣的推动下更高效地培

养学生的实践创新能力。

第三，建立教学辅导系统，如建立教学互动网站，让学生可以凭借本校学生身份随时查阅有关的数学知识，自学辅导书籍，有疑问时可以通过留言方式，与教师取得联系，获得教师针对性的专业辅导。

参考文献

[1] 黄家寅,汤智慧. 高等教育大众化和校园数字化对教学模式改革影响的研究[J]. 高等理科教育,2006(2):116.

[2] 萧树铁,等. 面向21世纪大学数学教学改革的探讨[J]. 高等数学研究,2001(2):6-10.

[3] 萧树铁,等. 大学数学教育与新世纪人才培养[J]. 教学与教材研究,1998(2):7-9.

[4] 刘元骏. 大学数学分层次教学的意义与实施[J]. 高等理科教育,2003(4):10-12.

4　经验数据、规范性回归与博弈论的应用

——简述产业组织理论的演化

安果①

摘　要：本文梳理了产业组织理论的演变过程。虽然芝加哥学派批评哈佛学派用经验数据创建理论，没有延续新古典经济学的脉络，但是芝加哥学派没有超越哈佛学派的那些奠基性贡献。新产业组织理论虽然引入非合作博弈作为方法论，增强了规范性、发展了产业组织理论，但是多数理论研究的结果处于结构、行为和绩效的分析框架下，更不能否认哈佛学派的结论，只是产业组织理论的新阶段，而新产业组织理论本身也需要在新的形势下继续发展。

关键词：产业组织；理论演化；发展方向

4.1　产业组织理论缘起

产业组织理论是以新古典微观经济学为理论基础，以不完全竞争市场为研究对象的经济学分支。经典经济学主要是关于完全竞争市场和垄断市场的理论，而现实中的市场结构与完全竞争市场对应的很少，多数产业都处于不完全竞争状态。随着大机器工业的建立，工业生产领域出现了一些传统的经济学理论不能解释的经济现象，需要理论专门描述和研究，以工业体系为研究对象的产业组织理论逐渐形成与丰富。至今，国内外高校的

---

① 安果，女，经济学博士，西南民族大学经济学院教授，硕士生导师。项目来源：西南民族大学经济学院2018年教育教学研究与改革项目“产业组织理论课程的内容体系与支持课程结构研究”。

多数经济类、管理类专业都开设了产业组织学课程。清华大学、北京大学、复旦大学、上海财经大学和东北财经大学等我国知名院校，不仅设置了产业组织学课程，而且针对不同教学层次，分别出版了产业组织理论的教学大纲和教材。特别是东北财经大学，还专门建立了研究机构——“产业组织理论研究中心”。

我国产业组织学和产业经济学的内容界定是不同的。从教育部学科门类划分看，产业经济学归类至经济学门类中的一级学科——应用经济学，硕士研究生和博士研究生都设有产业经济学专业。而多数的《产业经济学》教材内容中，凡是与“产业”这个概念相联系的理论内容都被纳入了产业经济学课程，如产业组织理论、产业联系理论、产业结构理论、产业布局理论、产业发展理论、产业规制理论和产业创新理论等，产业组织理论仅仅是产业经济学内容的一部分（杨治，1985；苏东水，1990；龙茂发，1995；臧旭恒，2004；王俊豪，2016；等等）。这种设置是我国传统的计划经济体制在理论界的反映。在 20 世纪 80 年代之前，我国的工业计划体制是无所不包的，工业的规模、结构、发展和布局都是由计划体制下达指令性任务，因此，理论体系也是尽可能完整。一旦“遗漏”，工业体系就很难做到“有计划、按比例”发展。虽然在国外，产业组织学被直接定义为产业经济学①，我国学者于立、肖兴志和于左等“东北财大学派”也赞成国外学者的界定，但是我国多数学者认为产业组织学仅仅是产业经济学的一部分。本文只梳理产业组织学的理论演进过程。

4.2 传统产业组织理论的形成

4.2.1 产业组织理论的起源

产业组织理论的源头可追溯到古典经济学。在《国富论》中，亚当·斯密通过批评政府干预经济的行为，建立了“自由竞争”的经济学理念，确立了价格理论中“竞争行为”的核心地位。斯密的思想被后来的产业组织学

① 多纳德·海，等. 产业经济学与组织[M]. 钟鸿钧，张维迎，等，译. 北京：经济科学出版社，2001：1－4.

家归纳为以下几方面：第一，市场主体是独立的，主体间没有事先约定行为；第二，市场主体数量很多；第三，市场主体对市场交易具有完备的信息；第四，市场主体是完全理性的，能够主动适应资源的重新调配过程。以斯密的阐述作为参照系，凡是偏离了上述假定的非独占性市场，都可看作不完全竞争市场。马歇尔夫妇在1879年合著的《产业经济学》中首次将产业的内部结构（产业内企业间的关系）定义为“产业组织”，之后马歇尔又在《经济学原理》（1890）中用相当的篇幅直接使用“产业组织”这个范畴，并以萨伊的劳动、资本和土地三要素为基础，将组织看作一个独立的要素，这是后来的经济学四要素分析框架的基础性支撑。基于“组织”的要素性，经济学还演化出了许多新的分支①。1926年，斯拉法基于工业生产中分工、机器和大规模生产的特征，发表了《竞争条件下的收益规律》一文，开始涉及由大机器工业产生的规模经济问题，并且论证了规模经济效应与完全竞争效率的不相容性，即著名的“斯拉法冲突”②。“斯拉法冲突”就工业化时代完全竞争理论的充分性和适应性向经济学界提出质疑，客观上向经济学界提出了理论必须持续创新，建立不完全竞争理论以适应经济社会变迁的要求。1932年伯利和米思恩（Berle，Adolf A. Jr. and Gardiner C. Means）在《现代公司与私有财产》一书中以20世纪20—30年代美国的垄断性产业为研究对象，分析了股份制造成的生产集中化现象，用经验数据对反竞争的理论特征进行探讨。美国《谢尔曼法》和《克莱顿法》的颁布与实施，使理论界对不完全竞争市场结构的公共政策方面的研究开始蔓延，学术界开始重新审视垄断的效率和竞争效率的界定与取舍。

1933年，哈佛大学张伯伦和剑桥大学罗宾逊夫人分别出版《垄断竞争理论》和《不完全竞争经济学》。这两部著作系统地研究了不完全竞争问题，其中，张伯伦教授创造性地按照垄断因素的强度对市场结构进行划分，还专门研究了垄断性竞争、进入与退出和过剩生产能力等问题。由此，对

① 如“企业家精神”导致的熊彼特创新研究，“公司”“治理结构”导致的委托—代理理论，以及由“企业的边界”、组织对价格机制的替代产生的新制度经济学等。

② 斯蒂芬·马丁．高级产业经济学[M]．史东辉，译．上海：上海财经大学出版社，2003：3.

不完全竞争问题的研究成果也日益丰富，构建产业组织学的理论基础基本奠定。

4.2.2 哈佛学派构建的产业组织理论

4.2.2.1 梅森—贝恩范式

面对学术界产业组织学理论的兴起，1939 年，哈佛大学的爱德华·梅森（Edward S. Mason）在吸收前人观点的基础上，率先将反垄断研究系统化地转为对产业组织体系和产业内厂商行为的研究，提出了产业组织理论体系的研究方向①。1939 年克拉克也质疑了完全竞争理论在工业化时代的适应性。1951 年，哈佛的贝恩（Bain）在《利润率与产业集中的关系：美国制造 1936—1940》② 一文中，用经验数据进行跨部门统计分析，提出了"集中度、进入条件与利润率"假说。追随者们的大量文献也应用经验数据实证分析结构与绩效的因果关系，所以经验统计分析是产业组织理论这一时期的典型特征，人们称之为产业组织理论的"经验数据"时代。1959 年，贝恩出版了《产业组织》一书，这是第一部以市场结构、市场绩效为研究对象的著作，也成为产业组织理论独立成经济学分支的标志性著作③。贝恩建立了 CRn 指数作为衡量产业组织结构的指标，而赫芬达尔（Herfindahl）和赫希曼建立的 HHI 指数，包含了产业的全部企业，弥补了贝恩 CRn 指数仅考虑产业内大企业的缺陷。衡量指标的建立，为产业组织领域的经验与实证分析统一了标准。20 世纪 60 年代之后，产业组织理论开始成为工业化国家中经济学界研究产业的主流理论，勒纳指数（A. Lerner，1934）也成为衡量产业内单个企业市场势力的标准化参数。需要注意的是，梅森在 1957 年就提出，能够带来经济增长和技术进步的市场结构，就是有效的市场结构，从产业视角呼应了同时代新古典增长模型——索罗—斯旺模型，而且与后来芝加哥学派施蒂格勒的观点也能兼容，这也是哈佛学派在产业

---

① Edward S M. Price and production policies of larger scale enterprise[J]. Amerrican Economic Review,1939(3):61－69.

② Bain J S. Relation of perfit rate to industry concentration:Americn manufacturing 1936－1940[J]. Quarterly Jurnal of Economics,1951(3):65.

③ Bain J S. Industrial organization:Second edition [M]. New York:John Wiley & Sones,1968.

组织领域长期处于统治地位的原因之一。

贝恩在《产业组织》一书中，相对完整地建立了产业组织的核心内容与逻辑，即市场结构（Structure）决定企业行为（Conduct）；而企业行为决定市场绩效（Performance）。归根结底是市场结构决定市场绩效，要想有好的市场绩效，就必须确定有效的市场结构，这就是 Bain 最初的两段论。直到 1970 年，谢勒才在《产业市场结构和经济绩效》一文中将贝恩的理论发展为 Structure－Conduct－Performance 的 SCP 范式，并对 SCP 标准范式中的企业行为对市场结构的反馈作用和产业条件做了较为系统、完整的阐述①。由于贝恩所选择的市场绩效是用总福利衡量的，基于垄断带来总福利损失的考虑，由政府规制产业内的垄断行为、维护竞争性市场结构、保证有效竞争成为当时的理论倾向。所以，SCP 范式是美国反垄断法和政策的理论基础。

4.2.2.2　对梅森—贝恩范式的质疑

虽然 SCP 范式主宰了产业组织学近半个世纪，但是学术界还是从以下方面提出质疑：第一，SCP 范式没有严格遵循新古典理论来解释市场结构、市场行为和市场绩效之间的关系，而是用经验数据进行分析，逻辑不够严密。尽管贝恩自己认为是以新古典经济学解释问题，也在不断地改进②，但实际上理论的构建是游离于正统经济学规范逻辑之外的、对大量经验观察的描述，缺乏科学性的支撑（Schmalensee，1988）③。第二，仅以经验数据为基础实证，淡化了企业行为分析，而公司治理结构、信息不对称、交易费用等经济学变量，对企业行为和市场绩效的影响是巨大的。第三，跨部门的经验研究存在数据采集的天然缺陷。如政府部门关于产业的统计口径和产业组织理论界定的口径有区别，而且容易忽略区域性市场的影响和差异，特别是对于多样化企业的业务剥离从数据上存在难度。第四，用跨部门数据来鉴别关键性结构参数方面，许多模型在设计时也存在障碍，分析出的结论也先天不足。

① 斯蒂芬·马丁．高级产业经济学[M]．史东辉，译．上海：上海财经大学出版社，2003：9.

② Bain J S. A note on pricing in monopoly and oligopoly [J]. American Economic Review，1949(10)：448－469.

③ Richard Schmalensee. Industrial economics：An overview[J]. The Economic Journal，1988(98)：643－681.

4.2.3 芝加哥学派对传统产业组织学的发展

以经验数据为基础研究产业组织，为芝加哥学派的理论创新留足了空间。芝加哥学派是指以斯蒂格勒（Stigeler George）、布劳曾（Brozen Yale）和波斯纳（Posner）等芝加哥大学的学者为代表的，在20世纪60—70年代形成的产业组织理论，标志是斯蒂格勒的著作《产业组织》的出版。学者们秉承经济自由主义理念，坚持认为企业在自由竞争过程中能否主动调节市场行为，是检验企业是否具备生存能力的重要衡量标准，也是市场优胜劣汰的过程①。斯蒂格勒提出用“适者生存法”来判断企业合理的规模，就是基于这样的逻辑：绩效好的企业可以实施战略行为，这些行为会改变市场结构。大企业的高利润是垄断者的市场势力还是高效率技术和低成本导致的，需要区分。低成本导致的大规模经济，是符合消费者利益的。在实践中，许多政府按照企业市场规模否定的并购案，最终都被法院以企业的规模扩大来自企业的高效率而否决。由此，对反垄断政策的经济效果的实证研究也逐渐深入。

芝加哥学派的最大贡献是使产业组织学由经验分析回归到经济学规范性分析。首先，芝加哥学派指出了SCP范式不是单纯的结构决定行为、行为决定绩效的过程，结构、行为和绩效之间的关系是相互影响的。如此，梅森—贝恩范式中必须通过政府管制维持竞争和市场绩效的观点，就片面了。其次，芝加哥学派指出企业的效率行为才是产业组织学中最关键的环节，正是企业效率的提高才改变了市场绩效和市场结构，提高了集中度，增强了市场势力（Demsetz，1973）②。最后，斯蒂格勒重新定义了进入壁垒的概念，认为进入壁垒是一种由新进入企业承担，而现有企业无须承担的成本，只要新企业不承担新的进入成本，那么产业就是自由进入的（Stigler，1968），垄断性的市场结构也能够被新企业的进入破除。而且，他定义的进入壁垒比哈佛学派描述的要低得多，竞争市场的范围也可因此而扩大，不必“谈集中就色变”。虽然芝加哥学派尽力将产业组织学拉回规范研

---

① 斯蒂芬·马丁．高级产业经济学[M]．史东辉，译．上海：上海财经大学出版社，2003：13.

② Harold Demsetz. Industry structure, market rivalry, and public policy[J]. Journal of Law and Economics, 1973(1): 1-9.

究，对日后新产业组织理论的兴起产生了重大推动作用，但遗憾的是，只是在理论体系上对哈佛学派进行修正和丰富，没有发展出一套能够支撑理论的方法论。

4.3　现代产业组织理论的产生

4.3.1　现代产业组织理论（NIO）的形成

芝加哥学派对于不完全竞争市场企业效率行为的关注和向规范性分析转轨遇到了方法论的障碍。既然在不完全竞争市场，每一个企业做出关于价格或者产量的决策时，都要受到竞争对手选择的影响，如此，单纯的边际分析法很难解决这类市场上的企业决策的相互依赖问题。20 世纪七八十年代之后，随着博弈论的出现与普遍应用，许多企业的行为分析都能够建立在博弈论基础上，可以用纳什均衡解进行规范解释。

有了规范的分析方法，产业组织理论研究不断走向深入与广泛，对古诺（Cournot）—伯特兰（Bertrand）悖论的破解性研究，如差异化、动态化和现实生产能力有限性的理论模型相继建立。芝加哥学派已经提出，不完全竞争市场企业的行为会影响市场结构，改变产业内企业的市场力量，那么企业的策略性行为就不可避免。由此进入阻止、过剩生产能力投资、默契战略、广告、研发和并购等以博弈为基础的理论模型也相继涌现，Spence（1977）、Kreps 和 Scheinkman（1983）、Milgrom 和 Robert（1982）、Bagwell 和 Ramey（1988）分别就生产能力投资、进入威胁、限制性定价以及广告等行为建立了专门的模型，极大地丰富了产业组织理论的内容。Jean Tirole 出版的 *The theory of Industrial Organizatin*[①] 对新产业组织理论进行了系统化和规范化的梳理，是学术界共识度较高的、具有里程碑意义的著作，标志着新产业组织理论的成形。

4.3.2　新产业组织理论的贡献

新产业组织理论主要在以下方面做出了理论贡献：

第一，将非合作博弈作为主要分析方法，为分析不完全竞争关系提供

---

① 泰诺尔．产业组织理论[M]．张维迎，等，译．北京：中国人民大学出版社，1997.

了科学的方法论支撑，弥补了芝加哥学派缺乏统一的方法论的缺陷，以及产业组织理论对不完全竞争市场的分析科学性不足的缺陷。同时，将博弈论与新古典经济学结合，真正实现了产业组织理论向正统、规范经济学的回归。如古诺模型、伯特兰模型、斯塔克尔伯格模型和限制性定价模型、进入遏制模型等，都使用了静态博弈、动态博弈和重复博弈作为研究工具，而且都坚持了新古典经济学的基本假定。

第二，引入产品差别化作为分析不完全竞争市场的重要假定，为产业组织理论的进一步发展拓展了空间。古诺和伯特兰模型的共同假设是产品同质性，但是古诺—伯特兰悖论的出现使经济学家们开始寻求破解悖论的因素。新产业组织理论以豪特林（Hotelling，1929）空间模型为基础，用地理距离替代心理偏好，引入需求函数和静态博弈为方法论，破解了古诺—伯特兰悖论。虽然德阿斯—普利蒙特等的研究结果表明，当产品相似度极高时，不存在纯策略的纳什均衡价格，只有混合策略的均衡存在，但是，他们用二次运输成本替代线性成本时，得出了产品差异化最大的原理，这也是新的突破。这些有冲突的研究结论，为新产业组织理论的进一步深入提供了研究机会。

第三，增补了技术创新影响市场结构变化的内容。虽然梅森很早就提出有效的市场结构能够促进技术创新，但只是推测性的，没有进行行为分析。雷恩格纳姆（Reinganum，1982）建立了一个模型，发现在不确定性条件下，潜在进入者通过发明进入市场的概率比较大，证实了阿罗的“替代效应”的存在，即垄断者从事研发活动的动力小于竞争性企业，因此潜在进入者的创新行为将改变市场结构。卡布罗等（Cabral and Riordan，1994）建立了一个企业无限期内的动态寡头竞争模型，表明当先行企业研发成功的概率超过50%时，它们会增强市场控制力。之后的追随者们将这些研究继续拓展，创建了许多动态经典模型，也证实了芝加哥学派关于创新行为会影响结构的论断。

第四，提出了信息不对称对产业效率和市场结构的影响。将信息不对称问题引入新产业组织理论，是新产业组织学的又一次深入。信息不对称会扭曲交易一方的资源配置效率，从而改变企业行为，改变市场结构。例如：克瑞普斯和威尔森（Kreps and Wilsen，1982）首先针对泽尔滕（Selten，1978）提出的“连锁店悖论”（Chain - Store Paradox）提出质疑，对称信息下产业内续存企业将容纳潜在进入者的进入，市场结构也会因为进入行为变为双寡头结构；而米尔格罗姆和罗伯茨（Milgrom and Robers，1982）通过建立不对称信息模型得出，产业内续存企业会通过“声誉效应”在长期中“威慑”潜在进入者，从而阻止新企业的进入，维持垄断市场结构。

4.3.3 新产业组织理论的不足

虽然博弈论的应用使新产业组织理论科学而坚实地实现了从经验分析到规范分析的科学回归，也为交易费用理论和信息经济学的应用拓宽了空间，但是却出现了新的问题：第一，信息不对称下的完美贝叶斯均衡虽然从逻辑上很完美，但是现实经济活动中，决策者难以做到绝对理性，正如凯恩斯所说，企业的很多行为是“动物性的冲动”，工业化中的很多经济现象在 NIO 下很难解释。第二，以博弈作为分析框架所依据的假设前提过于精细。假定的细微变化会得出大相径庭的结论，均衡经常不存在，理论意义降低。特别是信号传递模型中的完美贝叶斯均衡，要计算无法观察到的后验概率才能实现，而且得出的博弈均衡，很难获得经验数据的支持。第三，以博弈和信息不对称为背景的新产业组织理论的文献，因精细假定不同呈碎片化趋势，研究路径也是分散的，理论体系的总体逻辑有待研究。科学研究的目的是找到能够一般化概括的规律性，从这个意义上看，新产业组织理论的成功与完善还需要通过一段时期艰苦的探索。

4.4 当代产业组织理论的发展

4.4.1 应当扩大合作博弈的应用范围

从 20 世纪 90 年代起，经济全球化趋势加速，经济体系的社会分工也已经细化到产品内分工，一个产品往往是众多企业合作完成的，而这些企业又分布在全球，隶属不同的国家和企业。分工越细，同一价值链上的合作要求就越高。非合作博弈偏重于企业间的竞争，很难从分析框架上解释同一价值链上具有投入产出关系的企业间的利益分配。仅仅用非合作博弈分析价值链、产品链，解释力就显得不足。

而合作博弈在分析产业链上下游合作问题时，比非合作博弈更贴近实际。格罗斯曼—哈特—莫尔模型（简称 GHM 模型）（Grossman - Hart, 1986; Hart and Moore, 2004, 2005），已经使用谈判解研究了同一价值链上市场主体在产业链中利益分配问题，受到学术界的高度关注。GHM 模型中也涉及契约不完备、交易地位改变、要挟等经济现象。2012 年，埃尔文·罗斯和罗伊德·沙普利，分别从经验和数理方面研究资源在不同主体之间的配置，从而获得诺贝尔经济学奖。这为经济全球化和价值链上的产业合作研究再次贡献了新方法论。产业链上各主体以合作为前提，能够减少过剩产能，提高经济总体发展质量。所以，合作博弈理论的普及，将使产业组织理论迎来新一轮的发展，也为中国的“一带一路”倡议和高层次开放战略中的国际合作提供方法论支撑。

4.4.2 应当将资产专用性问题引入分析框架

虽然新经济在世界范围内开始蔓延，但是实体经济中的制造业依然是国家的经济基础。随着工业化的深入，工业体系中资本的作用日益增强，分工使机器设备的专用性也日益加强。由此资产的专用性特征导致的沉没成本，对产业进入与退出的影响也越来越大，影响产业市场结构的变化。从资产专用性理论的应用看，目前主要是用来分析由资产专用性引致的交易费用对市场均衡的影响，以及对纵向一体化的解释（奥利弗·威廉姆森，1985）。虽然法雷尔和谢皮罗①在 1988 年的论文中证明了资产的专用性本身将影响市场结构和市场绩效，但是资产专用性对企业的进入与退出的研究较少。面对当前中国的供给侧结构性改革和抑制新一轮产能过剩的任务，将资产专用性引入基础模型的研究，是我国产业组织理论工作者不可回避的使命。

4.4.3 应当加快产业网络效应理论的研究

随着社会分工的深化，同一产业链的各环节之间的相互关系日益紧密与复杂，个别环节的不协调会降低其他生产环节的效率。新科技革命带来

① Farrell J, Shapiro C. Dynamic competition with switching costs[J]. The RAND Journal of Economics, 1988, 19(1): 123 - 137.

的新业态、新模式的特征之一，就是产业间关系的重点由获得分工效率转为获得产业融合效率。特别是网络正反馈效应中的报酬递增现象越来越普遍，以边际报酬递减或不变为基本假设的经济学理论的适应性减弱。而迄今为止，产业组织理论的主要内容依然是研究同类企业间的关系。这就要求理论界加快分工网络和信息化网络条件下的产业组织研究，特别是要加快平台企业性质与结构的研究，积极探索互联网经济和大数据经济条件下的规律。只有与实践相符合的理论，才有生命力，新产业组织力量才能获得发展空间。

参考文献

[1] 杨治．产业经济学导论[M]．北京:中国人民大学出版社,1985.

[2] 苏东水．产业经济学[M]．北京:高等教育出版社,2000.

[3] 王俊豪．产业经济学[M]．北京:高等教育出版社,2015.

[4] 斯蒂芬·马丁．高级产业经济学[M]．上海:上海财经大学出版社,2003.

[5] 马西莫·莫塔．竞争政策[M]．上海:上海财经大学出版社,2003,2006.

[6] 李明志,等．产业组织理论[M]．北京:清华大学出版社,2004.

[7] 泰勒尔．产业组织理论[M]．北京:中国人民大学出版社,1997.

[8] 乔治·斯蒂格勒．产业组织与政府管制[M]．上海:上海三联书店,1989.

[9] 林恩·派波尔,等．现代产业组织理论[M]．北京:机械工业出版社,2012.

[10] 克里斯汀·蒙特．博弈论与经济学[M]．北京:经济管理出版社,2005.

[11] 多纳德·海,等．产业经济学与组织[M]．钟鸿钧,张维迎,等,译．北京:经济科学出版社,2001.

[12] Berle A A, Gardner C M. The modern corporation and private property [M]. New York: Macmillan, 1932.

[13] Edward S M. Price and production policies of larger scale enterprise [J]. American Economic Review, 1939(3):61-69.

[14] Bain J S. Relation of perfit rate to industry concentration: Americn manufacturing 1936-1940[J]. Quarterly Jurnal of Economics, 1951(3):65.

[15] Bain J S. A note on pricing in monopoly and oligopoly [J]. American Economic Review, 1949(10):448-469.

[16] Richard Schmalensee. Industrial economics: An overview[J]. The Economic Journal, 1988(98):643-681.

[17] Harold Demsetz. Industry structure, market rivalry, and public policy [J]. Journal of Law and Economics, 1973(1):1-9.

[18] Farrell J, Shapiro C. Dynamic competition with switching costs [J]. The RAND Journal of Economics, 1988, 19(1):123-137.

[19] Scherer F M. Industrial market structure and economic performance [M]. Chicago: Rand McNally, 1970.

5 基于生涯理念的大学生就业指导课程设计分析

冯筱[①]

摘　要： 随着我国高等教育进入“大众化”时代、毕业生数量逐年增加，大学生“就业难”被社会广泛关注。相应地，高校也开始对大学生开展就业指导工作。设置基于生涯理念的大学就业指导课程，培养学生在就业择业时的“生涯”理念，让学生树立终生“职业发展观”，从而影响大学生学习生活、择业就业、人生发展，对促进大学生就业、高校的长期发展、社会的稳定具有十分重要的作用。本文基于“生涯理念”对设计大学生的就业指导课程模式进行探讨。

关键词： 生涯；职业指导；模式

大学生就业指导工作的目的，简单来说就是为了帮助大学生在择业时做出正确合理的选择。具体而言，“是大学生自己能够积极关注并及时了解国家最新的毕业生就业相关政策，同时根据社会和职业的需要，结合自身特点，选择发展前景比较好，与个人兴趣、技能、性格、价值观匹配，能够发挥个人潜能的职业，实现顺利就业和创业”。充分发挥大学生就业指导在整个学生大学生涯中的作用，把学业和就业以及将来的事业联系起来，提高学生的综合素质水平，对实现顺利择业、就业意义重大。

5.1 基于生涯理念的大学生就业指导课程开设的意义

随着高校扩招，大学生就业难已成为一个不可忽视的社会问题，整体就业形势不容乐观。在客观的社会结构性就业难的宏观压力下，我国大学

① 冯筱，女，山西长治人，西南民族大学经济学院讲师。项目来源：西南民族大学校级教改项目“基于生涯理念的大学生就业指导课程设计分析”。

毕业生普遍存在着不能正确认识自我、社会经验不足等问题，这就更加凸显了从客观条件出发，科学、合理制定职业生涯规划教育的必要性。

5.1.1 促进大学生就业意识的理性化

传统的就业观念是大学生把就业看作回报家人、学校和社会的方式，在毕业之际就应该找到工作，导致大学生没有考虑自己的职业生涯发展。含有职业生涯规划与发展的就业指导课程，有助于学生把自己的就业与以后的职业生涯发展紧密联系起来，主动认识自己、职业与社会的关系。

5.1.2 促进毕业生的发展和成才

如果能够比较早地对进校的大学生进行规范的、科学的、有效的就业指导，可以帮助大学生们树立远大的理想，明确自己在大学的近期目标和毕业后的远期目标，制定自身发展和社会发展相结合的生涯规划。这样的人生规划，必然会使学生明确学习的方向，提高主动学习的积极性，同时也有利于学校有计划地进行培养，有针对性地提高大学生的专业能力和职业素养，帮助他们了解社会和职业，紧跟社会发展的步伐，尽快适应自己所选择职业岗位的要求，把学习与就业、事业联系起来，为将来的职业道路、事业发展和人生成功奠定坚实的基础。

5.1.3 推进实现高校的可持续发展

高等教育发展的一个关键问题是高校毕业生的就业问题，它关系着高等教育的可持续发展，高校就业指导部门可以把毕业生和用人单位联系起来，同时还可以把单位的需求和毕业生的情况反馈给学校的教学和管理环节，促进学校的教学和人才培养工作得到改进，最终克服高等教育和社会生产脱节的矛盾，增强教育对社会发展的适应能力，促进人才培养和就业与社会的良性互动。

5.2 基于生涯理念的大学生就业指导课程设计理念

5.2.1 生涯理念的含义

舒伯的观点：“生涯是指生活中各种事情的发展方向和变化过程，它包括了人一生中在职场中的经历和在生活中扮演的各种角色，从这个漫长的过程中可以体现出个人的发展变化趋势。”生涯是指从个人出生一直到生命结束的时间段，是人生不断变化成长的动态过程，每个个体自我发展形态是不同的，生涯发展都具有个性化特征。

生涯是个体在一生中的不同阶段中所有经历的总和，而职业角色是构成个体生涯发展的基础。个人生涯发展是为了更好地适应社会的需要，以达到个人与社会的双赢为目的。

5.2.2　大学生职业生涯规划的目的及构成

生涯规划是指一个人为了实现既定目标，制订计划并逐步实现的历程。“在考虑个人的性格、特长、能力以及各种有利因素和不利因素的前提下，进行合理安排和适时调整，逐步走向成功，实现自己的人生价值。”

大学生职业生涯规划主要是指综合考虑自身的优劣条件、相关制约因素以及发展机遇，从而确立适合自己的职业方向和发展目标，进而在一定的计划和方案指引下实现个人的职业生涯发展的目标。

大学生在制定职业生涯发展规划时主要目的就是更好地确定职业方向，为了实现职业理想积累各种才能。大学生职业生涯规划是由职业规划、生涯规划和职业生涯规划三个部分组成的，并不是只依靠就业指导就能够实现，这三个组成部分之间是密切相关的。

5.2.3　大学生就业指导课程设计的内涵

掌握了大学生职业生涯的目的及构成后，基于生涯理念的大学生就业指导课程的设计就有了方向。

在课程设计中，首先，我们要能在课程的内容上让学生有一个宏观的努力方向，也就是制定合适的职业规划。其次，为了成功进入之前确定的行业，根据职业的需要，明确自身应该具备哪些条件，制订一个可以逐步达到目标的计划，也就是职业生涯规划。最后，除了规划职业生涯以外，还要对生活中其他的事情制订计划，并逐步实施。职业生涯与人的生涯之间是相互影响、相互作用的，职业生涯对人的生涯会产生影响，人的生涯对职业生涯同样会产生一定的作用。

在理解职业规划、职业生涯规划、生涯规划三者的内涵时，要根据制定目标的远近和经历的时间长短进行区分。职业规划主要关注近期的求职问题，确定目标和方向；职业生涯规划主要是着眼于职业的长远发展；而生涯规划主要是着眼于人生的长远发展。

5.3 基于生涯理念的大学生就业指导课程设计构想

5.3.1 课程总体设计思路

对大学生进行就业指导，应该培养他们的生涯规划意识，使他们认识到学习与职业和生活之间的关系，在大学阶段有意识地参加一些活动，以增强基本职业素质，形成良好的职业心态。把职业生涯理念贯穿于就业指导工作中，对大学生自身发展以及将来的择业、就业、事业发展等起到一定的指引与促进作用。

对大学生进行就业指导的方式多种多样，可以通过开展有针对性的个体指导、集体辅导，为有不同发展需求的学生提供不同的辅导内容。

开展各种职业交流洽谈会，推荐学生就业，通过校园招聘会丰富学生就业经验，让学生在暑期参加各种实习和工作，进而积累学生的就业经验。

职业生涯路径如图 5 -1 所示。

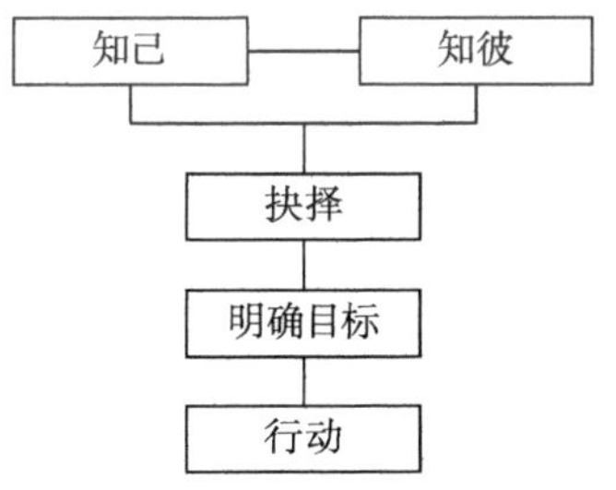

图 5 -1 职业生涯路径

(1) 知己——自我探索

系统化的生涯规划是一个“从内到外”的过程。因此，在做生涯规划时，先要认识自己，诚实地自问：

①我的兴趣是什么？兴趣是影响工作满意度、职业稳定性和职业成就感的重要因素，是职业生涯规划中自我探索的一个重要方面。通过兴趣探

索练习帮助学生澄清自己的兴趣类型，以期达到个人职业与职业兴趣的匹配。

②我的性格是怎样的？性格是指人的现实态度和行为方式中比较稳定的心理特征的综合，是人格的重要组成部分。具体而言，性格是一个人在生活中对他人、对事、对自己、对外在环境所表现出来的一致性回应方式，即是经常性的、习惯化的态度和行为方式，性格与职业成败有着密切的关系。只有了解、认清自己的性格特点，找出自身性格中的优缺点，并且学会在工作中扬长避短，才能使自己在职业竞争中表现卓越。

③我会做什么？在激烈的就业竞争中，用人单位非常看重求职者的能力。求职者最终的目的也是向用人单位证明、展示自己的能力，让用人单位相信自己能够胜任工作。技能是撰写简历和求职面试时所使用的重要概念，正确认识技能的重要性对于个人摆脱对能力的狭隘认识、树立信心、在求职和工作中胜出具有重要意义。

④哪些东西是我生命中不能缺少的？我最看重什么？价值观是指个人对客观事物（包括人、物、事）及对自己的行为结果的意义、作用、效果和重要性的总体评价，是对什么是好的、是应该做的的看法，是推动并指引一个人采取决定和行动的原则、标准，是个性心理结构的核心因素之一。价值观是一套自我激励机制，它指向你一生中最重要的东西，它可以通过你如何生活、工作等反映出来。在生涯决策中，价值观是自我认知的重要组成部分。对于一个人来讲，价值观是一生中最重要的精神追求和动力，是权衡得失取舍的“标尺”。

（2）知彼——探索工作世界

工作世界信息和自我信息是生涯规划中重要、基础的部分。对工作世界的了解具体包括：专业与职业的关系，工作世界的宏观发展趋势，具体职业对工作人员的要求、条件和待遇等，继续教育方面的选择。

（3）抉择——综合整理和评估信息

在决择时有可能因信息不全而重新回到前面两个步骤，具体内容包括：综合与评估信息；目标设立与计划；处理决策过程中的各种问题，如生涯信念、障碍。

（4）目标——在对自我与外界探索和收集信息基础上，确定自己的职业生涯目标

（5）行动——是将全部的探索和思考落实的阶段

任何规划都要通过行动来实现自己设立的工作目标。通常包括：为了实现职业目标制定的学业规划及其落实，具体的求职过程如制作简历、面试等。

整个职业生涯规划不是一成不变的，而是动态的。当在实践中迈出生涯的重要一步，即进入工作世界时，随着外部环境的变化，或许会继续沿着过去的规划前进，也有可能发现过去的规划已不适合自己，或者发现过去的规划并不尽如人意。这就需要再次进行生涯探索，修正生涯规划。所以说，生涯规划是一种思维方式，将伴随人的一生。所有的规划和具体行动都具有一定的灵活机动空间。机遇总是垂青于有准备的人，规划的思路是为即将到来的“变化”做好准备。另外，实现职业目标的路径也是多样的，可以相互促进、协调发展，同时，当其中某一环节出现阻滞时，仍然可以通过其他路线实现职业目标。

5.3.2 不同年级课程设置构想

基于生涯规划的视角，针对大学各个年级不同的学生开设不同的课程。

大学生活一般为四年八个学期，大一年级的第一、第二学期可以说是大学生的适应阶段，适应大学的新环境，包括生活方式、学习习惯、人际关系等。在这一阶段，学校就业指导中心开始职业生涯规划的第一步，通过多种手段（网络、咨询、讲座等）帮助新生尽快适应新环境。通过设置职业生涯课程教育，讲授职业生涯相关的理论知识，介绍目前的就业形势，使大学生初步了解职业生涯规划在大学生活中的重要性和职业生涯的一般规则。大学生通过职业测评工具进行相关测评，从得出的结果可以初步了解社会用人单位的要求和自己的性格特点，对自己的职业倾向有明确的认识。

大二年级的第三、第四学期，通过对学生整体素质进行综合测评，来评估大一一年的学习成长状况，针对个体改进学习生活习惯。通过职业指导讲座，介绍目前社会职业发展和需求变化，分析用人单位招聘条件标准

的变化，进一步组织职业倾向和能力的测试。通过测试，制订提高自己职业能力的计划，根据社会需求，开始有目的地选修课程。

大三年级的第五、第六学期，应开展职业技能培训，组织社会实践和素质拓展活动。此阶段学生开始考取一些职业技能证书和相关水平测试证书，学校应调查学生考研、就业动态，通过有针对性的指导，适时调整其职业目标，确定其发展方向。

大四年级的第七、第八学期，通过对学生就业意向的调查和对学生综合素质的测评等进行常规的就业指导。向学生介绍相关就业政策、签约流程的注意事项，了解学生的职业选择决策，指导学生在择业过程中随时调整自己的就业期望值，对学生进行求职技巧的指导和培训。

基于“生涯”理念的就业指导模式的核心是对学生职业生涯“发展”的关注。从入学开始，在每一年，就业指导都有阶段性的培养目的和培养任务，使就业指导系统化，为学生的终生职业发展提供有力的支持。

参考文献

[1] 顾嘉桐. 高校就业指导工作对策浅探[J]. 江苏高教,2013(5):107-108.

[2] 张爱芹,王丽娜,连树青,车宏生. 中美高校就业指导与就业教育比较研究[J]. 北京教育(高教),2013(3):78-80.

[3] 陈莹. 中美大学生就业现状比较与启示[J]. 闽江学院学报,2013(7):137-140.

[4] 冯艳,李海普. 高校就业指导存在的问题及对策[J]. 江苏高教,2012(5):107-109.

[5] 赵娜,李晓波. 国外职业生涯教育发展特色对我国高校就业指导的启示[J]. 中国成人教育,2011(1):128-130.

[6] 章达友. 职业生涯规划与管理[M]. 厦门:厦门大学出版社,2005.

[7] 曾雅丽,谢珊. 大学生全程化职业指导创新教程[M]. 广州:世界图书出版广东有限公司,2012.

[8] 孙凌. 职业规划与就业实务[M]. 北京:北京师范大学出版

社,2011.

[9] 张威. 大学生职业发展与就业指导教师参考书[M]. 西安:世界图书出版西安有限公司,2011.

[10] 来云. 大学生职业生涯规划[M]. 北京:新华出版社,2009.

第2篇

人才培养探索篇

6 信息网络化背景下金融专业人才培养模式探究

伍艳①

摘　要：在信息网络化背景下，学科交叉、知识交叉成为现实，高等教育范围的宽广性、多层次性和教育方式的挑战性，要求民族高校金融专业教育必须适应信息时代的新变化，根据民族地区经济社会发展需要，建立以核心素养观培养金融人才的理念。同时，构建金融专业人才培养新模式：一是适应国际化发展水平和产业结构转型的人才培养模式；二是适应创新创业教育的培养模式；三是将专业教育与实践教育相结合的培养模式。

关键词：信息网络；金融专业；高等教育；人才培养

当今世界信息网络化全面普及，实体世界和虚拟世界深度融合。互联网、云储存、移动通信以及智能学习、大数据分析技术的整体突破，使信息传播的广度、深度、便利程度空前提高，信息量激增、知识更新加快，虚拟世界成为人们生活和工作的重要空间，未来比起以往任何时候都更加难以预测。“学无止境”成为基本生活方式，具备终身学习意识、形成终身学习能力成为每个人适应社会变化和保证生活质量的基本要素。特别是民族高校少数民族学生居多，信息网络化正逐渐向民族地区普及，需要少数民族学生适应“互联网＋”形势的变化，成为创新型应用人才。

6.1 信息网络化背景下金融专业教育的特征

6.1.1 教育范围的宽广性

信息网络化将大量相互作用的信息技术要素构成开放式、综合复杂的

① 伍艳，女，西南民族大学经济学院教授，硕士生导师。项目来源：西南民族大学校级教改项目“民族高校教学质量的提升路径与评价机制研究”。

巨大系统，覆盖整个国家乃至全球，并以更快的速度、更低的费用传递信息，以先进的技术广泛及时地采集信息、处理信息并使高校教师和学生能方便地应用信息。在信息网络化背景下知识交叉、学科交叉、产业重组与日俱增，行业、专业、岗位此消彼长，传统热门的职业、行业不断消退，新兴职业不断涌现，“互联网+”使过去认为完全不可能发生联系的事物都紧密地联系在一起；理论型人才、技术型人才与管理型人才的界限越来越模糊，手脑并用、知行统一成为金融优秀人才的基本特征。培养复合型人才，善于综合运用所学知识解决复杂问题，善于理论联系实际解决真实问题，是时代的突出要求。

金融专业进行跨学科教育具有一定的广度、开放度和自由度，能够给学生独立思考与主动探究留下充分的研究空间。这种宽广度既决定了学生的视野，也决定了一个人未来的事业和成就。学生治学要有基点、有旁涉，而基点务求精深，旁涉务求宽广，切勿浮光掠影，一无所长。

6.1.2　教育覆盖面的多层次性

互联网的信息量巨大，学生在浏览网络信息时，除了一些目的明确的浏览活动，其他浏览活动大多带有随机性，这就需要学生具备辨别信息和选择信息的能力。高等教育不仅要使学生学习好、成绩好，更应培养学生的思辨能力和社会主义核心价值观。因此，金融专业教育应注重对国际国内经济社会时事的分析，使学生善于发现问题、分析问题、解决问题。同时还要兼顾不同层次的学生，因材施教，体现出学生的个性，关注不同学生的差异发展。

6.1.3　教育方式的挑战性

网络作为信息传播媒介，具有信息发布简单、信息传播迅速的特点。报纸、广播和电视受到传统信息发布方式的制约，在信息发布前需要采集、整理和编辑。网络信息整理迅速，能从源头上确保信息传播的即时性。互联网以其虚拟性、即时性、全球性和开放性从物质层面打破了校内外的隔阂，实现了信息的校内外互通。网络上的海量资源为教师的教学以及学生的学习带来了极大的便利。教师可以从网上得到许多优秀的教学资源，使课堂教学变得更加灵活、生动；同时，学生的学习渠道显著拓宽，不再局限于传统的课堂教学。网络的共享性和开放性，使教学模式更趋开放，教育资源能为更多人所共享。2020 年因新冠肺炎疫情影响，高校开展线上教学，运用钉钉、腾讯会议等网络进行直播，取得了较好的效果。可以说，互联网的发展使个性化的、以热情和兴趣为基础的学习变成现实，极大地开拓了学生的视野，学生可以更好地接触学习资源，从而改善学习效果。同时，对教师的课堂教学提出了更高的要求和挑战，教师必须不断更新自己的知识体系、提高自己的教学技能，根据学生的实际情况因材施教，才能在课堂上吸引学生。

6.2 金融专业人才培养新型模式的目标定位

所谓人才培养模式，就是人才的培养目标和培养规格以及实现这些培养目标的方法或手段。以西南民族大学为例，在开展金融专业人才培养模式改革时，需要明确以下三个目标定位：

6.2.1 人才培养模式要与社会需求相适应

进入 21 世纪后，高等教育发生了巨大的、彻底的变化。Jack Schuster 认为，带来这种巨变的因素包括科技、全球化、经济/预算约束、市场响应能力（市场化、商品化）等。根据教育理念的变化，对大学课程进行调整，更加关注课程与就业市场之间的关系，课程设置以市场需求为导向。部分高校的经济管理类学科对于文科的关注度下降，其中包括哲学、历史、文学/语言和宗教学等人文学科；相应增加数理基础的课程。作为民族高校，将社会对人才的需求作为切入点，结合地方区域经济社会发展状况，在人才培养模式的顶层设计中仔细分析民族地区文化发展、产业经济、社会建设等各个方面的需求，明确对接的方向，在需求—对接—产生新需求—再对接的动态过程中确立学校的人才培养目标和培养模式。

6.2.2 人才培养模式要与学校定位、办学基础相结合

金融专业要按照教育教学规律、人才培养和人才成才规律，正确对待不同学科专业之间存在的差异。实行金融学大类招生，在大类招生的课程设置中，专业基础课和专业必修课按照国家高等教育质量标准进行。在跨学科选修中，结合本校特色开设课程，如“民族理论与政策”课程、民族

音乐课程等。同时，在专业建设与发展上形成梯度与层级，着力解决高校金融人才培养同质性、趋同化的问题。一方面，纵向比较现有的办学条件以及人才培养质量是否比以往有所提高，是否更能适应民族地区经济社会发展的需要；另一方面，横向比较本校金融专业的人才培养质量在同层次和同类别高校中所处的位置和发挥的作用，通过毕业生问卷调查统计本校金融专业所培养的人才是否具有竞争力以及用人单位的满意程度等。

6.2.3 人才培养模式要注重少数民族学生特点和个性化发展

来自民族地区的少数民族大学生大多生活在具有浓厚宗教氛围的环境中，宗教对其有着很大的影响。少数民族大学生具有强烈的民族自尊意识，希望得到周围人的理解和尊重，特别希望得到汉族师生的理解和尊重。在这种情况下，不少学生会有一些心理压力，主要表现在两个方面：一是语言，少数民族学生语言是一个比较大的问题，特别是维吾尔族和藏族学生，在学习中有一个把汉语再译成本民族语言的过程，无疑加大了学习难度，而且在与人交流方面，也会产生一定的障碍，影响与同学的交往；二是家境，少数民族大学生大都来自少数民族地区，家境普遍不富裕，与来自大中城市的学生相比有自卑感，再加上语言、文化、习俗等各个方面的差异，交往圈子会越来越小，可能会产生孤独的情绪。因此，民族高校的人才培养模式要注重学生的个性化发展，对不同能力、不同水平、不同特点的学生用不同的质量标准来衡量，充分考虑学生个体的兴趣、爱好和特长，推行多元化人才培养战略，促进学生个性化发展。同时注重培养学生的综合素质，使学生在德、智、体、美诸方面得到全面发展，达到培养出民族地区高素质金融人才的教育目的。

6.3 以核心素养观培养新型金融专业化人才

6.3.1 核心素养的内涵

“核心素养”最早出现在经合组织（OECD）和欧盟理事会的研究报告中。经合组织1997年启动了“素养的界定与遴选：理论和概念基础”(Definition and Selection of Competencies：Theoretical and Conceptual Foundations）研究项目。核心素养是素质教育、三维目标、全面发展、综合素质等中间的“关键少数”素养，是各种素养的“优先选项”。核心素养强调创新与创造力、信息素养、国际视野、沟通与交流、团队合作、社会参与及社会贡献、自我规划与管理等素养。核心素养是个体在和复杂现实情境持续互动中逐渐形成的。学校教育的功能就在于选择或创设合理情境，通过适当活动促进学习的发生。核心素养要求教师能够创设符合学生经验、彼此连接的真实任务情境，让学生形成问题或项目，开展体验、合作、探究或建构式的学习。将带有明确水平描述的学业质量标准融入课程标准，引导教师关注核心素养如何落在学生身上，清晰了解不同层次学生的素养表现，根据实际需求设计教学方法和策略，选择课程资源。

6.3.2 核心素养观的发展

1997 年，OECD 启动了 21 世纪核心素养框架的研制工作，并于 2005 年发布了《素养的界定与遴选》报告，第一次提出了核心素养（key competence）的概念。报告将核心素养划分为“互动地使用工具、在社会异质群体中互动和自主行动”三个类别，它超越了传统意义上的知识与技能，突出了自我反思和跨学科素养。

2005 年，欧盟发布《核心素养：欧洲参考框架》，向各成员国推荐 8 项核心素养作为推进终身学习和教育与培训改革的参照框架：使用母语交流的能力、使用外语交流的能力、数学素养与科技素养、数字化素养、学会学习、社会和公民素养、主动与创新意识、文化意识与表达。对每一项素养又从知识、技能与态度三个维度进行具体描述。OECD 强调，“核心素养不只是知识与技能，它是在特定情境中，通过利用和调动心理社会资源（包括技能和态度）以满足复杂需要的能力。核心素养的核心是思维方式、活动方式、活动工具和生活技能的融合”。作为对信息化时代要求的回应，2006 年 1 月 31 日，时任美国总统布什在其国情咨文中公布了一项重要计划——“美国竞争力计划”，提出知识经济时代教育目标之一是培养具有 STEM 素养的人才，并称其为全球竞争力的关键。STEM 指科学、技术、工程、数学，STEM 教育要求的是将这四类学科打通组合，培养学生运用科学、技术、工程和数学知识解决问题的综合能力，而不是将这些知识简单相加。2011 年，奥巴马总统推出的旨在确保经济增长与繁荣的《美国创新战略》一文指出，美国未来的经济增长和国际竞争力取决于其创新能力，而 STEM 教育是长期的基础性保障。

6.3.3　核心素养观的特征

第一，强调整体性，要求知识、能力、方法、价值一体化。核心素养是一个层次更为丰富、结构更为合理的体系，本身内在包含了知识与技能、过程与方法、情感态度价值观。美国"21 世纪技能"计划中指出的 21 世纪学生必备的最重要的四项技能即 4C，包括批判性思维（Critical Thinking）、沟通交流（Communication）、团队协作（Collaboration）、创造力（Creativity）。结合"4C"技能，现阶段核心素养能力的衡量指标分为"知识与技能""自主发展"2 个一级指标，在 2 个一级指标下设定 6 个二级指标，具体见表 6－1。

表 6－1　核心素养能力的衡量指标

一级指标	二级指标	定义
知识与技能	团队协作	协作精神，组织能力
	沟通交流	良好的读写能力，有效的人际交往
	批判性思维	善于探究未知世界，辩证认识事物
自主发展	自我管理	主动学习，参与研究
	问题解决与创新	独立思考能力，具有创造力
	社会责任	服务社会，促进社会进步

资料来源：笔者整理。

第二，强调综合性，即具有解决复杂问题、应对未知世界的综合能力。大学生承载着国家和社会的未来，其问题解决能力和创新能力是决定未来社会发展的关键。因此，问题解决与创新是大学生生存和发展的必备品格与关键能力，是核心素养的重要成分。哈佛大学在"问题解决与创新"方面的具体表述为"学生对变革做出批判性和建设性的反应做好准备，了解产生变化和转变的力量，培养学生批判意识"。香港大学在此方面的具体表述为"成为想象力与创造力兼具的领袖；培训学生的批判性思维与独立思考能力；善于处理崭新、未能定性的难题；发展开阔的视野和理解日常生活中错综复杂问题的能力"。

第三，跨学科性。打破学科界限、专业界限、行业界限，形成跨学科素养。调动每个人不同的潜在能力优势，为每个人获得适合自己发展的环境创造条件。从美国核心素养观培养模式看，哈佛大学要求每个学生至少在美学与阐释、文化与信仰、实证与数学推理、伦理推理、生命系统科学、物质宇宙科学、世界中的社会和世界中的美国等 8 个领域修一个学期的课程。为了防止学生避难就易，提出了“4 + 3 + 1”的模式。新模式将整个通识教育项目进行了切割，对选修课程的结构和内容以及选课积分方法进行了更合理的设计，以保证通识课程的高水准。哥伦比亚大学的学生在大学的前两年不分科，通过阅读、听课、讨论和辩论等途径了解包括西方文学、西方艺术、西方音乐和西方文化等在内的历史知识，这种“核心课程”以研讨的形式为学生之间、学生与教师之间的对话提供充分、畅通的渠道。

第四，强调自主管理。大学生的自主管理不仅反映在对学习的管理上，更体现在对职业发展和未来人生发展的规划上。经合组织在 DeSeCo 项目中确立了三大关键能力：能互动地使用工具、能自主行动、能在社会异质团体中互动。其中，能自主行动包括：在复杂大环境中行动的能力，设计人生规划与个人计划的能力，维护权利、利益、限制与需求的能力。剑桥大学在“自我管理”方面的表述为“保证学业成绩的优异，发展学术能力和潜力；自我约束、积极主动、恪守承诺；采用新方法发展学习能力、组织能力；发展探究式思维、自我指导的独立学习，对自己的学习负责”。香港大学将其表述为“强大的本科及跨学科知识基础；学业上追求卓越，慎思明辨，实践终身学习；具备专业学习能力”。

金融专业本科教育的长远价值不只是让学生掌握高深知识或专业技能，更要培养学生的知识迁移能力，即运用所学知识去解决新问题、回答新问题的能力。要进行“有使命的学习”（purpose learning），使命感是成功职业生涯中指引方向的航标，因此，从在校期间开始，学生就要基于一定的使命进行学习。也就是说，学生不仅要了解自己的专业，更重要的是要建立专业的使命感，从而支撑起一段目标清晰的、纵贯毕业之后 10 ~ 15 年的职业生涯。

6.4 信息网络化下金融专业人才培养新模式

6.4.1 适应国际化发展水平的人才培养模式

党的十八大以来，我国加快了金融业改革开放步伐，特别是2018年以来，按照习近平总书记提出的“尽快使金融开放政策落地，宜早不宜迟，宜快不宜慢”等要求，金融管理部门在银行、证券、保险等领域推出多项改革开放措施，我国金融业进入新一轮的深度开放期。40多年来，无论外部环境如何变化，我国金融业开放的步伐与节奏从未改变。沿着“先易后难、循序渐进”道路，将自贸区、特区等作为金融业改革开放的试验田，积极尝试，小心求证，在部分领域已取得突破性进展。2018年以来的新一轮金融业对外开放，既是我国金融业对外开放政策的延续和深化，也是我国新时期统筹考虑国内外环境的主动而为、顺势而变。世界经合组织（OECD）的最新数据和著名四大会计师事务所之一毕马威（KPMG）2018年公布的一项分析报告表明，信息网络技术引领下的社会经济国际化发展，使国际市场对具有跨文化教育背景的人才需求在近十年以平均每年超过7%的速度持续增长。尤其是那些具有本科以上教育背景的跨文化技术人才，在国际就业市场上所显示的竞争力，使其就业率始终保持在90%以上。由中国人民银行、银监会、证监会和保监会联合发布的2010—2020年中长期金融人才发展规划显示，我国金融行业紧缺的三大类人才分别为：从事经济、风险分析预测的高级专家，金融分析、国际会计、保险精算、证券投资等领域的专业分析人员，金融机构总部和管理部门中层以上的管理人员。预计到2020年对这三大类人员的需求将在2015年的基础上再增加约54.5万人。而国际化人才队伍在金融从业人员中的比重从2015年的4.9%提高到2020年的10%。照此推算，我国金融行业对国际化人才的需求届时将达到51万人，在所预计2015年的人数基础上还要增加2倍以上。

从目前我国高校金融教育看，在国内学金融的同学，往往擅长微观经济学、货币银行学和国际金融学多个方向，且国际金融多以研究国际收支、汇率等问题为主。与国外的金融学相比，我国的金融学科更偏向经济学范畴，是非常宏观的。在国外学习金融的同学，学习的课程比较细化，他们以学习微观金融学为主，学成后个人金融专业性更强。当下的国内金融市场中，中资、外资银行都在适应经济新常态和政策环境的变化，调整自己的经营策略和提供的金融服务。在我们看来，银行业应该把握以下变化趋势：一是银行要解决资金脱实向虚的问题，同时更多地发展普惠金融、科技金融、绿色金融；二是要配合国家要求积极整治各种乱象，也相应降低自身的发展风险；三是结合大数据、云计算、人工智能、移动互联网技术来提供金融服务。因此，学校在培养金融人才时，要适应这些新变化，加强微观金融的学习。

人力资本理论认为，劳动力市场是充分竞争的，个体通过接受高等教育，其技能得到了提高，因此，接受过高等教育的劳动者比没有接受过高等教育的劳动者具有更高的劳动生产率，在劳动力市场中处于优势的竞争地位。经济现代化加速了劳动力在各个产业之间的移动，改变了就业结构和人才结构，从而对金融专业教育提出了新的要求，推动金融专业教育不断地调整和改革。市场经济的主要功能就是用市场来配置和调节各种资源。在生产力不发达的过去，人们普遍认为金融专业教育是培养“精英”的，只有少数具有特殊天赋的人才能受到金融专业教育。因此，那时的金融专业教育层次简单、规格单一，社会对金融专业教育的需求也是有限的，金融专业教育的质量也很少受到质疑。当今，经济结构的多元化、产品结构的多样化要求以往的人才结构要发生根本性的变化。因此，按照一种模式、一种要求来培养人才的观念，已经严重滞后于生产力的发展，与社会经济发展联系最紧密的金融专业教育需要与时俱进，加快课程结构改革的步伐，新增金融科技、互联网金融等课程，以此培养与国际化发展水平相适应、与社会发展紧密联系的金融专业专门人才。

近年来，西南民族大学金融专业发展较快，每年的毕业人数在 230 人左右。由于其有较明确的培养目标，专业课程与经济结构调整联系紧密，毕业生的就业率始终在 95% 以上，为我国民族地区经济社会培养了一大批职业性、技能性金融人才。然而，在国际化发展水平提高的影响下，毕业生的就业竞争能力却相对下降。尤其在大众创业、万众创新的浪潮中，传统本科培养人才的模式面临着严峻的考验。劳动力市场需求既是决定金融专业教育层次结构的前提和动力，又是判断不同层次的金融专业教育是否具有生命力的根本标准。

6.4.2　适应产业结构转型的人才培养模式

我国经济逐渐从粗放向集约、从简单分工向复杂分工的高级形态演进，要求必须破除长期积累的一些结构性、体制性的突出矛盾和问题，必须加快转变经济发展方式，加快调整经济结构，加快培育形成新的增长动力。推进供给侧结构性改革，意味着我国从过去强调需求侧改革转变为突出供需两端改革。

从目前产业结构形态的变化来看，第三产业占比上升，第二产业中传统工业占比下降、新兴产业占比上升。在第三产业增加值中，金融业增加值和信息服务业增加值上升较快，贡献度较高。从金融业增加值占比来看，我国金融业增加值占 GDP 的比重由 2005 年的 4% 左右，发展到 2018 年的 6.6%，其间 2015 年达到最高，为 8.4%；在这 14 年间，我国的金融业增加值占比将近翻了一番，对金融人才需求量迅猛增加。另外，第三产业中的信息服务业增加值占 GDP 的比重加速上升，由 2008 年的 2.4% 上升到 2018 年的 3.6%（见图 6－1）；特别是近 3 年，信息服务业发展速度远超过其他产业。2018 年信息服务业增加值的增速达到 30.7%，是唯一一个增速达到两位数的行业。

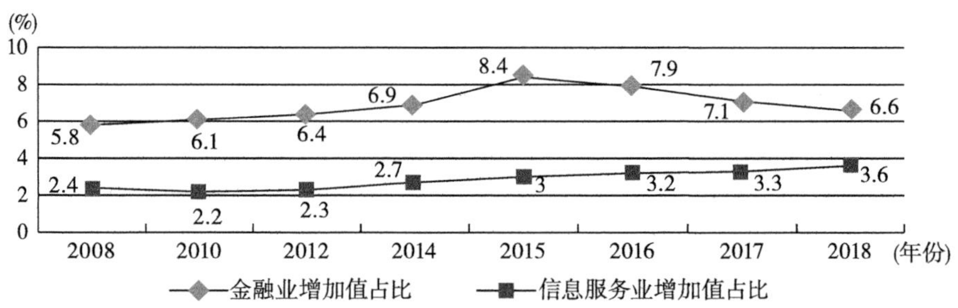

图 6－1　2008—2018 年我国金融业和信息服务业增加值占比

资料来源：《中国统计年鉴》（2008—2018 年）。

在信息网络化的影响下，传统的金融人才供给出现明显缺陷，主要表现在两个方面：一是金融业中低端人才供过于求，人才同质化现象严重，银行柜台人员的需求量大幅减少。二是金融科技型人才、高层次创新型人才供给不足。金融风险管理、精算管理等领域，人才不够用、不适用问题尤为突出。人才的供给已经跟不上互联网金融扩张的步伐，据统计，互联网金融行业人才缺口超过300万人，复合型人才“一将难求”，风控岗位的人才需求尤为突出。高校办互联网金融专业大体有两个方向：一是金融学院办学，从金融细分领域切入，主打“金融＋互联网”模式；二是计算机学院牵头，与其他相关学院共同办学，倡导的是“互联网＋金融”模式。这两种方向充分体现了互联网金融的双重属性，各有侧重。例如，以计算机专业闻名的电子科技大学在2016年进行教学试点，集7个学院之力，共同承办了“互联网金融”新专业。基于在互联网领域的先天优势，电子科技大学提出了“科技＋金融”的办学定位，更加强调科学技术在金融方面的运用，培养复合型精英人才。这必然要求高校改变传统的人才供给方式，优化结构、提高质量。互联网金融人才不仅需要具备网络信息技术、金融业务和产品销售等方面的知识技能，更需要以独特的互联网思维指引相关工作，应当是将用户思维、平台思维、跨界思维、大数据思维以及迭代思维等思维模式与新型知识技能相结合的复合型人才。

从民族高校来看，对新产业、新业态所需人才的培养存在着一定程度的滞后。客观上，民族高校人才培养与专业设置有直接关系，专业结构的调整和设置必须经由国家批准才能进行，较难跟上产业发展的步伐。另外，人才必须经过3～4年的培养期才能进入产业领域，其间产业的变化又会给人才培养带来新问题、新要求，往往导致人才培养的被动适应或新的不适应。主观上，一些民族高校对新兴产业的功能定位认识不足，在人才培养的方式和路径上习惯于陈旧套路。这就要求民族高校金融专业转变发展思路，减少中低端人才培养、加大高端人才培养力度。建议民族高校创新教学组织形式，与行业企业、科研院所开展协同育人，建立实体性平台，着力解决人才供给结构性失衡问题。

6.4.3 适应创新创业要求的人才培养模式

“十三五”规划提出，创造新供给，推动新技术、新产业、新业态蓬勃发展，加快实现发展动力转换。根据《国务院关于推动创新创业高质量发展打造“双创”升级版的意见》和《国务院办公厅关于深化高等学校创新创业教育改革的实施意见》要求，金融专业应把创新创业教育贯穿人才培养全过程，深入推进创新创业教育与思想政治教育、专业教育、体育、美育、劳动教育紧密结合，打造“五育平台”，在更高层次、更深程度、更关键环节上深入推进创新创业教育改革。对金融专业教育而言，如何切实增强创新型人才供给能力，培养学生的创新精神和创新意识，是亟待解决的问题。应积极调整专业课程设置，挖掘和充实各类专业课程的创新创业教育资源，深入推进创新创业教育与专业教育紧密结合。充分利用现代信息技术，加快建设创新创业教育在线开放课程，推动优质课程资源共享，完善相关课程学习认证和学分认定制度。

具体来讲，一是增加原始创新型人才供给。原始创新型人才是一个地区长远竞争力的人力资本基础，是从事科学研究的人才。科学研究为人类认识和探索自然规律奠定了基础，如果没有对世界本质的原始创新发现，那么技术开发将成为无源之水，更不可能通过科研成果转化来满足人类社会需求。麻省理工学院的团队探测到引力波之后，其校长拉斐尔·赖夫致信全校时表示，“我们今天的发现体现了基础科学的悖论：它是辛苦的、严谨的和缓慢的，又是震撼性的、革命性的和催化性的”。如果没有基础科学，设想就无法得到改进，“创新”只能是小打小闹。只有基础科学进步，社会才能进步，而研究能力是原始创新型人才提供的重要力量。

二是提高大学生职业发展通识课程供给能力。高校人才供给质量是大学生就业质量的根本保障。人才供给质量越高，大学生就业能力才会越强，未来职业发展就会越有潜力，大学生就业市场结构性矛盾才会迎刃而解。在复杂多变的职业与涉世未深的大学生之间架起理性与人性的桥梁，是大学生职业发展通识课程的使命。从金融专业教育发展趋势看，一方面加强大学生融入社会的核心素养观培养，另一方面强调大学生个性化发展，这表明金融专业教育承担着让学生以自己独特的方式融入社会的重任。在就业市场风云变幻的当今时代，以处理不确定性能力和创新能力为核心的职业发展能力受到各国高校的普遍重视。世界各国的经验表明，职业发展能力的高低对毕业生融入社会的质量与效率、对毕业生的人生幸福产生深远的影响，而职业发展能力的培养需要通过全程覆盖、系统科学的职业发展通识教育来实现。

三是增强创新创业教育供给能力。创新创业型人才需要具有多领域交叉的能力结构和思维视野，成为技术革新和综合集成的能手。传统的金融人才只注重专业知识和业务能力，关注的是技术层面的操作活动；而信息网络化下的金融人才则更注重综合、集成、创新能力，善于在多种利益、多个目标和多条途径中做出选择，能将科学理论、工程技术、管理手段、经济效益、环境伦理、文化价值进行综合。当前，我国很多高校开设了创新创业教育课程，激发和培养学生的首创精神、企业家精神和创新创业能力。只有完善创新创业课程的理论体系和实践体系，科学评价大学生创新创业潜质，通过创新创业教育供给能力的切实增强让想创业、能创业的大学生迸发创业行动，才能真正实现“大众创业、万众创新”，从而使创新创业成为进一步扩大就业的动力。

6.4.4 专业教育与实践教育相融合的人才培养模式

近年来，金融专业是就业的热门专业，由于市场需求旺盛，深受各大高校的喜爱，各大高校陆续新增开设了不少金融相关的专业。一方面，我国金融、经济等专业的毕业生人数逐年上升，每年的招生人数也在节节攀升，但与美国、英国等国外老牌金融国家的后备人才相比，国内金融从业人员的素质参差不齐。另一方面，在光鲜的金融行业背后，有一部分其实是“金融民工”，处在金融行业底层，缺乏过硬的资质认可及更强的竞争力，因此并不占优势。反观金融行业的高级管理人才，年薪上百万元的不在少数，阶层之间的差距较大。

长期以来，民族高校的金融专业学生将理论知识掌握得比较扎实，但缺少在商业银行、投资银行、证券公司等金融机构工作所需的实操技能，实践能力较弱。在信息网络化背景下，毕业生实践能力缺乏，是我国高等教育人才培养为人所诟病的一个重要方面。拥有较强实践与实操能力的金融专业毕业生，在毕业求职以及今后的工作中将比别人具有更强的竞争力。

正因为人才的衡量标准已逐渐从理论导向转向了实践导向，国内一些领先的财经教育领导品牌，如高顿财经，根据信息网络化下新型人才要求推出了“大学生投行菁英计划”系列产品，着重关注金融专业人才实操、实训、实习、实务方面的培养，让金融专业人才不仅具备有竞争力的简历，更收获了强有力的实践技能。

因此，民族高校金融专业应推进实践教学，增强实践育人效果。学校应以着力培养学生具有基础实践能力、专业实践能力、科研创新能力、社会适应能力和善于解决实际问题的动手能力为建设思路，构建以基础实践模块、专业实践模块、创新实践模块、社会实践模块为主体的实践教学体系，在现行的金融专业本科人才培养方案中强化实践教学环节，根据专业类型的不同制定相应的实践教学标准。同时，大力推进金融专业实验教学的内容与实践方法的改革，在实验课程设置方面，要求实验学时在25学时以上的要独立设课，对于未独立设课的要确定理论课与实验课的合理比例。

参考文献

[1] OECD. The definition and selection of key competencies: Executive summary [EB/OL]. (2005-05-27). http://www.oecd.org/pisa/35070367.pdf.

[2] 朱敏,曹杰. 基于"互联网+"新媒体下育人创新研究[J]. 中国高等教育,2017(8):16-19.

[3] 何颖,蒋鲲,吴华洋,范大伟. "四融合"人才培养模式的构建[J]. 中国高等教育,2016(4):33-35.

[4] 袁振国. 核心素养对学科中心的挑战[J]. 中国高等教育,2016(7):31-34.

[5] 钟启泉. 核心素养的"核心"在哪里[N]. 中国教育报,2015-04-01.

[6] 臧玲玲. 国际视野下的大学生核心素养研究[J]. 现代教育管理,2017(12):102-106.

[7] 李艺. 谈"核心素养"[J]. 教育研究,2016(3):23-25.

[8] 詹勇,王文婷. 建立基于供给侧改革的协同育人运行机制[J]. 中国高等教育,2016(5):24-27.

[9] 毕华林. 学习能力的实质及其结构构建[J]. 教育研究,2000(7):78-80.

7 国际化创新型人才金融学双语教学课程建设与改革研究

杨海燕[①]

摘 要：本文从国际化背景下对金融人才的需求以及培养具有国际竞争力和国际视野的应用型、复合型、国际化人才的目标出发，针对目前双语教学中存在的问题，从金融学双语教学的内涵与价值、课程目标体系、双语师资队伍建设、双语教学评价体系构建、双语教学模式创新等方面，对国际化语境下金融学双语教学体系改革进行了探讨。

关键词：双语教学；教学模式；金融学

7.1 国际化金融学人才双语教学课程建设的必要性

自 20 世纪 50 年代现代金融理论与传统金融理论分岭以来，金融学的理论突破和新型技术不断涌现，而这些金融学领域的前沿研究文献基本都以英文写作，金融学领域的绝大部分权威杂志也是以英语作为基本语言。在学术交流中，关于金融领域的最新研究进展几乎全部是以英文的形式被报道的，学术会议也以英语作为交流工具。既懂得专业知识又具有相当外语水平，能用英语流利地表达学术理论观点的复合型人才成为金融行业稀缺的资源。在学院金融专业实施双语教学不仅是学科教育与国际先进教育接轨的需求，也是培养具有国际竞争力和国际视野的应用型、复合型、国际化人才的有效途径之一。

2001 年教育部在《关于加强高等学校本科教学工作提高教学质量的若

---

① 杨海燕，经济学博士，西南民族大学经济学院副教授。项目来源：西南民族大学经济学院教育教学研究与改革项目“推动国际化创新型人才培养的金融学双语教学课程建设与改革研究”。

干意见》中提出，要在金融等国际性相对较强的六个专业率先实行双语教学，这无疑为高校金融专业实行双语教学指明了方向。2007 年教育部启动了双语教学示范课程建设项目，各地区各部门也陆续成立了双语教学研究项目。

目前，双语教学在各高校基本上还处于“探索”阶段。在全国 100 多所财经类高校的金融专业中，仅有小部分课程使用双语教学，而且双语教学采用的模式也参差不齐，基本上以混合式和半外语式为主。如何对专业学习负担较重且英语基础相对薄弱的应用型高校本科生开展双语教学以适应高等院校的人才培养需求，已成为教学管理者和任课教师探讨和关注的重要课题。

7.2 国内外研究动态

我国的双语教学其实由来以久。早在 1876 年，京师同文馆就采取“由洋文而及诸学”的培养模式，之后双语教学从单纯的培养单语翻译人才，到以外语为载体学习“推算之学，格物之理，制器尚象之法，钩河摘洛之方”。

直到今天，相关文献研究日益繁盛。在知网以主题或篇名搜索“双语教学”四字，得到 19000 多篇论文。王斌华（2003）、俞理明（2005）等双语教学研究专家都对中国高校双语教学现状进行了研究，指出中国高校双语教学成功的标志是学科知识和语言能力的“双丰收”①。总体上，国内双语教学的研究文献涉及内容广泛，包括双语教学理念、双语教学存在的问题、教学模式改革、双语教学构成要素（教师及学生英语水平、教材选择等）、双语教学激励机制等。从介绍或解释双语语言现象、介绍和分析外国双语教学理念、模式（吴平，2007；张立巍，2010；史锋，2011；戴理达，2013；谢力、魏云芳等，2017）到总结我国双语教学实践经验（陈志国、蒋玲，2005；周红，2014），越来越关注实践运用，研究方法也逐步倾向以问卷调查为主的实证研究（黄广芳、刘佳华，2017）。研究结论普遍认

① 俞理明．渥太华依托式课程教学及启示[J]．外语教学与研究，2003(6)：35－37.

为，教学管理者需要提升其管理理念与策略，双语教师需要更新其双语教学理念，提高外语水平与双语教学组织能力，学生也应该深化对双语教学目的等的认识，提高学习的主动性。

西方国家双语教育研究可谓卓有成效，到目前为止，国外双语教学已经形成了一套完整的体系、多种教学模式和较为成熟的理论。理论上，第二语言习得是应用最为广泛的理论之一。Krashen（1981）认为其包含了五个相关假设：输入、习得、监控、自然顺序、情感过滤。Baker（1988）应用了另一个理论：输入—输出—情境—过程。在 Baker（1988，2006）模型中，进一步说明了双语教学的结果受教师、学生、学习环境和学生态度的影响。基于这些理论，出现了一些教学模型：浸入式模型、过渡式模型、维持式模型、浸润式模型、双向双语模型和递进式模型。

国际双语教学权威 J. Cummins 教授对“浸入式”（immersion）双语教学进行了精辟的研究。根据 Cummins 的阈限理论，当学生精通第二语言并足以应付教学要求时，双语教学将对学生的认知发展产生正面效应[①]。最近的一些调查建立在早期研究的基础上，探索了创新的方法。一些学者对双语浸入式（Dual Language Immersion，DLI）项目的实施进行了探索，主要关注课程等因素（Castro，Paez，Dickinson and Frede，2011；Smith and Arnot - Hopffer，1998）、教材（Alanis and Rodriguez，2008）等。也有一些关于双语教育的实证研究，试图评估阈值假设、迁移理论和任务时理论（time - on - task theory）三种理论模型的具体影响（Mac Swan et al.，2017）。

关于双语课堂教学模式的研究成果尤其多样化，对我们的参考价值也最大。近两年的最新研究涉及内容广泛，如 Marti 等（2019）对内容与语言融合的教学（Content and Language Integrated Learning，CLIL）、制度化教学方法进行了探讨；Guzman - Alcon 和 Ivene（2019）将 CLIL 与 FL（Foreign Language）课堂相比较，研究认为，在 CLIL 设置中需要使用策略来吸引对语言和内容的注意；Calderon（2018）对双语教学中学生态度与动机对双语教学影响的实证研究认为，虽然学生的学习动机和态度是积极的，但仍需

① Cummins J. Blingualism and special education：Issues in assessment and pedagogy[M]. San Diego, CA：College - H，1984.

注意学生学习的多样性和学习节奏的差异性；Schall - Leckrone 和 Laura（2018）考察了在何种程度上，教师和学生使用支架（scaffolding practice）支持学习者获取学术内容。另外，一些研究关注双语网络教学的应用效果，例如：Danilov 和 Andrew（2018）研究了 WIKI 在双语网络课程设计中的应用；Karim 和 Abdul 等（2019）结合认知负荷理论 CLT（Cognitive Load Theory）及其对网络学习的启示，对“10 分钟学校”的网上教学模式如何帮助学生快速学习进行了研究。

在众多的双语教学国外研究成果中，CLIL/CBI 教学模式对我国目前正处于探索阶段的本科双语教学具有重要的指导价值。圣奥古斯丁等国外语言专家提出的“依托式”双语教学模式（Content - Based Language Instruction，CBI）是西方自 20 世纪 80 年代中期兴起的一种“基于内容的语言教学”。CBI 双语教学模式以学术内容为教学目标，这一理念将终止国内混沌不清的关于双语教学究竟该侧重学术目标还是语言目标的相关争论，对双语教学面临的目标选择问题给出了有价值的启示。

综上所述，本文将在吸收国内外研究成果的基础上，重新评估双语教学领域的关键方法，结合双语教学实践遇到的难题，寻找有效的实践操作方式，实现从目前国内主流的混合式授课逐渐过渡到更优的、已在国际上获得成功实施的“浸入式”授课。

7.3　双语教学目前需突破的问题

目前，财经类高校以及学院金融专业双语教学面临的现实问题主要有：

7.3.1　双语教学如何平衡学术内容与外语能力提高的“两难”

相对于研究生和国内处于领先地位的研究型高校的学生而言，作为应用型高校，学校本科学生的英语基础能力并不突出，学生英语水平，尤其是听说水平尚不能适应双语教学。

根据最近数据，学校 2016 级、2017 级金融专业本科开设双语课程的班级 CET - 4、CET - 6 一次通过率虽然较高，但学生的听、说、写作能力很弱，英语应用能力是短板。学习双语课程时，学生遇到的主要困难是专业词汇的缺乏和专业知识贮备的不足，严重制约了双语课程学习的效果。另外，专业课的双语教学特别要求英语听、说能力的综合运用，而英语听、说能力又恰是现在本科生的致命弱点。大部分同学笔试成绩尚可，但无法或者不愿意开口讲英语。从已有的调查研究文献看，大部分学生对双语教学持悲观态度，没有认识到双语教学对个人长远发展的重要性。

双语教学要求在课堂有限时间内通过对非母语的听、写，完成知识接受体系的转换和对所讲授内容的理解，这并非易事。部分学生对全英文教材和课件理解有限，甚至产生畏难情绪，需要教师付出更多的努力。受制于学生英语水平，课堂教学基本是用英语讲授之后，再用汉语重新讲授。

在实践中，双语教学难以平衡好学科内容与外文能力的同步提高，常牺牲掉部分学科内容知识的学习以适应学生薄弱的外语基础。如何平衡学术内容与外语能力的提高，寻找一条从保留式教学到过渡式教学再到沉浸式教学的平滑转换轨道，是教学实践中需要解决的现实问题。

7.3.2 双语教学配套机制不健全

整体上，学校双语教学还处于起步阶段，尚未达到预期效果。双语教学缺乏成熟的教学模式，课程评价和测试体系不健全，也缺乏有效的双语师资培训制度。

目前，国内双语教学仍处于探索阶段，西方成熟的教学模式亦无法复制照搬。大部分高校课堂教学仍采用传统的教师主导的模式，只是在授课过程中，将讲授语言部分转换为英语（即保留式）。课程评价和测试体系也与原有的汉语课程保持高度一致，没有给予教师更多的主导权，也在学生间产生不公平的评价。双语课程要求学生阅读全英文教材，使用全英文做试卷和回答问题，考试难度高于同级同专业的中文考试。但最终成绩的构成及核算方法与使用中文试卷的班级无差异，可能导致对学生成绩评价上的偏差。

双语课程的效果既受学生英语能力的限制，也受授课教师英语水平的限制。但目前学校双语师资培训制度是欠缺的，双语师资主要来自英语能力稍微强一点的专业教师，缺少专业培训制度，也缺乏相应的经验交流机会。

此外，课程开设也缺乏合适的双语教材。双语课程一般选用国外原版教材。虽然这些英文教材是十分经典和成熟的专业教材，具有规范的经济学理论体系，能更好地体现学科的时代特点，也能够提高学生学术见识和英语能力，但关注的焦点不是从中国金融行业发展的实际需要出发，也不能恰当地体现我国金融行业发展现状和需要。

7.3.3 缺乏相应的激励机制

双语课程的开设需要教师付出更多的时间和精力，但学校没有出台具体的鼓励措施，教师对双语教学的积极性不高。从目前的情况来看，在相同的课时数内，与中文教学完成同一教学大纲的教学内容，双语教学的难度显然大得多。双语教学的教师既要考虑专业内容，又要考虑英语授课的方式和难度，同样内容的教学要比平时的教学多付出许多。如果学校在工作量认定、教学评价、职称评定等方面没有出台具体的激励措施，相关教师的积极性将受挫，开设双语课程的意愿也不强。

7.4 国际化语境下金融学双语教学体系构建与改革

7.4.1 双语教学的内涵和价值

《朗曼应用语言学词典》对双语教学的定义是：能在学校里使用第二语言或外语进行各门学科的教学。双语教学从本质上来说是一种全新的人才培养模式，“开拓国际视野”是对人才培养的宏观诉求，而“专业知识能力和英语能力”则是对人才培养提出的更为具体的考察标准。

双语教学不是外语教学的延伸，双语教学的目标也要区分于专业外语的教学目标。双语教学最重要的教学目标依然是传授专业知识，语言只是掌握知识的载体和传授知识的媒介，提高外语水平只是次要目标而不是终极目标。因此，双语教学不能以降低课程或整个学科的教学质量为代价来换取外语水平的提高。

就金融学课程而言，双语教学的目标首先是金融专业知识的教学，即教学内容仍然主要是学科内容，专业培养目标仍是其首要教学目的。其次要求学生掌握金融专业英语术语，能够用英语口头和书面表达金融学的专业知识，逐步培养专业的英语思维习惯。通过双语课程学习提高英语水平，能够更进一步理解和掌握国际前沿理论，了解世界先进技术和科学思想，从而培养出既掌握专业知识又熟悉国际惯例的复合型人才，最终在国际舞台上直接和世界其他国家开展平等对话与交流。

7.4.2 双语教学体系的构建

基于经济类专业本科双语教学的实证研究发现，必须把双语课程纳入整个学科教学体系中进行通盘考虑和系统设置，科学规范地进行课程建设。双语教学是一个复杂的系统工程，牵涉许多方面的改革，其中的重要环节是改革双语教学课程结构体系，包括课程目标体系、师资培训体系、课程评价体系等。

7.4.2.1 课程目标体系

课程目标是双语教学目标体系的首要组成部分。就金融学课程而言，课程目标包括金融专业知识、金融专业英语能力两大部分。这两大部分互相联系，构成了课程学习目标的整体，每个部分各有侧重。其共同目标是通过双语教学的设计和实施，使学生熟练掌握基础理论、专业知识和国际惯例，培养学生树立全球化先进观念。

双语教学不仅要求学生掌握专业知识和英语技能，更要重视对学生专业知识与英语技能应用能力的培养以及在国际化语境下训练学生对工作环境和挑战的适应能力。通过课程的双语化专业学习，学生不仅能够提高专业知识水平，加深对国际化视野下相关知识的理解和运用，还能学会运用外语技能，增强实践能力和创新能力。基于此，课程学习需要采用多种综合手段、多媒体视频、国际网站实例、应用交流等。

7.4.2.2 双语师资队伍建设

双语教学对教学双方的语言能力均提出了较高的要求。由于我国不具备天然的双语师资（即汉语和英语同为母语）条件，师资培养尤为重要。为了应对课程对师资英语应用能力的需求，构建健全的双语师资培训体系非常关键。

全英语授课的语言环境要求教师的语言能力以外籍教师为参照，且专业能力必须保持国内同行中的先进水平。在这一双重要求下，现阶段国内各高校能够胜任全英语教学的教师仍属于稀缺资源。扩充这一资源的途径主要有两条：一是引进海外留学人员，尤其是获得博士以上学位的高层次人才；二是为现有师资提供不间断的英语培训。在第一来源有限的情况下，学校可以通过以下渠道增强双语师资的培训：第一，加大资金投入；第二，多渠道加强培训；第三，举行研讨活动，增强经验交流。尤其是多提供到国外培训和到国外接触外语文化及实践外语能力的机会①。

7.4.2.3　双语教学评价体系构建

对高校双语教学质量的评价，不能等同于对双语课程本身的评价。现有对双语教学的评价体系，主要集中在对双语课程本身的评价上，大多局限于对教学队伍、教材、教学内容、教学方法、教学效果等静态指标的考察，尤其是对教学效果的考察，成为课程评价权重最高的部分，但双语课程授课的效果一定程度上取决于学生的英语能力。此外，双语教学效果的重要组成部分还有学生国际视野和竞争力的获得、教育机构教育水平的提高等，而这是一个动态的发展过程，无法用原有的静态指标衡量。

因此，对双语教学的完整评价体系应结合双语教学在本科教学质量与教学改革过程中的地位和作用，结合教育机构所开展的国际交流合作等辅助教学活动，科学地评判双语教学的质量和效果，如此才能“锚定”双语教学的定位，并最终实现双语教学的人才培养目标。

7.4.3　双语教学模式的创新

根据单学科教学过程中外语的使用情况，双语教学模式大致可以分为以下三种：浸入式、保留式和过渡式。有研究者认为，应根据双语课程的目标和专业课程特点，从课堂教学语言媒介的使用入手，形成由低到高的多层次双语教学模式，即汉语铺垫式、英语引入式、英汉融合式和全英语浸入式（康淑敏，2008）。也有研究者提出，应根据课程语言特点，对内容兼容词汇较多的课程采用强化型双语教学模式，对内容强制性词汇较多的课程采用过渡型双语教学模式，对内容兼容词汇和内容强制性词汇相对居中的课程采用保留型双语教学模式（程昕，2011）。从专业课教学的整体出发，这些模式可以归纳为从低到高的“渗透—整合—思维”递进式双语教

① 黎海珊，郑力溶．国际金融双语教学的实践与思考——基于国际商务英语专业本科生的问卷调查研究[J]．教育观察，2018(2)：26－28.

学模式。

实施双语教学的目的是强化外语习得能力，培养复合型人才。因此，双语教学模式创新可以参照国外的双语教学模式，运用教学设计中学习者特征、教学目标、教学策略和评价措施等四个要素，构建以学生为中心的双语教学模式，贯彻以学生为中心的教学理念。

本文认为，新型教学模式可以在第二语言习得理论的输入假设理论的基础上构建。第二语言习得研究中的“输入假设”（input hypothesis）理论是由美国加州大学克拉申教授提出的。在这个假设中，语言习得的一个重要条件是学习者要理解略高于他现有水平的输入语，但输入内容不能太难，要循序渐进。在双语课程学习中，循序渐进原则意味着要尊重学生专业英语适用能力提升的阶段性，输入的信息能为学生所理解，并引起他们的共鸣与思考，从而增强学生自信心和学习动力，逐渐形成积极的学习态度。否则，将挫伤学生的学习积极性和自信心，最终收效甚微。

所谓以学生为中心的教学理念，是对传统被动式教学模式的改革，但不仅限于被动式授课问题。以学生为中心的教学理念，既包括教学内容满足学生需求，也包括培养学生创新能力与实践能力。通过教学模式选择、内容安排的分类设计，营造学生自主学习氛围，以适应培养对象自我发展需要，从而最大限度地激发学生的智力潜能。

基于此，可以尝试建立由能力发展目标、课程目标及综合目标构成的目标体系，探索教师引导、师生互动、深度交流的双语教学模式，从教材选择、内容设计、教学组织、考核方式等方面构建具有自身特色的双语教学模式（见图 7－1）。

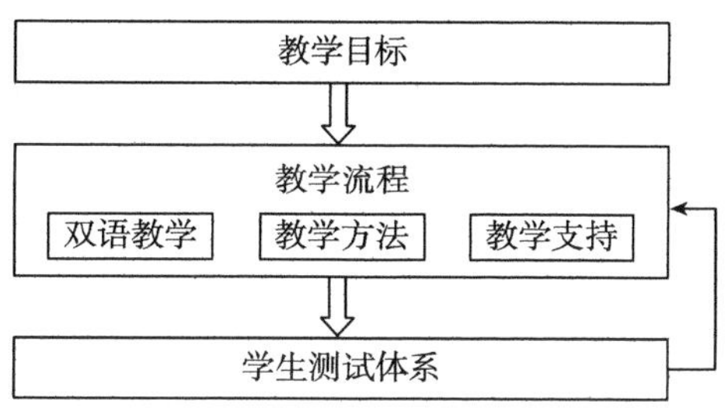

图 7－1　双语教学模式设计

通过渐进的、分层的教学模式，最终逐渐过渡到浸入式教学这一欧美地区流行的双语教学模式。

在目前国内应用经济型专业的双语课程中，虽然金融学专业课程被视为应率先实施双语教学的课程，但各高校在此方面的实践还不多，没有成熟的可供直接借鉴的模式，需要双语教学相关教师进行创新和探索。

7.4.4 双语教学激励机制的建设

双语教学会增大相关教师的工作量，双语教学的备课时间约是同等条件下正常教学课程备课时间的 3 ~ 5 倍，在没有相关激励措施的条件下，教师承担双语教学任务的积极性很低。建议学校进行教学制度创新，尽快出台一整套鼓励机制或办法，创设鼓励双语教学的氛围，激励教师和学生积极参与到双语教学中来。

在继续完善教学硬件建设之外，学校还要创造条件积极支持教师开展课程建设、教学研究、教学经验交流，调动双语教师开展双语教学的积极性。例如，资助双语教学示范课程、鼓励双语教学授课教师出国进修等，给双语课程授课教师提供进行教学改革的经费资助和能力提升机会。此外，学校可以适当考虑相应的倾斜政策，如：双语教学课程的工作量的计算采取倾斜政策，建议双语教学课程工作量的计算定为计划工作量的 1.5 ~ 2.5 倍，每节课的课时津贴标准是正常标准的 1.5 ~ 2 倍；同时在教师职称评定、教师年终考评等方面予以侧重。这样，可以提高教师承担双语课程教学任务的积极性，鼓励双语教学人才脱颖而出，并提升双语教学质量。

参考文献

[1] 王斌华. 双语教育与双语教学[M]. 上海:上海外语教育出版社,2003.

[2] 苏耀华. 高校双语教学体系的构建——以会计学专业为例[J]. 金融经济,2011(20):129 - 131.

[3] 王宇晖,陈子华. 财经院校双语教学课程建设与管理研究——以广东财经大学为例[J]. 工程教育,2017(10):228 - 239.

[4] 丁宁. 大学金融专业开展双语教学的实践探析[J]. 东北财经大学

学报,2008(1):91－93.

[5] 谢力,魏云芳,等. 保留式双语教学模式在应用型本科院校医学免疫学教学中的研究与实践[J]. 中国免疫学杂志,2017(33):1879－1880.

[6] 张立巍. 我国双语教学的动因探究及启示[J]. 中国成人教育,2010(1):132－133.

[7] 戴理达. 沉浸式双语教育中隐性课程嵌入的动因与路径[J]. 教育探索,2013(5):27－29.

[8] 李华玉. 高等双语教学管理模式之研究——基于高等教育国际化的视角[D]. 广州:华南理工大学,2010.

[9] 吴平. 五年来的双语教学研究综述[J]. 中国大学教育,2007(1):39－47.

[10] 吁思敏. 中国双语教学发展轨迹略探[J]. 外语教学理论与实践,2017(2):57－61.

[11] 俞理明. 渥太华依托式课程教学及启示[J]. 外语教学与研究,2003(6):35－37.

[12] 黄广芳,刘佳华. 高校本科生双语教学现状调查与分析[J]. 大学英语教学与研究,2017(5):22－24.

[13] 刘雅儿,周亚萍. 构建以学生为中心的双语教学模式[J]. 浙江海洋学院学报(人文科学版),2004(9): 78－82.

[14] 黎海珊,郑力溶. 国际金融双语教学的实践与思考——基于国际商务英语专业本科生的问卷调查研究 [J]. 教育观察,2018(2):84－86.

[15] 康淑敏. 从教学语言运用视角构建高校双语教学模式——以地方高校双语教学实践为例[J]. 外语界,2008(2):64－70.

[16] 周丽. 财经类课程双语教学体系的系统构建[J]. 吉林省教育学院学报,2015(5):39－41.

[17] 韩立新,于诗卉. 高校双语教学改革的若干问题思考[J]. 教育科学,2013(12):35－41.

[18] 杨士虎. 试论加拿大双语制的历史成因和现状[J]. 兰州大学学报(社会科学版),1999(4):168－173.

[19] 郑大湖,戴炜华. 我国高校双语教学研究十年:回顾与展望[J]. 外语界,2013(1):54－61.

[20] 孙倩. 地方本科院校"西方经济学"双语教学模式的选择与实践[J]. 经济与社会发展,2009(8): 187－190.

[21] Cummins, Jim. Bilingual children's mother tongue: Why is it important for education? [J]. Sprogforum,2001(19):15－20.

[22] Beatriz Calderón Jurado, Cristina Morilla García. Students' attitude and motivation in bilingual education[J]. International Journal of Educational Psychology: IJEP,2018(7):317－342.

第3篇

教学模式研究篇

8 社交媒体在国际商务沟通课程教学模式创新中的实践探索

刘彤[①]

摘　要：通过国际商务沟通课程十余年来教学实践的回顾总结，结合社交媒体在大学生群体生活方式中的角色功能，探索利用社交媒体拓展课堂教学内容和教学空间的可行性，设计“项目式”教学活动方案和评价体系，提升国际商务沟通课程的实践环节教学效率，以便在高等教育全方位进入“在线时代”的背景下，为以国际商务沟通为代表的国际商务类课程教学模式创新提供一些思路和建议。

关键词：国际贸易专业；社交媒体；国际商务沟通；在线教育

国际商务类课程是国际贸易专业培养方案中的重要内容，要求通过理论教学和实践教学使学生全面系统地掌握国际经济与贸易理论和实务知识，熟悉通行的国际经济贸易规则、惯例，培养具有复合知识背景的应用型、创新型人才，使学生在实践中不断提高实践能力和创新能力，以胜任外贸、金融、跨国企业经营、国际商务等经贸领域，以及其他综合经济管理部门、政府管理部门、各类企事业单位和国际组织等的相关工作。

显然，国际商务类课程在教学设计方面需要配合应用型人才培养的要求，需要突破传统的教学模式，大胆地在实践教学环节进行改革。即以学生实践创新能力和组织管理能力为核心，凝练学科特色，整合优化课程教学内容，通过启发式、探究式、讨论式、参与式教学，在教学方式方法、

---

① 刘彤，女，西南民族大学经济学院副教授。主要研究方向：国际商务、企业经济。

教学质量评估、学生成绩评价制度方面进行创新探索。

基于信息化时代大学课堂教学变革背景，根据教学对象——大学生群体对社交媒体的使用习惯和特征，国际商务类课程的建设开发可以适当增加案例教学、团队项目训练的比重，利用在线资源实施多方合作的、混合式教学的实践探索。

因此，本文以国际贸易专业课程体系中的综合实务类课程——国际商务沟通为例，说明社交媒体在国际商务类课程实践教学环节中的探索运用，尝试从教学课程设计、教学方法运用、课堂教学活动组织等方面归纳梳理培养应用型人才的心得体会，以期为国际商务类课程教学模式创新提供一些启示。

本文包括四方面内容：一是根据笔者多年从事国际商务沟通课程的教学心得总结实践教学过程的设计理念和原则；二是分析实践教学环节中运用社交媒体配合多种教学方法综合运用的成效，强调教学方法与教学目标的匹配性；三是通过课堂教学活动的组织及实施效果说明综合实务类课程教学重视实践教学创新的必要性；四是指出国际商务类课程教学模式创新可以选择的现实路径，以及在培养具有国际视野、国际交往能力的创新型人才方面进行探索的方向。

8.1　国际商务沟通课程实践教学环节的设计理念

对国际商务沟通这一课程而言，就是要结合课程和学生特色，加强实践教学环节，注重实际工作技能的训练。由于笔者从事高校教学科研工作之前曾经具有政府部门、新闻媒体、IT 企业、金融机构、外资公司等工作单位的从业经历和实践经验，基本符合双师型教师角色，因此对实践教学环节的设计思路有一些个人观点，教学实践中这些观点在一定程度上也得到了较为积极的反馈。总结多年的教学心得，将该课程实践教学的设计理念概括如下：

8.1.1　体现“干中学”的指导思想

作为实务类课程，必须通过操作性训练项目才能使学生发现自身沟通问题，并通过观察及模仿式学习，从团队项目的完成过程中获取学习资源和动力。

杜威在其实用主义教育思想体系中，指出了“从做中学”（learning - by - doing）的重要作用。即“从活动中学”“从经验中学”，也称“干中学”的教育理念，把学校里知识的获得与生活过程中的活动联系起来，不局限于传统课堂中学生静坐、依托教科书的教师讲授的教学方式，而是面对生活中所遇到的困难来思索解决疑难问题的方法，并在实践中进行检验，在参加社会活动中得到身心素质的发展。

杜威认为，如果没有给学生“做”的机会，必然会阻碍学生的自然发展，因此对于学生的“做”必须给予特别的重视。“干中学”的教育理念可以体现为引导学生自主学习、自我探究的一种有效学习策略，在教学活动设计中应采用强调学习的主动建构性、社会互动性以及情境性的“以学习者为中心的基于问题式学习”“协作探究学习”及“情境性学习”等各种学习模式，激发每个学生要“做”的愿望，对教学活动产生强烈的兴趣。

8.1.2 课堂内外学习结合的项目设置

由于教学课时有限，在充分利用课堂反馈集中和交流探讨便利的同时，合理安排课外作业，注意时间控制和人员激励，达到综合运用各种专业课程知识的学习效果。例如，安排学生进行企业校园宣讲会的模拟演讲，选择大学生创业的知名企业作为宣讲对象，引发高年级学生对创业故事的好奇并主动搜寻相关资源，通过角色扮演再现招聘现场互动情景，效果甚佳。

根据不同年级和专业学生的知识结构、时间资源、选课动机，提出自选项目与指定内容相融合的选题范围，对课堂内外学习的范围、广度、深度进行调整，围绕教学内容进行项目甄选，在确定团队项目过程中进行组织内外部沟通训练，增强成员合作意识与完成项目的信心。

8.1.3 偏重实践教学活动参与度的成绩评定

注重平时实践活动的个体表现，强调培养团队合作意识与主动积极的学习态度。通过平时成绩与期末考试分别占比50%的成绩结构，引导学生参与课堂活动和课外实践项目，并在期末考试题目设计中紧密结合实践教学活动，再次提升平时活动参与表现的比重；根据团队成员分工及参与度，在共同成绩基础上体现差异性；设计加分项目，奖励主动承担课堂活动组织工作的学生，激发学生的学习主动性和积极性。

在涉及个人参与度、团队贡献率的平时成绩评定方面，首先，由课堂教学的直接参与群体——学生直接、客观地进行自我评价；其次，在小组内部进行交流修改，做到相对公平和真实；再次，由教师根据课堂记录和小组比赛结果进行修正和平衡；最后，在全班进行公示和说明，根据课堂公开反馈的建议对个别成绩进行最终修改确定。其中，个人参与度表现需要说明具体细节并提供佐证材料，团队贡献率需要由全体成员认可同意。

平时成绩评定方式的透明和相对公平可以给选课学生合理的预期，并激发学生的学习兴趣，使其增加资源投入，从而提高其对个人学习能力的判断，也使课程满意度有一定保障。

8.1.4　课程内容应针对学生群体定制

由于国际商务沟通课程的学生以国贸专业为主，涵盖其他经济类专业，侧重于使学生了解并掌握管理沟通的基本理论、方法，树立良好的沟通理念，学习运用各种沟通技巧与方法。同时，在教学内容上偏重国际商务活动领域，在实践项目中突出国际商务活动中的沟通策略框架及沟通技能等训练。

另外，鉴于国际商务沟通课程属于专业选修课，在大三开设，学生已具备国际商务相关课程背景知识，在沟通技能训练方面可以结合专业需要和就业方向进行针对性的项目设计，注重提高理论与实践结合的学习意识和学习能力。

简言之，在课程教学设计中只有因人因时因地合理设置内容，采用灵活多样的教学形式，才能将学生培养成为理论扎实、实践能力出众、富有创新精神和团队精神的综合型人才。

8.2　国际商务沟通课程实践教学方法：社交媒体探索运用

一般而言，实务类课程通常采用听课、课堂讨论、参加研讨会及实践活动、考试、撰写论文、利用图书馆和现代化信息传播技术等多种途径，开发学生的分析能力、创造力和决策能力。而大学生群体在社交媒体方面的广泛参与和深度使用习惯，使社交媒体成为学习课程教学内容、交流学习经验和分享教学资源、进行团队合作的有效平台。其中，QQ、微信为大学生普遍使用的即时通信（IM）软件，QQ群和微信群能够在教学项目参与、教学环节互动和成绩评定公开透明方面发挥独特的渠道作用，能使课程教学在兼顾规模化教学效率的同时坚持以人为本和因材施教，尽量关注不同学生的学习特点和个性差异，引导发挥每一个学生的优势潜能。

在国际商务沟通课程的多年教学工作中，实践教学环节主要包括案例分析、管理游戏、专题演讲、角色扮演、情景模拟等活动，侧重于训练书面沟通技能，进行了简历、信函以及专题项目的小组写作。由于课程的选修学生来自不同专业，文化背景不同，语言表达能力差异也较为明显，在综合运用各种实践教学方法时，应更为强调激发学生的学习动机，正确处理学生协作参与课程作业问题。

根据教学需要建立的QQ课程群和微信课程群，对实现教学方法与教学目标的匹配发挥了积极作用，主要体现在以下几方面：

8.2.1 支持团队构建的多元化原则

由于本校为民族大学，在团队组建自由选择成员的基础上，明确要求小组成员必须由不同民族背景同学组成，并兼顾不同专业、地理亚文化差异、性别结构、个性等因素，最大限度实现管理学的“鲇鱼效应”，提供相互学习并适应不同工作风格团队成员的机会，同时进行了跨文化沟通的实际训练，增进了不同民族文化背景的同学之间的相互了解和感情融和。通过QQ群和微信群的个人资料信息，学生对团队构建的多元化有了更明确的认知，也便于成员之间深入接触，建立友谊和合作关系。

8.2.2 激励小组成员分享出场机会

为避免团队内成员“搭便车”及个别成员被边缘化现象，严格实施出场制度，对某些语言表达能力相对较弱的成员给予更多的训练机会和针对性的个别辅导，实践证明，受关注较多的学生进步较为明显。通过QQ群和微信群的群体交流和个别沟通，引导各小组合理配置资源，尽量让每一位团队成员都有展示机会，并积极进行个别反馈，激励学生提高项目参与度。

利用社交平台沟通便利这一特点，可以让学生平等参与课堂教学的机会大为提升。需要在教学中融入创造性思维，让学生相互建立联系，运用已有的知识产生新的想法。例如：要求学生建立社群沟通渠道分享教学资源并合作完成项目任务；设计故事演绎环节，包括学生可以单独参与的活动、小组活动或全班活动，在上课过程中提供足够的机会让每一个学生都能参与进来。

8.2.3　促进实践教学方法的动态组合运用

根据学生沟通技能的差异及变化，随时调整相应的实践教学方法使用频次和重点，引导学生强化优势，弥补改变劣势，增强学习信心，提高学习效果。例如，某些学生书面写作能力较为优秀，口头表达能力相对欠佳，应在课堂活动中为其提供更多发言机会并多加鼓励，给予重要的活动组织角色提振其自信心，改善其口头沟通效果。

通过 QQ 群和微信群搜集活动评价信息并及时反馈，了解学生对教学安排的认同度和改进建议，从而修正团队活动内容和节奏，进行开放式项目设计，激发学生的学习兴趣和成就需要。通过在社交媒体平台上的及时有效沟通，在讲授专业知识的时候会更有针对性，能够根据学生的反应及时调整授课节奏，在一定程度上满足学生的学习需求。

为了检测学生在不同方面的学习成效，可以通过社交平台给学生设置多元化的考核方式，如写小论文、口头测试、写影评，以及拍摄视频博客、短纪录片等，通过平台提交并进行分享交流。挑选优秀和失败的作业范例，利用留出的上课时间，用教师和全体同学共同制定的评分规则进行打分作为示范，使学生经历过给开放式问题打分的困难后，更客观地看待自己的得分。由教师评定的各项考核成绩在社交平台进行公示，允许提出修改理由并讨论确认，这些考核项的成绩均占期末总成绩的一定比例。

通过社交平台，可以实现作业形式的多元化，可以不再局限于传统的阅读作业，还可以布置一些非传统文本的作业，如播客、视频、迷你剧、纪录片、诗歌、音乐。鼓励学生用不同方式呈现对教材知识的理解和运用，也提供一些新颖的教学素材促进学生之间相互学习借鉴。

8.3　国际商务沟通课程实践教学模式创新的必要性

多年教学实践证明，在运用社交媒体的平台角色和渠道作用下，国际商务沟通课程实践教学活动的组织及实施效果良好，学生们积极参与活动，强化了个人沟通技巧和团队合作精神，增强了学习兴趣和自信心，提高了学习交流能力和组织协调能力，也说明综合实务类课程教学重视实践教学创新十分必要。

回顾课程教学活动过程，利用社交媒体改进实践教学活动的组织实施、进行教学模式创新的必要性主要体现在以下几方面：

8.3.1 有利于创新课堂活动内容和形式

例如，通过 QQ 群和微信群征集学生们对团队活动的意向和建议，完善项目内容要求和成绩评价标准等。项目设计侧重鼓励学生培养书面写作能力和口头表达能力，强化互动环节，使每个学生都能主动参与并认真完成学习任务，增强团队合作意识和集体荣誉感，提高沟通能力。

在利用社交媒体加强师生互动的实践中，及时有效的沟通反馈对促进学生自主学习、合作学习、探究学习的效果较为显著。① 可以在平台公开鼓励和引导全体课程学生勇敢展示自己并参与到师生对话中，也可以通过分别与学习小组的交流、与个别学生的私聊私信等多种方法激励学生持续参与到学习任务中。例如，布置任务；提问，包括教师向学生提问、学生向教师提问等。其中，小组同学准备提问的阶段很有价值。在准备提问的时候，学习小组内部需要不断讨论交流，这种方式可以有效地促进团队内部沟通技能的提高，思考、质疑别人的观点并进行相互说服，从而进行深入学习。

在社交媒体平台的功能使用中，采取多种形式的师生视频互动，教师指导会更为及时，人际接触和交流也更方便，能大幅度提升教师的教学存在水平。因为处于在线教学的情境中，教学存在不仅涉及同步和直接的交流，或是基于媒体的彼此可见，还应该能够创造和维持师生间有意义且相互接纳的关系（Koseoglu et al.，2016）。通过社交媒体进行师生视频互动，可以更为便捷地建立并维护师生间的教学相长关系，并增加教学现场感。显然，构造“传统课堂讲授 + 师生课外互动”的教学情境，如定期开展师

① Arbaugh 等（2006）和 Shea 等（2009）认为，对在线教学而言，能否获得教师及时的指导以及是否能够很方便地联系到课程教师，会显著影响学生对教学存在的感知。Kilgore 等（2015）认为，优秀在线课程的关键在于有一位积极的、关怀学生的、在场且不会忘记人际接触重要性的教师。

生间的双向互动式视频研讨活动，学生感受到的教师临场感和参与感远比在单纯的论坛式异步文本环境强很多，更能够提升学生的学习满意度。

通过社交平台的交互功能，便于在整个学期的上课过程中反复强调教学意图。开始上课时，教师介绍这门课的结构安排及所包含的学习内容，并通过社交平台进行强调。之后每学习一个新内容前，都可以让学生分组提交概念图，回顾之前所学的内容。具体到每节课时，上课前一天，教师先提出本节课的课程概览，让学生心里有数，并适当进行阅读准备；一堂课结束后，学生分组梳理提交相关知识点，明确该节课的学习目标。

8.3.2 有利于学生在课堂内外进行双向沟通

通过课程群进行定制化辅导，并在群里讨论评价教学项目细节，给学生提供观察和模仿学习的机会。激励其主动认识自身优势和潜力，弥补能力短板，不断改善沟通技巧，增强学习理论知识的主动性。

通过社交媒体的渠道作用，引导了学生对该课程学习动机的纯粹化，不局限于学分的获得，而是对学以致用的成就感的需求；部分改变了选修课学生的学习态度和学习行为，使其学会了思考与质疑，也会主动去学习课外知识，并在教学实践活动中逐步发现自己的自主学习能力、小组合作学习能力等都有所提高。

在社交平台上，可以更明确地解释作业要求与课程内容的关联性。在双向沟通的平台上，教师可以向学生详细说明作业布置的缘由或是通过作业想要学生掌握哪些知识。例如，提高学生的实践或研究技能，考查学生对课程知识的掌握程度，等等。如果作业比较复杂，教师还可以利用上课时间让学生制订学习计划，确保学生明白作业的目的和具体要求，并对个别学生对作业设计目标的理解进行单独指导。

同时，借助社交平台的线上沟通有助于改善课堂整体的教学氛围，教师可以根据课堂组织情况及与学生的互动频率，关注那些不常参与互动的学生，营造让每个人都乐于分享自己的观点而且愿意在课堂上积极提问的沟通环境，避免出现“偏心”的情况。还可以尝试进行家庭作业的“盲评”，即学生在提交作业时不填写姓名，以免教师下意识地提高或降低对某些学生的期望。

8.3.3 有利于坚持需求导向的教学安排

通过 QQ 群和微信群分析团队作业的完成质量，交流写作技巧。结合大三学生特点和专业情况调整教学环节，注重对书面沟通技能的强化训练，适应学生学习进度和职业发展的需求。

在社交平台上，教师可以更为清晰明了地阐述教学设计内容，包括课程主题、课程活动时间安排、课程目标或学习目标，并通过社交平台公开鼓励学生探索课程的其他概念和内容，鼓励和表扬学生，通过提问等方式激发学生积极主动地参与学习。通过平台或私聊能比较详细地解答学生提出的问题，能清楚地对课程内容进行解释说明，延展了教学活动的空间和教学内容的深度。

通过引入社交媒体，可以更为及时有效地获得关于课程组织、学习资料、教学方法、家庭作业、教师反馈等方面的评价信息。例如，可以通过社交平台进行网络调研，了解学生在课程学习上投入多少时间和精力。其中，“太难”反映了学生在这门课上花费了他们认为高于平均水平的时间，“太简单”表示他们习惯于花更多时间在功课上，从而为调整教学内容的难度和深度提供依据。

8.3.4 有利于更新教学案例和素材

在 QQ 群和微信群里提供相关教学资源，鼓励学生进行批判性思维训练。利用新案例、新素材调动学生的学习兴趣和热情，激发其好奇心和探索欲望，鼓励学生运用本课程相关原理尝试解释分析社会现象和个人沟通问题。

此外，本课程教学活动组织实施中，充分利用社交媒体还有利于突出民族教育特色。由于建立了课程群这类在线交流平台，便于和学生及时交换信息，进行个别指导并及时跟踪教学项目进展。充分考虑到本校的民族文化背景，并结合民族地区国际商务活动的实践特点，对文化贸易、旅游贸易等方面给予了更多的侧重与关注，有些学生回到家乡创业或就业也受此影响。

8.4　国际商务沟通课程实践教学模式创新的可行路径

根据《2019年中国大学生就业报告》，2018届本科毕业生认为母校的教学最需要改进的地方是“实习和实践环节不够”（62%），其次为“无法调动学生学习兴趣”（45%）。① 可见，教学模式创新的重点应该放在实践教学内容方面，注重引导学生的学习兴趣，社交媒体的介入是可行的选择之一。由于民族高校是为少数民族和民族地区的社会经济发展提供人才支撑的重要平台，根据《国家中长期人才发展规划纲要（2010—2020年）》和《服务贸易发展“十二五”规划纲要》对各类人才培养的需求，从民族地区资源禀赋条件出发，民族高校的国贸专业更应重点培养文化、旅游等服务贸易高端人才，加强国际化人才的培养，提高民族地区服务业和服务贸易从业人员整体素质，而国际商务沟通课程教学在社交媒体运用方面的粗浅尝试可以为国贸专业国际商务类课程的教学模式创新路径提供一些有益思路，具体体现在如下几方面：

8.4.1　寻找教师、学生和学习环境三者有机互动形式

在信息时代，教师讲和学生听的教学模式已经被撼动，利用IT技术推动基于网络的课程学习系统、教学系统、实验系统和内容系统等建设成为大势所趋。利用社交媒体等工具，拆解教学过程的结构，重新定义教学过程中各个组成部分的功能，重新理解教师在教学过程中的作用，正是在线教育对教育的改变。例如，QQ群和微信群提供了教师与学生、学生与学生交流的虚拟社区，把传统课堂单向的知识传授改变成了教师与学生、学生与学生之间的互动。

与此同时，通过社交媒体建立学习者合作社区，并将教师作为合作参与者，可以从教学存在的视角对学生的学习态度产生积极影响，从而提升

① 数据来源：麦可思发布的中国2017届、2018届大学毕业生培养质量跟踪评价。

学生的学习满意度。[①] 其中，教学设计与组织的重要内容包括恰当的个人与小组任务及其时间安排，有效地使用媒体指南等（Swan，2002，2003）。在课程开始之前，教师还需要对重要的在线学习活动进行合理的设计与有效组织，以帮助学生在线学习获得成功（Ke，2010）。在促进对话方面，教师应及时查阅学生的讨论并进行评论和提问，进而观察学生的反馈，并督促学生的讨论朝着预期的方向有效进行，同时还要鼓励内敛、不积极的学生进行交流互动（Shea et al.，2004）。

今后可以尝试开展双向互动式视频研讨，即通过四个环节的教学活动，包括教师简要讲解、教师答疑解惑、师生开放交流以及学生远程汇报，完成对某些课程内容的深入学习和交流探讨，从理论与实践结合方面加强相关概念与理论内容的学习强度。在具体实施中，还需要在每次师生视频互动之前，提前告知学生研讨的时间和主题；在每次研讨开始之后，还要向学生阐明此次视频互动的目的与主要环节，以便引导学生明确学习方向、紧跟学习进度、提升学习效率。除此之外，还可以组织学生展开合作学习，要求学生在视频互动中以小组的形式向教师及全班同学汇报和展示小组合作学习的成果。

8.4.2 建立基于知识点的个性化学习管理平台

美国教育心理学家 Benjamin Samuel Bloom 将认知领域的教育目标分为六个层次：基本知识（knowledge）、理解（comprehension）、应用（application）、分析（analysis）、综合（synthesis）、评价（evaluation）。任何一门学科或技能的教学，都要求学生至少掌握前三个层次。QQ 群和微信群等社交媒体的运用，可以跟踪学生学习的过程，分析学生对学习内容掌握的情况，以便使教师对每个学生都有准确的了解，从而有了因材施教的可能。

8.4.3 坚持“混合式学习”导向的教学模式创新

“混合式学习”是目前教学技术应用的基本指导思想，“翻转课堂”是

---

① 教学存在（也被译为教学临场感）是探究社区理论中的一个关键要素，它描述的是课前和课中的教学活动，具体指教师为实现学生富有个人意义和教育价值的学习成果，对学生的认知过程与社会过程进行的设计、促进和指导，包括教学设计与组织、促进对话、直接教学等三个要素（Anderson et al.，2001）。马红亮，白雪梅，杨艳．基于 MOOC 的课程国际化背景下教学存在实证分析[J]．现代远程教育研究，2019，31(4)：65－74.

在混合式学习指导下产生的新型教学模式，是基于学生思考能力训练的高效、启发式的教学模式。社交媒体的有效利用，可以发挥网络教育无处不在的优势，使非正式学习领域（课外学习）和正式学习领域（课内学习）有机结合、相互补充，从而形成具有个性化色彩的定制化课程教学模式。通过QQ群和微信群等的建设，整合网络教育平台提供的海量教学资源、视频课程和学习资料，结合实体的课堂面授环节、纸质的媒介和载体进行交流探讨，从而形成一个理想的线上线下融通的课程学习体系。例如，案例分析项目的内容可以无限扩展，可以通过视频短片展示各类企业正在应对的各种商业挑战和商务沟通难题，教师可以在引导讨论、提供背景和分析视角方面发挥积极作用。

在通过社交媒体进行师生视频互动过程中，教师需要经常肯定和鼓励学生的参与和回答，尤其是经常通过提问等方式促使学生积极主动地参与讨论。可以在课程平台上提前发布一些需要学生思考的问题，并在视频会议中邀请学生回答，也可以让学生以小组的形式准备好需要教师解答的问题，并提前发给教师，以便教师在视频会议研讨时解答学生的疑惑。

总之，在国际商务沟通教学中，需要不断适应信息化时代课堂教学要求，积极探索教学思想、模式和方法的创新，发挥社交媒体作为沟通平台的工具性作用，继续进行国际商务类课程利用在线资源实施混合式教学的实践探索。

参考文献

[1] 张明善，严茜，李永政．面向民族地区紧缺人才行业开展订单定向式人才培养模式的对策[J]．西南民族大学学报(社会科学版)，2012(11)：207 –209.

[2] 罗布江村．现代大学制定发展规划的战略启示与顶层设计——以西南民族大学为例[J]．西南民族大学学报(社会科学版)，2011(9)：1 –4.

[3] 马红亮，白雪梅，杨艳．基于MOOC的课程国际化背景下教学存在实证分析[J]．现代远程教育研究，2019，31(4)：65 –74.

[4] John A. Byrne. 哈佛商学院试水在线教育[EB/OL]．(2014 –03 –

26)[2018 - 04 - 11]. http://www.fortunechina.com/management/c/2014 - 03/26/content_198935_3.htm.

[5] IT新闻——博客园. 在线教育颠覆教育的基础:翻转课堂[EB/OL]. (2013 - 03 - 07)[2018 - 04 - 11]. https://www.hjenglish.com/new/p455213/.

[6] 张静. 就这样,大学老师读懂了学生评价[EB/OL]. (2019 - 07 - 26)[2019 - 08 - 11]. https://new.qq.com/omn/20190726/20190726A0QBNZ00.html.

9 国际贸易理论与实务课程教学模式探究

王焱霞[①]

摘　要：国际贸易理论与实务课程是国际经济与贸易专业的一门核心课程。国际贸易实际业务具有很强的实务性，涉及大量单据的填制和处理过程，尤其是现在的海关等机构都开始进入无纸化办公阶段，所有国际贸易的操作流程都以电子单据的形式呈现。这就对我们的国际贸易理论与实务课程的教学工作提出了新的要求。本文根据笔者在西南民族大学经济学院从事该课程十多年教学的实际情况，并结合当前外贸业务实际操作情况和外贸用人单位的人才需求情况，分析过去教学过程中存在的问题和不足，提出在该课程教学中的改进措施，旨在使课程教学工作能培养更符合社会要求的人才。

关键词：国际贸易理论与实务；教学模式；探究

国际贸易理论与实务课程是国际经济与贸易专业的一门核心课程。国际贸易实际业务具有很强的实务性，涉及大量单据的填制和处理过程，尤其是现在的海关等机构都开始进入无纸化办公阶段，所有国际贸易的操作流程都以电子单据的形式呈现。这就对我们的国际贸易理论与实务课程的教学工作提出了新的要求。

9.1 课程的教学内容及目标

国际贸易理论与实务作为西南民族大学国际经济与贸易专业的核心课程，主要内容包括国际货物买卖的有关理论和实际操作业务，要达到的教

① 王焱霞，女，四川人，西南民族大学经济学院讲师。主要研究方向：国际贸易。项目来源：西南民族大学教改课题（编号：2015QN11）。

学目标是培养国际贸易业务的专业人才，要求培养人才掌握国际贸易领域的理论知识和实际业务中的基本技能，在实际的进出口贸易活动中，既熟知国际贸易惯例和相关法律规则，又能结合我国的实际情况，依法贯彻国家的方针政策和企业的经营意图。所以国际贸易理论与实务要求理论与实际相结合、方针政策和技术运用相结合，是一门实践性很强的综合应用课程。

本课程的教学活动若要成功地实现教学目标，需要学生积极主动地参与到学习中去，尤其是各类外贸单据的填制过程，涉及的内容非常宽泛，包括：外贸企业内部各部门之间协调配合以进行进出口预算，与银行联系以完成结算工作，与海关联系以完成进出口清关业务，与货代运输公司联系以完成运输业务，与保险公司联系以完成运输保险业务，与商检机构联系以完成货物的检验检疫工作……课程涉及知识面非常广，学生如果没有亲自动手完成整个流程，很难说他真的掌握了实际操作的先后次序和各环节间的关系，在走上贸易相关的工作岗位后也未必能够迅速适应。目前，高等教育的目标不应当只是教授学生书本上的理论知识，大学生毕业后，除少部分继续进行研究生学习，大部分学生将走上工作岗位，从事具体的工作，所以实践教学就变得非常重要了。只有通过反复实践，才能在实践中检验和掌握理论知识、发现和解决问题，并培养和锻炼学生的创新能力。

正是因为认识到实践教学的重要性，西南民族大学经济学院国贸专业的教师一直在努力将实践操作与理论教学相结合。学院陆续购进了包括世格公司、国泰安公司软件在内的多个国贸实训软件，并将国贸专业学生的实践课程以必修课的形式确定下来。这样的安排虽然增加了学生的学习压力，但是强化的实践训练也使学生在未来走上工作岗位后，遇到与国际贸易相关的工作时，能够比较自如地应对。事实上，这样的教学安排也得到了学生的认可。学生发现自己所学的东西是有实用价值的，他们的学习积极性反而提高了很多。甚至还有一些学生在毕业以后，主动联系教师，想要自主地用软件系统再次进行外贸业务练习。所以，国际贸易理论与实务课程的实践教学是学院国贸专业的一大特色。理论与实践相结合，实训模拟真实业务流程的方法大大提高了学生的学习效率和效果。

9.2　课程的教学现状及问题

目前，国内大多数高等院校的国际经济与贸易专业的国际贸易理论与实务课程，都在不同程度上试图探索出有利于本专业人才培养的教学模式，但在实际工作中大多局限于传统的讲授模式，即以教师讲授课本知识为主，学生很少动手实践。在课堂上听教师讲如何操作，看教师展示一系列的单据，学生往往当时觉得明白了，但因为没有实际动手操作，所以一段时间后就什么都不记得了。在传统的课堂模式中，学生无法感受到外贸公司运作的真实环境，因为缺乏实际操作环境，所以学习的积极性往往也不高，甚至开小差、打瞌睡。因为缺乏可操作的环境，考试也只能以名词、概念类的考核为主，这样培养出来的学生，在面对激烈的就业竞争，面对用人单位对学生越来越高要求时，就显得能力不足。所以，如何培养出适应国际贸易业务的高技能人才，是作为该领域教育工作者不得不思考的问题。传统教学模式应当进行怎样的改进也是一直被思考的问题。30 年前，计算机尚未普及，这一问题很难得到解决，但随着科技的进步、网络技术的发展，模拟现实得以实现，教学模式的变更得以实现。

作为西南民族大学经济学院国际贸易理论与实务课程的教师，笔者多年来一直试图对教学方式进行探索和改进，尽量避免枯燥的填鸭式教学，做到教学内容与外贸工作人员的实际工作任务相吻合。现在与 20 年前的教学环境相比，发生了很多的变迁。20 年前很难想象学生人手一台电脑，并且通过联网，学生可以以不同的角色身份模拟完成同一笔国际贸易业务。所以，科技的进步为我们的教学改进提供了可能和机会。如果 30 年前，我们说有心无力，明知道实践的重要性，但苦于没有条件，局限于理论教学方式，可以得到谅解，但到了信息技术高度发展的今天，教学方式不跟随时代的需要前进，就不负责任了。为此，经济学院花费资金引入模拟操作软件，对教师进行培训，以实践教学调动学生的学习热情，以实践教学的方式强化知识的积累和运用。这样的教学方式也是符合时代需要的。

但是在此过程中，还是碰到了诸多挑战和困难。

9.2.1 专业要求较强，涉及知识面较广

国际贸易理论与实务是国际经济与贸易专业的一门专业必修课，课程内容包括处理因国际货物买卖及货款结算产生的单据的制作和审核，专业性和实践性都很强。国际贸易活动主要以合同磋商和商业发票开立作为开端，其后伴随着FOB、CIF等贸易术语，汇款、托收、信用证等结算方式，原产地证明、提单、保险单、检验检疫证明等一系列单据的制作，涉及商检、保险、运输、银行、海关等许多部门。到哪个部门办理什么业务，涉及的相关规则是什么，具体的业务流程怎样，学生往往很难把握。各业务环节间的先后顺序怎样也是教学过程中的一大难点。

如果不能厘清这一系列业务流程之间的关联性，弄清楚相关专业术语的意义和用途，那么学习就容易陷入一团乱麻的状态，枯燥的知识记忆也会使人心生厌恶，很容易让学生丧失学习热情。所以，教学方式方法需要变革。

9.2.2 对英语水平的要求比较高

国际贸易业务是处理国际经济关系的工作，所以有关单据包括汇票、提单、信用证等均是英语版本的，而且主要是一些专业英语，同时还要涉及许多国际惯例，这些国际惯例也都是英语版本的。在制单环节，要了解各种单据的填制要点和方法，因为各类单据都是英文形式的，还要花费大量的时间对单据进行阅读和翻译，其中的专业词汇比较多，仅靠教师讲授一两遍就想让每位同学都掌握每一个知识点，这几乎是不可能实现的。绝大多数的情况是，很多学生会主动放弃这一环节的学习，人虽然在教室，但心思却不知飞哪儿去了。

知识需要时间去掌握，需要时间去运用，需要时间去理解领悟。尤其是这些知识如果是以一门外国语言的形式来展现的，那么它的难度又增加了许多，如果没有实践操作的反复强化记忆，遗忘率会非常高。

9.2.3 课程的实践性、操作性较强

要学好国际贸易理论与实务课程，方法一是花大量的时间对单据样本进行死记硬背，但单据一旦发生形式的变更，即使最勤奋的学生也会手足

无措；方法二是通过实际操作，环环相扣地完成几笔对外贸易的业务，填制全套流程中的全套单据。很显然后者更优，但在传统教学方式中，这样的实践却难以实现。因为传统的教学模式中，教师能掌握的实物单据往往十分有限，不可能做到学生人手一份不同模板，往往只能几人共用一份，学生的积极性也不高，甚至相互抄袭。因此，传统的教学模式很难满足课程对实践性和操作性的要求。

传统的教学模式侧重于知识的讲述，强调“教”，而新型的教学模式强调“学”。只有将“教”与“学”结合起来，将知识的学习与实践运用结合起来，才能更好地完成教学工作，达到教学效果。

基于上述三方面的要求，传统讲授型的教学方式存在着较大的局限性。课时的总量有限，共51学时，既要讲授完课程的全部内容，又要让学生能进行实际操作和训练，这就变成了不可能完成的任务。所以，探索新的教育模式和方法，培养满足企业需求的人才，在有限的时间内实现预期的教学目标，就要求对国际贸易理论与实务课程的教学条件和教学方式进行改革。

9.3 课程教学改革的新思路

为了提高学生适应工作要求的能力，提高学生的学习热情，教学条件和方法的改进成了紧迫的需求。尤其是在当前的国际形势下，中国的对外贸易受到来自美国的压力，外贸企业对工作人员的要求越来越高，需要学生能够迅速地适应企业的工作要求。仅通过死记硬背获得很高的考试分数，却缺乏解决具体问题能力的学生，是无法适应工作要求的。针对这一情况，笔者在教学中不断进行尝试，并提出如下具体的措施：

9.3.1 教室与实验室一体化

经济学院国际经济与贸易专业于2010年建立了国际贸易实验室后，引进了世格公司的外贸软件，该软件最大的优点是能模拟外贸企业国际贸易实务运作，将复杂的国际贸易流程用系统化的方式介绍给学生，尤其是其提供的实操平台，提供了各种类型的贸易实务操作环境，极大地提高了学生的积极性。在实验室教学过程中，首先将整个国际贸易实务的系统知识介绍给学生，紧接着学生利用软件平台，实际运用所学知识，完成业务流程。在整个操作过程中，采取教师辅导、学生操作的方法，边做边学，学以致用地将之前所学的知识进行巩固和整理。通过实践操作，学生能够认识到自己在学习中有哪些不足，并自主地进行学习和补足。如果弄不明白，操作出错，整个过程无法推进，作业无法完成，考试就通不过。教学方式从原来以教师理论讲解为主转变为以学生实践操作为主，形成“教与实践一体化”的教学模式，将理论教与实践学融为一体，做到边学边练、先讲后练、以练促学。这样的教学方式，可以使学生不用走出学校就可以熟悉外贸工作环境，适应外贸的流程和各类外贸单证的填制。同时，通过外贸业务的实际操作，使学生能够将课程中比较零散的知识点贯穿起来，比较系统地了解外贸业务的工作要求，以满足外贸企业对实际操作型人才的需求。

9.3.2 业务流程系统化

国际贸易理论与实务课程是一门以培养外贸工作人员为主要任务的课程，通过对本专业过去毕业的学生进行跟踪调查，在对我国相关涉外行业的现状、贸易商品的结构以及外贸企业对大学毕业生的素质要求等有所了解的基础上，笔者拟定了本课程的教学要求，即学生不仅要掌握贸易理论的相关知识，更要能够熟练掌握外贸过程中所涉及的各主体的工作流程以及相关单据的制作和填制。以一笔出口业务为例，出口商将完成图 9 - 1 所示的复杂流程。

通常情况下，学生在初次扮演出口商角色时，因为涉及工作量和交易对象繁多，普遍会感到吃力，会出现很多失误，但经过一番努力后，都能在系统提醒和教师帮助下顺利改正。万事开头难，只要完成了一次业务以后，再换一个交易对象，重新完成另一笔出口贸易，就很少会再遇到问题了。即使遇到了麻烦，也要尽量鼓励学生自己去解决问题，结果会如预料的一样：学生们能够自己找到问题的原因并顺利解决。

9.3.3 以模拟现实的方式激发学生学习热情

如前文所述，国际贸易理论与实务是一门专业性、实用性很强的课程，要让学生理解所学内容，在实践中掌握相应知识，并运用所学知识增强实

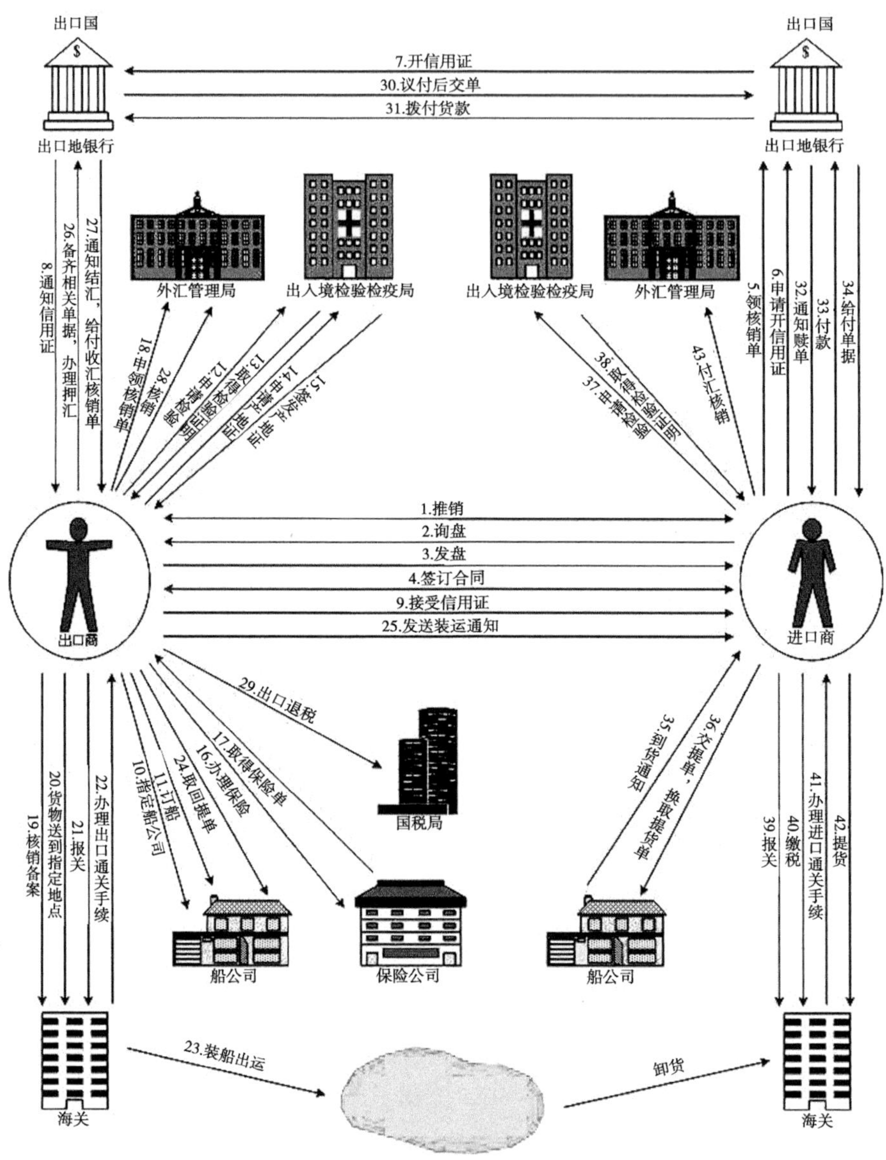

图 9－1 信用证业务流程图

资料来源：世格软件。

际操作能力，通过实际操作成功获得极大成就感，模拟现实无疑是一种很好的模式。模拟现实教学就是在教学当中，模拟实际进出口工作环境，让学生扮演相应角色（包括工厂、出口商、进口商、银行等），运用所学知识和技能，依照系统随机选择的工作方案，按要求实现工作目标——完成能赚钱的对外贸易业务。应该说模拟现实教学是一种启发式的教学方法，本课程的模拟现实教学方法，是对学生进行角色设定，让他们在一个虚拟的商务环境中寻找贸易伙伴、进行贸易谈判、寻找开户银行等，整个过程环环相扣。

学生在课堂中就能真实地体验到贸易公司包括议价、谈判、装运、通关、保险、收款、索赔等的操作流程，以及各个流程中需要注意的问题。如之前有位学生，操作中疏忽了保险业务，结果系统找到这个漏洞，让他的货物在海上遇险，导致大额的亏损。在实验室里犯这样的失误是多么幸运的一件事，因为有效地避免了他今后在实际工作中犯下此类过错。让学生进行实际单证操作，使学生在校园中就能真正感受到工作岗位的要求，提高实际操作的能力，并且一笔成功的交易所带来的极大的成就感会成为他们不断深入学习的动力。

9.3.4 提高学生的英语水平

英语是当今世界的通用语言，外贸行业所用的工具语言也是英语，许多外贸单据需要直接用英文填制，所以合格的外贸人才需要熟练掌握英语，特别是外贸专业英语，需要掌握外贸专业英语词汇、句型以及外贸函电的写作。只有掌握了这些知识，才能为国际贸易理论与实务课程中英文单据的阅读和制作奠定牢固的英语基础。同时，在实务中用英文来填制外贸单证的相关内容时，必须遵守相关的规则和范例，不仅自己要看得懂、会填，还要让国外客户看得懂我们填的内容，只有合乎规范的单证才能得到法律的保护。英语是学生进入外贸行业的第一个门槛，但我们必须努力跨过去，否则在外贸业务中将寸步难行。过去以课堂教学为主时，遇到专业术语，大多数学生只看中文意思，不理解记忆英文内容，所以在做案例分析或考试时，对题目中出现的英文内容不解其意，更谈不上正确完成题目要求。但在模拟现实的教学环境中，所有单据、所有内容都是英文的，商务函电的写作也都是英文的，不断地强化记忆，这样的操作过程能极大地提升学生的英语水平。刚开始接触软件时，学生普遍表现出很强的焦虑，但当他们度过了最初两周的焦虑期后，普遍变得更沉稳，也更有自信了。良好的英语基础尤其是专业英语为他们将来从事外贸行业相关工作打下了坚实的基础。

9.3.5　考核方式更注重实际应用能力

除了对教学模式和教学内容做了改进，对考核方式也做了改进。过去的考核方式多是以试卷的形式考查学生对知识点的掌握情况，许多学生通过死记硬背，得到很高的分数，但却无法独立完成一笔外贸业务，在面对具体工作时，往往手足无措。新的考核方式根据本课程的特点，坚持以实践操作为重点，以考核知识应用能力为主，突出对实操技能的测试，将“过程性评价”与“总结性评价”相结合，克服了过去那种重结果、轻过程的考核方式，鼓励学生参与操作，学生每完成一个工作环节就能及时得到测评成绩，甚至对测评不满意时，还可以要求重新操作，这样就缓解了学生的畏难情绪，提高了学生学习的兴趣与信心。新的注重实际操作过程的考核方式极大程度地提高了学生努力提升操作能力的热情，同时也培养了适应社会需要的人才。

9.4　注重教学创新思维培养

高校所设置的各门课程正是培养学生素质和能力的重要载体，而实践课程教学则既能巩固与提升理论知识水平，又是培养学生创新思维和创新能力的支点。在教学过程中，笔者往往给学生讲解完理论知识后，演示一笔业务流程，然后让学生根据自己机器随机产生的案例完成业务，因为每台电脑随机给出的案例各不同，各自遇到的要求也有较大差异，所以此环节的任务对增强学生动脑、动手能力，培养学生创新思维具有重要作用。在此过程中，学生需要有发现问题、凝练问题、解决问题的能力。为了完成任务，需要学生有高度的参与性与独立性，参与到业务中去，独立设计解决问题的方案。单纯的模仿解决不了问题，因为尽管规则一致，但教师演示的示例与学生面对的案例不一样，学生只有一次次地翻阅资料，不断地尝试各种可能性，才能完成工作，这个过程有效地激发了学生的创新思维。笔者也发现，虽然学习过程更艰难了，但学生却付出了更多的热情，因为他们认为这样的学习更有意义，感觉能够跟现实接轨。

创新思维本身是一种复杂的，与推理、想象、联想、直觉等密切相关的思维活动，创新思维的培养需要具有一定的知识基础，通过不断地进行观察，有效地提出问题、分析问题和解决问题，从而提出创新见解（有时这些见解甚至还涉及直觉的成分），从而提高相关认知能力。爱迪生研究灯泡时，试用了6000多种材料，试验了7000多次，最终发明了人类第一盏有实用价值的电灯。系统性创新思维理论认为，创新能力可以通过后天的学习与培训而形成，笔者认为，这也是西方国家技术快速进步的根本原因。

对于当代大学生而言，创新能力和日常生活与教学活动息息相关。目前以学生创新思维培养为导向的实践教学模式，已成为将知识传授、能力培养和素质提升融为一体的最好教学方式之一。在实际操作过程中，师生的角色随时代的变化由“教学”“导学”向“问学”最终向“自主学”调整，充分调动学生的学习主动性，而不是被动接受既有知识；让学生成为学习活动的主体，而不是被动接受知识的客体。通过实践教学掌握的知识技能和创新思维能力还可以被应用于学校组织的“大学生创新创业”项目。通过这一系列的实践活动，充分调动学生主观能动性，强化其主动学习的动力和能力，以达到训练其创新思维的目的。

通过国际贸易理论与实务的教学实践过程可以发现，创新思维能力的培养和发展主要借助于获取知识和消化知识的过程，在实践课程的教学中，教师的任务是让学生理解实践知识、构筑基本知识结构、掌握基本技能、学会研究问题的基本方法。学生在综合实践过程中，需要对知识进行思维的过滤和筛选，这既能培养学生的逻辑思维能力，又能培养学生的直觉思维能力，和过去传统的教学中只注重培养学生的记忆能力有很大的不同。牛顿曾说：“没有大胆的推测就做不出伟大的发现。”直觉思维能力是人聪明才智的重要标志，同时也是科学创造的源泉，而在实践教学中，结合学科知识和基本软件操作规则，既能培养学生敏锐的观察力、丰富的想象力和善于发现问题的能力，又能培养学生的科学推测能力及对抽象内容作形象比喻的能力，而这些能力的形成对培养学生的创造性思维尤为重要。

9.4.1 以兴趣激发热情

在教学活动中，教师如果能激发起学生的学习兴趣，使学生带着愉快的情绪参与到学习中去，那么他的教学工作就成功一半了。恩格斯说："就个别人来说，他的行动的一切动力都一定要通过他的头脑，一定要转变为他的愿望和动机，才能使他行动起来。"所以在课堂上，笔者始终坚持启发式的原则，充分调动学生的积极性，使他们能生动愉快地进入学习状态。国际贸易理论与实务实践教学中使用的专业软件，充分利用图片进行场景设置，以动态的方式提出问题，问题的解决步骤又取决于学生的选择，所以问题的解决方案往往不唯一，可谓"条条大路通罗马"。这样的方式有利于激发学生的探索欲和求知欲，在这些欲望的激励下，创造性思维随之萌发。

9.4.2 以想象推动探索

在教学活动中，教师如果能创设良好的心理环境，让学生多想象，在想象中进行创造性构思，这就向成功的教学又迈进了一步。可以说丰富的想象力是创造性能力的双翅，学生一旦展开自己想象的翅膀，便可自由自在地在思维的天空翱翔，他们能飞翔到的高度，有时连教师都难以企及，所谓的"青出于蓝而胜于蓝"就是这样的。在国际贸易理论与实务实践中，实训软件的功能非常强大，笔者经常惊喜地发现学生们探索出了软件的新用法，这些用法在软件使用说明书上都未提及。教师的惊喜对学生来说也是一种激励，激发学生对软件各功能进行巧妙利用，以丰富的想象力驾驭软件，极大地促进学生创造性思维能力的提升。

9.4.3 以挫折接近成功

大部分的本科学生，虽然已经是成年人了，但生活经验和阅历较少，传统的应试教育使学生不得不花费大量的时间对知识进行记忆和背诵，"高分低能"大约描述的就是这种情况。所以，要让学生从旧有的学习模式中走出来，动手实践是个好办法。通过实践，学生会明白许多的工作不是一步就能做对的，需要不断尝试，试着试着就对了，这就是典型的试错法。不是所有的学习都像高考一样不容犯错，正确的科学实验的态度是，永不放弃，牢记"失败是成功之母"。虽然在这里失败了，也许在别的地方还能探索出一条全新的通道，这样的思想有利于培养学生的创造灵感。

创新型人才的培养是关系到现在和未来国家竞争力的关键，但是创造力也非一朝一夕就能形成的，而且学生创造力的发展也不是完全自由发展，教师的科学指导和学生的不懈努力两者缺一不可。在实践课程中，在教师已经进行了基础知识讲解的前提下，如果学生可以有大量的实践材料去利用，并能有一定自主性地完成实践过程，该过程还能为他们保留足够的想象空间，并允许犯错，那么这对培养学生创新思维能力是有意义的。

经过近8年的不懈努力，从学校毕业的国际经济与贸易专业的学生普遍反馈的情况是：他们能更快地适应外贸工作的要求，能更好地完成相关工作任务。

参考文献

[1] 全国国际商务单证专业培训考试办公室．国际商务单证理论与实务[M]．北京：中国商务出版社，2010.

[2] 俞培燕，郑艳．对高职商务英语专业《外贸单证实务》课程教学改革的几点建议[J]．湖北广播电视大学学报，2009(6)：42－43.

[3] 刘永起．高职商务英语专业外贸单证实务课程的实践教学研究[J]．中国科教创新导刊，2007(16)：23－25.

10　以问题为基础的教学模式在证券投资学课程中的应用研究

付强　文斌①

摘　要：证券投资学是一门实践性很强的课程。传统教学模式不利于提升学生分析问题、解决问题的能力，不利于培养学生的自主学习能力和团队合作能力。以问题为基础的教学模式虽也存在一些不足之处，但其在培养学生分析问题、解决问题的能力及自主学习能力等方面具有独特的优势。在证券投资学课程部分章节的教学中，可以引入该教学模式，以活跃课堂气氛，培养学生的团队合作能力和批判性思维能力，提高学生的满意度。

关键词：PBL 教学法；LBL 教学法；证券投资学

证券投资学课程是为投资学专业学生开设的一门专业必修课程，该课程的理论与实践结合非常紧密，学完本门课程后，学生应具有应用本课程专业知识解决实际问题的能力。例如，面对数不胜数的投资对象，应如何进行选择？什么时候买入？什么时候卖出？以教师为中心、以课件为基础的传统教学法（Lecture - Based Learning，LBL）能够将该门课程的相关理论知识高效地传授给学生，但 LBL 教学法不利于提高学生发现问题、分析问题和解决问题的能力。在传统教学法下，尽管学生已经熟悉了证券的定价方法、证券投资的宏观经济面分析、行业分析、公司基本面分析、技术

①　付强，男，汉族，四川广安人，管理学博士，西南民族大学经济学院讲师。主要研究方向：投资学。电子邮箱：fuqiang701025@163.com。文斌，男，经济学硕士，任职于西南民族大学经济学院金融实验室。主要研究方向：区域金融。项目来源：西南民族大学教育教学研究与改革项目（1999 年，自筹）。

分析等理论知识，但对于上述决策问题，学生仍然茫然不知所措，不知道应从哪些方面进行思考、从哪里搜集相关数据与信息、如何做出投资决策。以问题为基础（Problem – Based Learning，PBL）的教学模式是将学生置于错综复杂的情境下，让学生自己去分析问题、自主学习解决该问题所需的理论知识，从而培养了学生应用知识去解决实际问题的能力。基于此，有必要将以问题为基础的教学模式引入证券投资学课堂，以培养学生的独立思维能力和解决实际问题的能力。

10.1 以问题为基础的教学模式的内涵

在互联网日益发展的当下，获取知识已变得相当便捷，只需鼠标一点，海量知识即刻呈现。在此背景下，以教师为中心，以传递知识为目的的传统教学方法受到了质疑。有学者提出，教师讲、学生听的教学模式，只会让学生被动地吸收知识，学生缺乏学习的动力与积极性，只愿意学习对自己眼前有用的知识，长此以往，学生将养成自私自利的短视心理，缺乏长远的战略眼光。以问题为基础的教学方法是一种讨论式学习方法，它要求学生之间通过密切合作、群策群力，共同解决教师提出的各种问题。以问题为基础的教学模式最早仅在医学教育界得到了应用，后来，人们将该种方法推广开来，广泛应用于数学、法律、社会学、投资学等各个专业教育领域。

尽管 PBL 教学模式并非新生事物，但究竟何谓 PBL 教学模式，目前并未形成一致的看法。孙鲁宁等（2007）认为以问题为基础的教学模式是以解决问题为中心，通过将复杂的问题转化为具体的情景，引导学生主动学习，促进学生之间的互动合作，充分激发学生的学习热情，在分析问题、解决问题的过程中，深化对知识的理解，从而提高学生自主学习能力的一种教学形式。郭忠蓉（2016）指出，PBL 教学法指的是通过为学生创设问题情境，让学生以小组讨论的形式进行合作交流与自主探索，以找到问题的解决之法，进而学习、强化问题背后的科学知识，促进学生自身主动学习并激发学生创造潜力的一种学习模式。柴巩利（2004）提出以问题为基础的学习模式强调将学习置于复杂的、有意义的问题情境中，通过学生间的合作来解决现实问题，来学习隐含于问题背后的科学知识，形成解决问题的技能，并发展自主学习和终身学习的能力。可见，设置恰当的问题是以问题为基础的教学模式能否成功实施的关键所在，好的问题能够激发学生学习的持久性，能够吸引学生的注意力，使学生获得更为广泛的知识。

孙华（2013）概括了 PBL 学习模式的五个特征：第一，以问题的提出作为学习过程的开始，以培养学生解决实际问题的能力为目的。第二，强调以学生为中心，突出学生在学习过程中的责任和主动性。第三，学生之间表现为合作关系，通过讨论将问题引向深入。第四，设置的问题需具有挑战性并且是现实中的问题，以此来调动学生学习的积极性，使学生体会到学习的乐趣和意义所在。第五，教师扮演的是指导者或协调人的角色，教师可以加入学生的讨论过程，引导学生从更专业、更宽广的视角去分析问题与解决问题。

可见，以问题为基础的教学模式核心是教师设置的各个复杂的现实问题，手段为通过小组讨论来对问题进行分析并提出解决问题的方法，目的为深化对知识的理解，提高学生自主学习能力和解决实际问题的能力，激发学生的创造能力。

10.2 PBL 和 LBL 两种教学模式的区别

在传统教学模式（LBL 教学模式）下，教师对理论知识的讲解非常透彻，教学过程按部就班地进行，教师很容易完成教学大纲所规定的教学任务，学生也感到学到了丰富的知识。PBL 教学模式下，教师并不会讲解大量的概念与理论知识，只是抛出一系列的问题，学生在分析问题、解决问题的过程中获得新的知识与技能。

PBL 与 LBL 教学模式的主要区别：PBL 需要学生主动学习，学生应就教师所提出的问题展开讨论。因此，学生应该提前做好各项准备，通过研究教师提供的案例并在互联网、图书馆中查阅相关数据资料，来寻求问题的答案。在 PBL 模式下，学生可以在其能力范围内自由决定从哪些角度对教师所提的问题进行探讨，应学习哪些理论知识以及搜集哪些数据与信息以对问题进行深入分析，通过自己对问题的独立思考，获得问题的答案。

教师扮演讨论课上的主持人或协调者角色，不提供解决问题所需的知识，也不提示解决问题的可能方案，其作用是启发学生对问题进行探索。教师应给予学生充分的信任，放手让学生去自主学习。在传统教学模式下，学生只要掌握了教师讲授的基本知识与基本技能，并能加以灵活运用，就可以取得较好的成绩。学生是知识的被动接受者，而教师则是知识的灌输者。在 PBL 教学模式下，需要对学生进行分组，实施小组合作学习模式。为了避免“搭便车”现象发生，需要明确各小组成员应承担的工作任务以及未完成任务的惩罚措施。在 LBL 教学模式下，无须对学生进行分组，对学生的考核方式通常为书面考试。在 PBL 教学模式下，评价主体是多元的，包括组内互评、组间互评以及教师对各组的综合评价等。此外，LBL 教学模式的评价体系强调过程化控制，评价环节包括课前搜集资料与小组讨论、课中的汇报以及课后对讨论结果的总结与凝练。

从理论上来看，以问题为基础的教学模式能够激发学生进行主动学习的热情，增加了学生与教师之间的互动，提高了学生对教师的满意度，培养了学生的人际交往能力与语言表达能力。复杂的似是而非的问题有利于引发学生的探索欲望，当学生成功地找到一个解决问题的方法时，那种喜悦的心情是难以言表的。因此，PBL 教学模式能给教师和学生带来更愉快的体验和更高的满意度，使学生的学习动机更强烈。

从实证研究结果来看，有学者发现采用 PBL 教学模式有利于提升教学效果。例如，Tomkinson（2011）发现 PBL 教学模式拓宽了教师和学生的思维空间，增强了学生的团队合作能力。Edmonds Cady 和 Sosulski（2012）发现采用 PBL 教学模式，学生对知识的理解更为深刻，因为学生能把相关知识融入具体的案例。当学生学会多方面听取意见与观点，特别是那些不同于自己的观点，将对他们的思想产生深刻的影响。Burch（2000）的研究结果表明，PBL 教学法能促进批判性、非线性思维能力以及创造能力的提升；此外，PBL 教学法还能培养学生的责任心和团队合作能力，提升学生解决问题的能力。

但也有学者的研究结果表明，无论是采取 PBL 教学法，还是采取传统教学法，学生取得的学习成绩差异并不明显。部分学者甚至认为，采用传统教学法培养出来的毕业生表现更胜一筹。例如，Cohen - Schotanus 等（2008）认为，在对知识的掌握上，PBL 教学模式并不能给予学生更大的信心。事实上，采取 PBL 教学模式培养出来的学生普遍感到掌握的知识不够全面与深入。

在 PBL 教学模式下，很多问题都由学生自行决定如何处理，教师并不插手或只进行最低限度的指导，Clark（2006）对此表示质疑。在这种以学生为中心的学习轨迹中，学生（尤其是新生）通常既不会注意到问题的重要特征，又不能找到有效的解决问题的方法或技能。

对于 PBL 教学模式，实证研究结果为什么得出了相互矛盾的结论呢？Colliver（2000）指出，为了分析 PBL 教学方法的效果，需要对学生进行分组，一部分学生进入 PBL 教学组，另一部分学生进入传统模式教学组，在大多数研究中，学生的分配并非随机的，因此，以往大多数关于 PBL 效应的研究都存在方法上的缺陷，即存在选择偏误。因为学生之间在专业水平、努力程度、学习能力与学习态度等方面差异极大，而这些是决定考试成绩更重要的因素，这些因素的存在致使很难对两种教学方法的效果进行比较。

尽管 PBL 的效果仍存争议，但这并不妨碍它的广泛运用。因为教师发现，该教学模式可以活跃课堂气氛，可以更好地实现与学生之间的互动。

10.3 PBL 教学模式在课堂教学中的运用

10.3.1 PBL 教学模式的实施步骤

以问题为基础的教学模式，其实施的步骤如下：第一，结合具体案例创设问题；第二，确定各小组成员应承担的工作任务以及时间安排；第三，收集资料与数据，利用收集的数据与资料对问题进行分析；第四，召开讨论会；第五，各小组成员根据相关意见及建议再次收集资料与数据，对问题进行更深入的分析；第六，召开第二次讨论会，得出初步结论；第七，在课堂上汇报讨论结果；第八，教师评价与总结。

首先，提出问题，教师要为学生提供典型案例，将问题置于具体的案例中，问题所涉及的理论知识要覆盖该章节的主要内容。以《证券投资学》

中的公司价值分析一章为例，教师可以要求学生进入上海证券交易所、深圳证券交易所、同花顺、巨潮资讯网等网站，下载某上市公司上市以来发布的所有定期报告，然后提出以下问题：该公司上市以来资产、负债、所有者权益、收入、净利润及市值发生了怎样的变化？推动市值增长的主要因素是什么？该公司在行业中的地位如何？该公司采取了何种竞争战略？该公司面临的风险有哪些？该公司主要资产的质量如何？该公司利润的结构是否合理？利润的质量是否可靠？该公司属于轻资产公司还是重资产公司？该公司的财务风险有多大？该公司的经营风险有多大？该公司的资金周转是否顺畅？如果运用市盈率、市净率法对该公司进行估值，该公司的内在价值为多少？如果采用现金流量估值法，则该公司的内在价值是多少？该公司目前的股票价格是否合理？该公司的成长性如何？该公司在资本市场上筹集了多少资金？该公司分配了多少现金股利给股东？该公司股价的走势有何特征？

其次，对学生进行分组，由小组组长确定工作目标，分配工作任务，明确开展讨论会的次数、讨论主题及其时间安排。每个小组可以任意选择一家感兴趣的上市公司对上述问题展开分析，各小组之间应进行协调，尽量选择不同行业的龙头公司进行研究。组分好后，各小组需要建立微信群或 QQ 群作为组内成员相互沟通与交流的平台，组长应督促小组成员完成各项工作任务。

再次，学生根据教师提出的问题和承担的工作任务，利用互联网、数据库等查找相关资料与数据，自主地学习相关的理论知识，对问题进行分析，并将分析思路与结果和组内其他同学进行讨论与交流，听取其他同学的意见与建议。再根据建议，重新查阅资料，提出新的观点。

最后，召开第二次讨论会，听取组内各成员的汇报，在充分讨论的基础上，形成初步结论，将此结论及其支撑材料做成 PPT，在课堂上汇报。课堂上，教师作为参与者和指导者，在听完学生的汇报后，需要对学生的表现及其持有的观点进行客观的评价，对于学生的优点要予以表扬，对于学生的错误要予以纠正，在综合各位同学发言的基础上，得出最后的结论，同时提出进一步的研究建议。

10.3.2　运用 PBL 教学模式应注意的关键问题

为了使 PBL 教学模式发挥其应有的作用，需要注意以下几个关键问题：第一，应合理确定小组规模及成员构成；第二，应精心选择案例素材；第三，应巧妙设置讨论问题；第四，应构建多层次评价体系。

小组规模、案例素材的选取以及所提问题的质量是决定 PBL 教学模式是否有效的三大因素。小组规模以 8～10 人为宜，人数过少难以完成教师布置的任务，人数过多不便于进行讨论。应选取一位同学作为书记员，书记员的职责是记录各组员对问题的思考过程及得出的结论等。应选出一位学生担任评委，其职责是对其他小组成员在课堂中的表现进行评分。还应有一位学生担任小组组长，其职责是确定各小组成员的工作任务、制定奖惩措施、组织小组内各成员围绕着所选主题展开讨论。

小组成员构成应多元化，以使小组各成员间相互学习、取长补短。每个小组至少需要召开两次以上的讨论会。在讨论会上，每位成员需要汇报自己的研究成果，并接受大家的批评与质疑。在讨论会召开前，各组员需要充分利用互联网及数字图书馆等资源，查阅诸多数据与资料，对所负责的问题进行深入分析，找到解决问题的办法。在讨论前，需要制定一些基本的规则，让所有成员都必须积极参与讨论，避免讨论会变成个别同学的一言堂。

为了确保资料的易得性，应选取信息披露较为规范的上市公司作为案例素材。在 PBL 教学模式下，教师应提出没有确切答案的富有争议的问题，学生事前对其知之甚少，也找不到现成的解决方案。学生需要自己去挖掘相关的信息，自主学习相关理论知识，搜集相关数据，对问题进行分析，形成自己的观点。

在 PBL 教学模式下，应建立多层次的评价体系，包括教师对学生的考查、学生的自我评价、小组互评及组内互评等。教师对学生的考查范围包括对学生基本知识、基本技能掌握程度的考查以及对学生分析问题、解决问题的能力及批判性思维能力的考查。考查形式可以是闭卷考试，也可以是口头测试，还可以是提交课程论文等。对于以学习者为中心的自我评价与自我反馈机制的考核内容，可以要求学生书面回答以下几个问题：在完成该讨论主题前，你是如何看待该主题的？你对该主题有何了解？你希望获得哪些知识？在完成该讨论主题后，你学到了什么？之前对这个主题有何误解？在该讨论项目中，你的任务是什么？其他同学负责的工作有哪些？什么问题依然没有得到解决？建立小组互评及组内互评机制也是确保 PBL 成功实施的关键环节。要使 PBL 教学模式发挥作用，必须激发学生学习的积极性，组内互评有利于充分调动学生参与组内讨论活动的积极性，有利于提升学生的批判性思维能力，有利于减少负面行为的发生。要使小组互评与组内互评客观公正，必须事先建立好评分细则，并要求成绩呈正态分布。

10.4 PBL 教学模式面临的挑战及应对

在 PBL 教学模式下，教师从主讲者变成了讨论课的引导者。如果教师对所讨论的问题非常熟悉，角色的转换可能给教师带来些许的不适应。如果教师并非该领域的专家，对所讨论的问题了解不多，那么，教师可能无法将讨论引向深入。

与传统教学模式相比，使用 PBL 教学模式，教师可能会觉得缺乏信心，难以控制课堂。教师需要适应角色的转换，从传授知识转为设置情景，提出有意义的问题。授课时间减少可能导致教师不愿意采用 PBL 教学法，尤其是在学生要参加一些高水平的资格考试时，如证券从业资格考试等，在此情况下，教师觉得采用 PBL 教学模式可能带来极大的风险。弥补的方法是将讲义发给学生，或让学生在网上进行在线学习。

PBL 教学模式充满了不确定性，也是教师面临的一大挑战。在传统教学模式下，教师是主讲者，教师一般不会忘记带课件。但在 PBL 教学模式下，学生变成了主讲者，学生可能会忘记带 U 盘或者 U 盘有病毒导致电脑死机，从而使讨论课无法正常进行。解决这一问题的方法是：学生在讨论课开始前，把讨论的过程及结果预先发给教师，由教师负责放映学生制作的 PPT；或者要求学生将演讲稿打印出来，以防意外。

学生可能会抵制 PBL 教学模式，因为学生已经适应了被动地接受教师灌输的知识，会认为传授知识是教师的职责，学生应该做的只是认真听讲，做好课堂笔记与课后复习；特别是学生在对预讨论的主题一无所知的情形下，可能更不愿意进行自主学习。在此情况下，需要教师对学生进行引导，帮助他们学会自主学习，同时要告诉学生自主学习能力培养的重要性。授人以鱼，不如授人以渔，知识也会陈旧，教给学生知识不如教给学生获取知识的方法，正如联合国教科文组织所说，“今后的文盲将不再是不识字的人，而是不会自学和学了知识不会应用的人”。

个别学生可能认为小组的集体成果无法反映自己的独特才能，因而不愿意教师实施 PBL 教学模式。解决该问题的方法是提高自我评价及组内互评分值的占比。

PBL 教学模式能否带来比传统教学模式更好的教学效果，取决于教师能否提出有价值的问题，能否引导学生从更高层面、更广视角对问题展开分析，也取决于学生能否主动地获取分析问题、解决问题所需的理论知识和数据，是否愿意去深入挖掘问题背后的故事。归根结底，如果学生不够积极、主动，那么，实施 PBL 教学模式将面临较大的风险。

总之，尽管本文认为 PBL 教学模式存在诸多优点，但其他教学模式也并非毫无可取之处。实际上，在证券投资学这门课程的教学过程中，可以将 PBL 教学模式与传统的教学模式结合起来使用。对于该门课程的纯理论性的问题，可以采用传统的教学方法进行教学，对于实践性较强的应用性问题，可以采用 PBL 教学模式。例如：在讲授公司基本面分析时，采用 PBL 教学模式；在介绍资本资产定价模型、套利定价理论和有效市场假说时，采用传统的教学模式。两种教学模式并不相互排斥，将两者有机结合起来可以提升教学效果。

以问题为基础的教学模式在实施中取得了较好的成绩，也遇到了各种各样的问题，但该模式在培养学生分析问题、解决问题的能力及自主学习能力方面具有独特优势，将该模式应用于证券投资学课程的教学中，可以全面有效地提升学生的动手能力及解决实际问题的能力，因此，有必要在证券投资学课程的教学过程中引入该教学模式。

参考文献

[1] 孙鲁宁,张海鹏,赵成海,等.以问题为基础的学习在病理生理学教学中的应用[J].中国病理生理杂志,2007,23(3):622-624.

[2] 郭忠蓉.以问题为基础教学法在临床护理带教中的应用[J/CD].中华肺部疾病杂志(电子版),2016,9(4):469-470.

[3] 柴巩利.审视与思考:开放教育的教学模式[J].新疆广播电视大学学报,2004(2):12-15.

[4] 孙华.教学设计论纲[M].重庆:重庆大学出版社,2013.

[5] P L Liu and L M P Liu. A practical guide to implementing problem based learning in anaesthesia[J]. Current Anaesthesia and Critical Care,1997,8(4):146-151.

[6] Tomkinson Bland. Education to face the wicked challenges of sustainability[J]. Journal of Social Sciences,2011,7(1): 1-5.

[7] Edmonds - Cady, Cynthia Sosulski, Marya R. Applications of situated learning to foster communities of practice[J]. Journal of Social Work Education, 2012,48(1): 45-64.

[8] Burch Kurt. A primer on problem - based learning for international relations courses[J]. International Studies Perspectives,2000,1(1): 31-44.

[9] Cohen - Schotanus J, Muijtjens A M M, Schönrock - Adema J, et al. Effects of conventional and problem - based learning on clinical and general competencies and career development[J]. Medical Education,2008,42(3): 256-265.

[10] Kirschner P A,Sweller J,and Clark R E. Why minimal guidance during instruction does not work: An analysis of the failure of constructivist, discovery, problem - based, experiential, and inquiry - based learning[J]. Educational Psychologist,2006,41(2): 75-86.

[11] Colliver J A. Effectiveness of problem - based learning curricula: Research and theory[J]. Academic Medicine,2000,74(3): 259-266.

[12] 彭小春,马红莺.以问题为基础学习模式在病理生理学教学中的运

用[J].长江大学学报(自然科学版),2017,14(4):76－77.

[13] Bodagh N,Bloomfield J,Birch P,et al. Problem－based learning: A review[J]. British Journal of Hospital Medicine,2017,78(11):167－170.

[14] Christine Vandenhouten,Joan Groessl,Ekaterina Levintova. How do you use problem－based learning to improve interdisciplinary thinking[J]. New Directions for Teaching and Learning,2017(151):117－133.

11 金融开放背景下"反洗钱硕士"培养初探：模式、手段与课程

熊海帆[①]

摘 要：本文分析了金融开放背景下洗钱新风险的生成路径，指出加快培养专门的反洗钱硕士是充实相关行业反洗钱人才队伍、更好应对洗钱新风险的必然之路。然后，初步讨论了反洗钱硕士培养的基本目标、模式选择、手段创新和课程设置，主张采用网络公开课程修读的方式实现培养院校之间的资源整合，以此提升培养的质量。同时，建议将来引入慕课的教育手段，推动反洗钱硕士培养的国际化进程。

关键词：金融开放；洗钱风险；反洗钱硕士；慕课

伴随金融开放的日益推进，各种新型洗钱路数层出不穷，社会越发需要大量高素质、高水平的专职反洗钱人才，因而反洗钱硕士的培养应当被提上议事日程。所谓"反洗钱硕士"，是指毕业、授位以后专门从事各类反洗钱（及反恐融资）[②] 工作，以专业学位为主的硕士研究生，其入职的机构包括但并不限于与反洗钱监管有关的政府部门，与反洗钱合规有关的金融和特定非金融部门，以及与反洗钱技术研发有关的科研部门或产业实体。这与当年国内"反腐败硕士"[③] 的应运而生如出一辙，都是情势变化下研

---

① 熊海帆，经济学博士，西南民族大学经济学院教授。主要研究方向：风险管理与保险。项目来源：2013 年国家社科基金一般项目（编号：13BJL028）。

② 国际上，由于洗钱与恐怖主义融资活动越发紧密联系、相伴而生，两个概念常常被合并运用。所以，本文也依从国际惯例，除特别需要区分的情形之外，用"洗钱"泛指"洗钱及恐怖主义融资"，用"反洗钱"泛指"反洗钱及反恐融资"。

③ 所谓"反腐败硕士"，是指中国人民大学率先于 2010 年开始招收的职务犯罪侦查方向的法律硕士，毕业后主要走上各级检察院系统的反贪工作岗位，2013 年的首届毕业生共 24 名法律专业硕士和 6 名法学硕士。

究生培养工作的应时之举，有其客观必然性。本文拟从金融开放引致的洗钱新风险入手，分析反洗钱硕士培养的必要性和基本要求，并进一步探讨其培养模式、培养手段和课程设置，以供相关部门决策参考和其他关注者研究借鉴。

11.1　金融开放下的洗钱新风险

所谓金融开放，一方面，是指国内金融市场管制的放松，包括放开银行利率、保险费率等金融工具价格的限制，允许相关主体参与更多种类的金融交易等，使金融行业更加方便地服务于经济社会；另一方面，是指国际金融自由化的推进，包括资本自由流动、市场相互融合、汇率自由浮动以及业务尽可能共享等。但是，不管对金融开放做何理解，这一客观局面的不断发展对洗钱新风险的催生都是不争的事实。归纳起来，金融开放引致洗钱新风险具有如下三条路径：

11.1.1　技术路径

技术路径是指在金融开放的大背景下，国际交流频繁，技术研发活跃，以计算机网络和电子通信技术为代表的现代高新技术深度融入金融领域，给商品支付、账户结算、资金流动等传统金融交易带来巨大好处的同时，也给上游违法分子提供了前所未有的洗钱便利。这集中体现在两个方面：一是新兴支付手段（New Payment Methods，NPMs）的拓展应用；二是虚拟货币（visual currency）的迅速发展。两者均隐藏着突出的洗钱风险。

根据国际反洗钱权威组织“金融行动特别工作组”（FATF）的概括，NPMs 主要包括预付卡、移动支付和互联网支付三种形式[①]。它们增加洗钱风险源于四个因素：一是交易过程的分离性；二是资金运动的多样性；三是地理范围的广阔性；四是牵涉主体的匿名性。简言之，融合了新技术的上述支付手段交易的环节增多、链条拉长，资金流动轨迹复杂，可充值、可转账、可提现，还能跨国跨地区远距离转移资金，在帮助洗钱分子隐匿

① FATF. Guidance for a risk – based approach to prepaid cards, mobile payments and internet – based payment services[Z]. Paris, 2013.

真实身份的同时，大大提高了相关部门侦测的难度。而以比特币为典型代表的基于算法挖掘的虚拟货币，大部分是去中心化、无统一监管的数字化流通手段，其使用者和交易人借以漂白非法资金的危险性已为国际所公认。

11.1.2 业务路径

业务路径是指与金融开放一币两面的经济全球化持续推进过程中，各种新兴的金融业务或类金融业务创新不断，在市场监管不能及时跟进的前提下，这些新业务容易被违法分子作为洗钱的新途径。由于银行业受到的反洗钱监控更加严格，此类创新业务尤其在非银行领域乃至特定非金融机构与行业中更具有洗钱漏洞。例如，在美国十分流行的保单贴现交易，曾被 FATF 从反洗钱的角度建议叫停，因为该业务特殊的运作流程很可能为洗钱者留下可乘之机①。类似地，日本和中国台湾流行的人寿保险信托业务也暴露出明显的洗钱风险，也被纳入了 FATF 的专门反洗钱指南之中②。同样，国内一直在推行中的 QFII 和 QDII 业务，虽然对丰富资本市场的交易主体功不可没，但其背后被实益拥有人（beneficial owner）所控制并用作洗钱工具的风险是客观存在的。

11.1.3 政策路径

政策路径是指与金融开放相配合的若干特殊政策实施中如果防范机制不够完备，足以为违法分子留下充分的洗钱运作空间。以我国为例，近年来金融开放的力度有增无减，并更加强调双向开放、多赢共利的价值取向，典型的政策措施有：一是大力倡导“一带一路”的国际化合作发展新模式；二是大力推进自由贸易区建设。但是，不能不引起警惕的是，这两项彼此相关的政策在执行过程中均暗藏着一定的洗钱风险，包括并不限于：借用类似于前台公司或空壳公司的身份参与“一带一路”建设，意在漂白非法资金并转移出境；利用自贸区优惠的外贸和税收政策，勾结境外相关机构从事贸易洗钱与偷税漏税；借助先进的网络技术和电子支付手段，利用国际上成熟而复杂的货币与价值转移服务（money and value transfer Service）

---

① 熊海帆. 保单贴现业务中的洗钱风险及其防范[J]. 保险研究，2012(2)：49－54.

② 熊海帆. FATF 规则下寿险信托洗钱与恐怖融资风险防治[J]. 金融理论与实践，2014(10)：85－89.

平台实现资金清洗和资本外逃；利用工程建设合作之便，模糊贸易项目与资本项目的界限以绕开外汇管制，完成资本外逃。此外，若上述政策的各方参与人同“三股势力”① 及其代理人发生接触和业务往来，还难免出现恐怖融资的风险事件。

11.2　反洗钱硕士培养的必要性

FATF 从国家风险评估的高度，将洗钱风险分解为三个方面，分别是洗钱威胁（threat）、洗钱弱点（vulnerability）和洗钱影响（impact）②。其中，洗钱威胁是指各种可能继发洗钱行为的上游犯罪，种类越多、数量越大、金额越高，威胁也越大。洗钱弱点是指以金融企业为代表的各类机构被上游罪犯用作洗钱工具的容易程度，漏洞越多、越便利，洗钱脆弱性越明显。洗钱影响则是指洗钱行为造成的危害，公认的观点是洗钱行为破坏司法公正、扰乱金融秩序、助长上游犯罪。如上所述，随着金融开放的纵深发展，洗钱风险花样翻新、防不胜防。其中，各种可以继发洗钱行为的上游犯罪种类增加、数量增大、金额增高，如腐败、逃税、走私等活动都是典型，严重威胁到正规金融企业的正常运作。金融开放创生的洗钱途径变得五花八门，反洗钱机构的侦测难度无以复加，前述的 NPMs 和虚拟货币就是最好的例证，使各合规机构在洗钱风险威胁下显得非常脆弱。而由于金融开放造成的加持作用，洗钱所具有的各种不良后果也呈现有增无减之势，如我国面临的资本外逃问题正借着新型洗钱方式的巧妙性不断恶化，严重影响宏观经济的可持续发展。

因此，在不断推进金融开放的背景下，洗钱作为一种高智商、高技术的违法行为，其知识密集性、形式多样性、网络严密性和侦察困难性等特征决定了反洗钱工作的专业性、复杂性、系统性和持久性。与之对应，反洗钱从业者必须是知识丰富、一专多能，且头脑灵活、善于学习、爱岗敬业的高素质专业人才。与反洗钱直接相关的学科门类至少包括经济学、法学和管理学，而反洗钱工作通常要求掌握或知悉金融业务流程、会计审计

① “三股势力”即暴力恐怖势力、民族分裂势力和宗教极端势力。

② FATF. National money laundering and terrorist financing risk assessment[Z]. Paris,2013.

原理和计算机操作技能，其中洗钱数据的挖掘、搜集、处理、报送全依赖信息及网络技术。此外，反洗钱还涉及多单位、多部门之间的联合行动，所以必要的协调沟通能力不可或缺；如果是从事涉外反洗钱合作，扎实的外语功底[①]也必不可少。FATF 组织在其纲领性的反洗钱文件《反洗钱的 40 条建议》（迄今一共 4 个版本）当中就一直强调，金融机构员工要接受持续性（ongoing）的反洗钱培训，并且金融机构内的反洗钱合规专员需设置在管理层面，属于副总级别。由此不难看出，反洗钱工作者的执业要求及其可能被授予的高管职位都与专业硕士的培养目标非常契合[②]。作为 FATF 的成员，中国刚刚接受了该组织的第四轮反洗钱互评估检查，评估报告中指出，还有不少金融机构的高管层甚至董事会成员尚未接受有效的反洗钱培训。因此，评估组建议中国相关部门采取措施，积极推进反洗钱相关的公共教育与培训项目[③]。事实上，在我国面临日益严峻的洗钱和恐怖主义威胁并承担着日益重大的反洗钱国际义务的背景下，通过招收专门的反洗钱硕士来充实反洗钱人员队伍具有十分突出的现实需求。这样的硕士毕业生应当掌握金融和特定非金融行业反洗钱相关理论知识，具有较强反洗钱专业技能，能够承担反洗钱的一线实务和组织管理工作且具备良好的职业素养，以达到其最终成为反洗钱领域高层次应用型专门人才的培养目的。

可是，目前国内与高学历反洗钱人才培养沾边的，主要是部分高校以金融学为主的学术型研究生根据导师科研课题或自己的个人偏好写作学年论文和毕业论文。这固然能够获得一定的反洗钱知识和技能，但是较之专门的反洗钱硕士教育，其专业知识的系统性、完整性、职业技能的熟练程度以及将来的择业定向性显然都要略逊一筹。通过反洗钱硕士课程的专业训练，研究生既能获得较高层次的学历学位认证，又能快速达到预定的知

① 像中国加入的反洗钱“金融行动特别小组”（FATF）的工作语言主要是英语和法语，“欧亚反洗钱与反恐融资小组”（EAG）则是英语、俄语和汉语。

② 我国专业学位研究生的培养目标是成为“掌握某一特定职业领域相关理论知识、具有较强解决实际问题的能力、能够承担专业技术或管理工作、具有良好职业素养的高层次应用型专门人才”（参阅 2013 年 11 月教育部与人力资源和社会保障部联合下发的《关于深入推进专业学位研究生培养模式改革的意见》（教研〔2013〕3 号））。

③ FATF. Anti - money laundering and counter - terrorist financing measures: People's Republic of China mutual evaluation report[Z]. Paris, 2019.

识掌握、技能提高和职业规划目标，非常符合当前国情。

11.3　反洗钱硕士培养模式选择

反洗钱硕士培养，第一，可以仿照前文提及的反腐败硕士所采取的“学政结合”为主的模式，即高等院校协同对口的政府部门[①]实行联合办学。例如，反腐败硕士是由中国人民大学联合最高人民检察院，从已经录取的法律硕士中进行选拔和培养，前者提供教学场所、硬件设施和主要师资，后者提供分析的案例、实习的地点以及将来的入职机会[②]。而反洗钱硕士则可由具体招生院校联合中国人民银行系统从金融、保险等专业硕士中遴选，有条件的院校，如既有金融专业又有法律专业的硕士点，也可考虑从法律硕士中招录，两边专业的师资共同教学。北京的院校可以直接联合中国人民银行反洗钱局，地方院校则可联合人民银行的派出分支行。同样是院校提供基本的教学软硬件设施，人民银行提供案例、实习包括就业方面的支持。可以说，该模式相对比较符合此类专业硕士培养的内在特性，因为政府对反腐败和反洗钱这样的社会性行动既努力推进、积极介入，又掌握了大量的相关信息、技术、人力等资源，所以也是能够保障培养质量的最佳外部组织。

但需要指出的是，反洗钱硕士的培养与反腐败硕士也有不同之处，主要体现在它们的现实意义上。我们知道，腐败问题直接危害国家肌体和公众利益，深恶痛绝之下，只要是纳税人，无须多高的技术、学历，均能借助网络等媒介，通过哪怕饱受争议的所谓“人肉搜索”等方式有效地进行曝光、监督乃至制裁，正所谓反腐斗士在民间。所以，反腐败本质上不是人才和技术的问题。也就是说，招收培养反腐败硕士的象征意义似乎大于现实意义。而反洗钱硕士则不同：洗钱行为对社会公众的危害具有间接性，想要老百姓自觉、自发地反洗钱可能性很低[③]，反洗钱必定是在开明政府的

---

① 此处“政府部门”取其广义，泛指包括司法部门在内的所有国家机关。

② 需说明的是，中国人民大学的反腐败硕士毕业以后不会直接入职最高检，因为这需要一定年限的基层工作经验，但可以进入其他层级的检察院系统。

③ 甚至曾经有为数不少的国家和地区都因为反洗钱不力，或者干脆默许、纵容洗钱行为而被FATF列入反洗钱不合作者（NCCTs）名单，受到警示甚至制裁。

主导下依靠专业人才有计划、有组织地推进实施。从这个意义上讲，反洗钱的人才和技术需求明显高于反腐败。换言之，招收培养反洗钱硕士具有更强的实际意义，它对既有反腐败硕士的借鉴限于培养形式，其内容实质必须有所分野。

第二，仍然可以按照通常的专硕培养模式，即高等院校联合其他的主要是非政府的校外相关单位共同进行培养。例如，偏向于反洗钱技术教学与研究的高校，可侧重与开发反洗钱软件的企业机构联合，致力于培养毕业生运用乃至研发专门技术的能力。当然，更常规的联合发生在院校与商业金融机构之间，如银行、证券、保险部门，后者主要提供校外导师、实习基地和就业岗位。毕竟，这些单位才是对反洗钱人才需求最大的主体，在今天，反洗钱占据着其内部合规工作相当大的比例。

应当讲，此种模式的成效高低除了与院校自身的综合实力有关之外，也同所选择的合作单位的性质、影响力及彼此关系等因素密切相连。而在条件允许的情况下，反洗钱硕士培养院校还可以考虑与境内外其他相关机构进行合作，包括别的一些反洗钱研究比较出色的高校，或者国际知名的反洗钱专业组织。例如，2009 年 5 月，复旦大学所属的中国反洗钱研究中心就与非官方的美国反洗钱师认证协会（ACAMS）签约，为中国大陆地区合作培养反洗钱专业人才。只是，该项目尚非硕士层次的学历与学位教育。

此外，不管以上哪种培养模式，相关的专业硕士教学指导委员会都要参与进来，共同形成一个高等院校提供师资设施、合作单位提供资源支持、教学指导委员会提供教学指导的三支柱培养架构。

11.4 反洗钱硕士培养手段创新

不能否认，当前国内仅凭一己之力就能够培养出完全达到前述各项基本要求的反洗钱硕士的院校屈指可数。其中，既有校内师资方面的因素，又有校外合作方面的因素。当然，任课教师的科研业绩要起到很大的作用，凡是能在高级别课题中从事洗钱与反洗钱问题的相关研究，都可表明在一定程度上具备了培养高层次反洗钱人才的基本条件，这样的教师越多越好。表 11 - 1 是近年来国家社科基金立项支持的反洗钱研究项目汇总，从中可以看出：一是近年来具备高水平反洗钱研究能力的人员和机构（尤其是高等院校）不断增加，大家关注的反洗钱问题也越发多样化；二是这些科研资源的分布还是高度不均衡的，个别院校获得了多项国家社科基金资助①，但更多具备金融或保险专硕培养资格的院校却存在立项空白。

表 11－1　近年来国家社科基金资助反洗钱问题研究项目一览

项目批准号	项目类别	学科分类	项目名称	主持人单位
17BGJ020	一般项目	国际问题研究	全球治理框架下国际反洗钱体系的规制俘获与中国方案研究	中南财经政法大学
17BJY187	一般项目	应用经济	特定非金融领域反洗钱监管机制研究	重庆工商大学
16XGJ001	西部项目	国际问题研究	风险为本视域下中国自贸区反洗钱与反恐融资研究	西南交通大学
14BFX061	一般项目	法学	两岸反洗钱制度比较与司法互助研究	闽江学院
13BJL028	一般项目	理论经济	金融开放背景下的新型洗钱风险与反洗钱实施续推机制研究	西南民族大学
12XGJ010	西部项目	国际问题研究	国际国内洗钱刑事定罪立法与监管比较研究	云南财经大学
12XJY028	西部项目	应用经济	宏观审慎监管视角的国家系统性洗钱风险与反洗钱研究	西南交通大学
11XGJ002	西部项目	国际问题研究	东南亚地区反洗钱多边合作机制研究	云南警官学院
10BGL016	一般项目	管理学	我国反洗钱审计方法研究	南京审计学院
09AFX003	重点项目	法学	中国反洗钱制度有效性研究：风险评估与战略对策	中国人民银行反洗钱局
08BGJ013	一般项目	国际问题研究	非传统安全威胁下贸易洗钱与反洗钱研究	西南交通大学
04XGJ002	西部项目	国际问题研究	打击跨国洗钱犯罪与恐怖融资问题研究	新疆财经学院

① 例如西南交通大学共获 3 项资助。

续表

项目批准号	项目类别	学科分类	项目名称	主持人单位
04AFX006	重点项目	法学	洗钱罪与对策研究	司法部
04BJL051	一般项目	理论经济	经济全球化背景下中国反洗钱立体监管网络研究	湖南大学
04BJY077	一般项目	应用经济	我国东南沿海地区“洗钱”活动特点及其遏制机制的研究	福建行政学院
03BJY101	一般项目	应用经济	洗钱与反洗钱的金融学分析	四川大学

资料来源：全国哲学社会科学规划办公室网站，http：//www. npopss - cn. gov. cn。

显然，这提示我们，短时间内相关院校如果从事反洗钱硕士培养难以单打独斗、齐头并进，这些单位如何整合彼此的教育资源，做到取长补短、相互借鉴就非常重要了。那么，采用一定的创新手段开展校际联合培养，是应当加以考虑的议题。其中，通过开放式网络教学，让学生能够方便地跨校修读相关课程成为不二之选。具体而言，由这些院校自行开设并录制比较擅长、有其特色的反洗钱视频公开课，特别是与任课教师高级别的科研项目紧密挂钩的专题分析，建立起在线课程库；院校之间签订合作协议，允许在读反洗钱硕士交叉选课，统一考核标准，彼此承认学分；同时，也鼓励教师跨校授课，参与论文开题、评审、答辩等环节，从而尽可能地共享各自的教学、科研优势资源。

将来，当条件成熟后，还可以将反洗钱相关课程纳入慕课教育平台①，以供更广范围内的学习者选修。所谓慕课（MOOCs），即“大规模开放式在线课程”，是一种方兴未艾的通过互联网络创生门类众多、数量不限的在线课程以供全球上网用户大规模在线学习的新型教学手段，它的参与者主要包括慕课机构、高等院校、网络供应商以及在校生及校外学习者（包括金融机构）等。利用慕课的教学手段培养反洗钱硕士，保留了网络公开课的开放性、便捷性和共享性，此外，慕课具有全球广覆盖和泛在教育特性，不仅能使研究生的学习视野跨越国界，学习方式越发灵活多样，还能提升

① 熊海帆，毛瑞华，沈小涛. MOOC：互联网金融反洗钱及反恐融资培训的新模式[J]. 云南师范大学学报（哲学社会科学版），2015（6）：115 – 123.

高层次反洗钱工作必不可少的外语水平。为此，相关培养院校第一步可先行加入“中国大学 MOOC”网，主要在国内高校范围内实现课程共享。第二步则可考虑加入国际成熟的慕课平台，如 Coursera、Udacity 和 edX，与全球高校分享反洗钱教育的资源和经验。

11.5　反洗钱硕士培养课程设置

依据反洗钱硕士的培养目标，研究生们除了必修教指委所建议的公共基础课和学位基础课之外，其他的专业课程务必与反洗钱知识学习、技能培训乃至理论研究紧密相关，重质、保量。具体课程的设置见表 11-2，可以遵循奥苏伯尔先一般、后深入的逐渐分化（progressive differentiation）原则[①]，从洗钱反洗钱的基本原理了解开始，到反洗钱的专业技能训练，再到更进一层的反洗钱问题分析研究，有步骤、有梯次地循序渐进。同时，要充分利用网络探索所能获取的海量信息促成研究生学习过程中的兼收并蓄和融会贯通，满足整合协调（integrative reconciliation）的原则[②]。课程的生成与维护，则应由各个培养院校与合作单位通过网络平台（包括慕课平台）共同进行，实现群建共享。

应当说，反洗钱硕士尚属一个新鲜事物，各界人士对其会有一个逐渐了解和认识的过程，这个过程也许不会太短。但是，由于前述的洗钱风险的不断变异和日渐新生，金融业内外包括政府主管部门对高层次反洗钱专业人才的需求只会有增无减。早日开展反洗钱硕士的招收培养，既是对形势动态变化的客观回应，有助于提高反洗钱的优质人力资源供给，又是对相关院校专业硕士教育质量提升的有效促进，其中，各项高水平的反洗钱研究成果通过人才培养的路径实现良性转化，本身就是科研服务于教学、教育服务于社会的本质体现。本文的初步探讨，唯愿可以为有关部门提供决策参考，更希望能够引起更多后来研究者的关注，以便大家共同推进我国的反洗钱事业更上一层楼。

---

① 奥苏伯尔. 教育心理学——认知观点[M]. 北京：人民教育出版社，1997.

② 熊海帆. “顿悟”视角下慕课教学在专硕教育革新中的应用：模式、课程与组织[J]. 电化教育研究，2014(12)：16-22.

表 11－2 反洗钱硕士专业课程设置初步设想

课程性质	课程名称、方向	课程目标	学分	开课学期
专业基础课	洗钱与恐怖融资途径及手段	理解洗钱及恐怖主义融资的含义、类别与方法	2	1
	中外反洗钱与反恐怖融资法律规范	熟悉反洗钱及反恐怖融资的国际公约、国际示范法及国内外的有关法规、条例与指引	2	1
	反洗钱及反恐融资的会计和审计分析	初步熟悉反洗钱及反恐怖融资的会计和审计原理及其基本技能	2	2
	反洗钱及反恐怖融资的CDD实务	掌握反洗钱的交易客户身份识别、交易记录保存及交易报告提交等客户尽职调查（CDD）业务	2	2
	洗钱和反洗钱经典案例研讨	通过国内外经典的洗钱和反洗钱案例分析增加反洗钱的感性经验与理性认识	2	2
专业选修课（任选4门）	反洗钱与反恐怖融资的数据挖掘技术	学习基于计算机网络技术的数据挖掘等常用反洗钱及反恐怖融资技术	2	2
	基于反洗钱的风险管理实务	了解与洗钱行为相关的风险管理知识，牢固树立风险为本（RBA）的反洗钱及反恐怖融资新理念	2	2
	反洗钱与反恐怖融资国际协作实务	了解反洗钱与反恐融资国际协作的相关程序和技能，初步掌握相关外语能力	2	3
	反洗钱及反恐怖融资专业机构	了解国内外主要的反洗钱专业机构及其工作流程，培养入职这些机构的初步能力	2	3
	反洗钱与反恐怖融资侦查	了解反洗钱侦查的基本原理与基础技能，为从事相关工作打下初步基础	2	3
	区块链技术与虚拟货币反洗钱	了解最新区块链技术的基本原理和相关反洗钱基本技术	2	3

参考文献

[1] 奥苏伯尔. 教育心理学——认知观点[M]. 北京:人民教育出版社,1997.

[2] 熊海帆. 保单贴现业务中的洗钱风险及其防范[J]. 保险研究,2012(2):49-54.

[3] 熊海帆. FATF规则下寿险信托洗钱与恐怖融资风险防治[J]. 金融理论与实践,2014(10):85-89.

[4] 熊海帆,毛瑞华,沈小涛. MOOC:互联网金融反洗钱及反恐融资培训的新模式[J]. 云南师范大学学报(哲学社会科学版),2015(6):115-123.

[5] 熊海帆."顿悟"视角下慕课教学在专硕教育革新中的应用:模式、课程与组织[J]. 电化教育研究,2014(12):16-22.

[6] FATF. Guidance for a risk-based approach to prepaid cards, mobile payments and internet-based payment services[Z]. Paris,2013.

[7] FATF. National money laundering and terrorist financing risk assessment[Z]. Paris,2013.

[8] FATF. Anti-money laundering and counter-terrorist financing measures: People's Republic of China mutual evaluation report[Z]. Paris,2019.

第4篇

教学方法改革篇

12 政治经济学创新型教学方法初探

张小兰[①]

摘　要：政治经济学是经管类专业的专业基础课，其内容理论性较强。在传统教学中存在理论抽象，内容难理解，学生兴趣不高、学习积极性丧失等问题。但政治经济学作为经管类专业的现行必修课，在整个课程体系中占据基础性的地位。所以，有必要探求多样化的教学方式以提高学生的学习积极性，如使用案例教学、重视数学推导和图表、发挥多媒体的优势、不能忽视板书教学以及注意运用启发式教学等手段，改变目前的教学现状，增加学生兴趣。

关键词：政治经济学；创新型；教学方法

政治经济学课程是财经类专业本科生必修的一门专业基础课，以人们的社会生产关系即经济关系为研究对象，阐明人类社会各个发展阶段支配物质资料的生产和分配的规律。政治经济学是一门抽象程度很高的学科，通常使用逻辑严密的科学语言阐述原理，要求准确、缜密、规范。学生学习这门课普遍感到困难的是内容抽象、深奥，基本范畴多且往往含义丰富，难以掌握不同范畴之间的有机联系和细微区别。再加上政治经济学教学方法和教学模式陈旧，使政治经济学没有取得较好的教学效果。

---

① 张小兰，女，安徽马鞍山人，经济学博士，西南民族大学经济学院教授，硕士生导师。主要研究方向：产业经济、低碳经济。通信地址：成都市一环路南四段 16 号西南民族大学经济学院(610041)。电子邮箱：zxlan2003@163.com。项目来源：2018 年度中央高校教育教学改革专项资金项目“民族高校应用经济学创新型、国际化人才培养模式研究”之西南民族大学教改项目“经济学应用型人才培养的教学方法创新型研究”。

12.1　政治经济学传统教学方法现状

我国高等教育中的政治经济学指的是马克思主义政治经济学，各个高校基本上把这门课安排为大学一年级的专业基础课，通过这门课程的学习，促使学生掌握马克思主义经济学的基本理论和分析方法，从而坚定社会主义理想信念和树立共产主义世界观，并为学好其他经济学学科打好基础，但由于传统教学方法存在的问题，无法达到应有的目的。

12.1.1　传统教学方法陈旧

由于这门课程主要从抽象的角度来分析资本主义经济和社会主义经济，即用社会再生产理论来分析社会产品实现，使很多教师在讲授中不知不觉脱离了现实生活，在政治经济学的教学过程中依然采用“教师讲、学生听”的课堂教学方法，往往是“照本宣科”，简单、生硬地把知识点直接教给学生。在这种教学方式下，学生处于一种非常被动的状态，为了应付考试，学生就机械地背知识要点，囫囵吞枣，一旦考试结束，就把记过的知识点忘得一干二净，导致大学生对政治经济学的求知欲望和兴趣被抑制，没有达到开展这门课程的目的，完全失去了设置这门课程的意义。

12.1.2　传统教学模式老套

政治经济学课程内容理论性较强，较为抽象且难以理解，而很多教师在政治经济学课堂教学过程中，依然采用“满堂灌”的政治经济学教学模式，无法较好地了解学生对知识的掌握情况从而调整教学内容和方法。这种教学模式难以调动学生学习这门课程的积极性和主动性，不能让大学生真正理解政治经济学的丰富内涵和在当代社会主义建设中的理论指导意义，从而也无法满足应用型人才培养要求。要改变这一现状，就要求教师在教学过程中运用多种教学方法与手段，充分调动学生的主体性和主动性，提高授课内容的针对性、生动性和趣味性。

12.1.3　传统教学内容缺乏与现实的联系

马克思主义政治经济学产生于100多年前的资本主义社会，当时的时代背景与现在有很大的不同，把当时的理论放到目前的现实环境中去解释，有时很难让学生接受。由于资本主义长期稳定和繁荣，没有走向灭亡，反而表现出了强大的生命力，理论和现实的反差让学生对政治经济学的科学性产生了质疑，这时候如果教师在上课时，不以发展的眼光来看待政治经济学，不把政治经济学与资本主义发展的新现象结合起来，也不把政治经济学与中国改革实践结合起来，往往会让学生产生无用的感觉，从而影响教学效果。

12.1.4 传统观念上把政治经济学与西方经济学对立

政治经济学与西方经济学在高校的课程设置上经历了一个变化：计划经济时期高校不开设西方经济学，只开设马克思主义政治经济学；改革开放初期，政治经济学是必修课，西方经济学是选修课；20 世纪 90 年代以后，大部分高校把西方经济学作为经济学专业的核心与必修课程，虽然也把政治经济学作为大一的必修课，但无论在课时分配上还是教师和同学的观念中，都觉得其重要性不如西方经济学，再加上一些人迷信当代西方经济学的所谓的解释力，盲目照搬西方经济学，把政治经济学当作传统经济学而边缘化，从而造成很多人在观念上将政治经济学与西方经济学对立。

12.2 政治经济学教学方法改革的必要性

随着我国社会主义市场经济的不断深入发展，要求财经类专业的毕业生具备丰富扎实的经济学基础和更高的专业素养。这对高校政治经济学课程的教学也提出了紧迫的、更高的要求：要求政治经济学的教学要与时俱进，改变原有的教学思路和教法，从而更好地使马克思主义经济学理论适应社会发展的要求，为国家培养更加优秀的人才。

12.2.1 培养理论经济学人才的要求

理论经济学是论述经济学的基本概念、基本原理以及经济运行和发展的一般规律，是为各个经济学科提供基础理论的学科。应用经济学主要指应用理论经济学的基本原理研究国民经济各个部门、各个专业领域的经济活动和经济关系的规律性，或对非经济活动领域进行经济效益、社会效益的分析而建立的各个经济学科。如今很多人比较重视眼前利益和实务，所以经济学家集中于对应用经济学进行研究，导致理论经济学人才比较缺乏，阻碍了政治经济学的发展。而一个社会若忽视理论经济学研究，就好比一栋大楼基础没打牢固一样，也难以实现长远发展。

12.2.2　社会主义经济体制改革的要求

改革开放40多年来，中国发生了翻天覆地的变化，改革开放的巨大成功迫切需要理论的创新。无论从计划经济向商品经济转变，还是商品经济向有中国特色的社会主义市场经济转变，每个时期都是运用马克思主义政治经济学的基本理论，与中国的改革实践相结合的成果，所以政治经济学理论要不断吸收我国改革开放的实践，提炼总结我国经济发展实践的规律性成果，不断完善马克思主义政治经济学理论，让政治经济学随着时代的发展而不断完善，不断开拓当代马克思主义政治经济学新境界。

建议在不打乱基本政治经济学教学体系的基础上，遵循政治经济学的发展不断更新内容，增加20世纪新发展的政治经济学知识，主要的内容包括：①增加毛泽东思想和邓小平、习近平等国家领导人对中国特色社会主义理论体系的论述，以及对中国特色的政治经济学在社会主义革命和建设中地位的相关论述；②对以建立和完善社会主义市场经济体制为目标的经济体制改革及其经验做进一步论述和总结；③突出对我国现代经济建设的主要目标和矛盾的论述以及对我国经济发展方式转变与国民经济又好又快发展的论述；④增加全球性金融危机的内容。通过政治经济学学习，让学生理解政治经济学在当代中国特色社会主义建设中的重要意义，使学生建立基本科学观念、思维方式并提高分析问题、解决问题的能力。

12.2.3　体现政治经济学教学以人为本的要求

政治经济学传统的教学目标是掌握政治经济学基本理论和观点，认识到资本主义生产关系的实质，把握社会化大生产运行的一般规律和经济全球化发展的大趋势，以及认识世界经济发展的新变化和中国经济发展面临的新问题，从而科学认识资本主义和社会主义发展的历史进程。在传统的教学目标中过于强调学生理解经济制度和经济政策的能力，而忽视了学生参与经济生活和处理经济事务的能力；过于强调政治经济学思政功能和目标，难以引起学生学习的兴趣和热情，也无法满足他们对用政治经济学解释现实生活问题，如房价、股市、全球化等的要求。所以，政治经济学除了体现思政性之外，还应体现知识性和致用性，这是教学中的以人为本，也是时代发展的要求。

12.2.4 处理好政治经济学与西方经济学关系的要求

西方经济学指的是西方国家主流经济学，是根植于西方国家社会经济的产物，最有代表性的理论是新自由主义经济学。政治经济学是马克思主义理论的重要组成部分，以生产关系作为研究对象，我国利用马克思主义的经济理论，进行社会主义经济体制改革，建立和完善社会主义市场经济体制，历史实践证明，马克思主义政治经济学是我们认识世界和改造世界的强大思想武器。中国经济理论繁荣与发展，不能排斥对西方经济学的借鉴，要以马克思主义政治经济学为指导，科学借鉴现代西方各种经济学流派的优秀成果，马克思主义的政治经济学是开放的、与时俱进的。

12.3 政治经济学创新型教学方法探索

针对政治经济学传统课堂教学中存在的理论与实践脱节、教学手段单一、学生学习积极性不高等问题，需要在高校政治经济学课程教学中，积极探索教学方法的创新，改变传统的教学方法，从而提高学生的实践能力，提升教学质量，建立师生之间的良好互动关系，提高学生的学习积极性。

12.3.1 教师层面：完善教师自身知识结构

部分高校的政治经济学授课教师知识结构的限制，直接影响政治经济学的教学效果。有些授课教师没有认真全面地研读过《资本论》，或者读后没有深入思考过，从而导致这些教师对政治经济学的认识比较肤浅单薄；有些教师过于推崇西方经济学，对政治经济学不太愿意花时间去研究，从而导致在源头上不重视政治经济学；而有些教师自身知识结构欠缺和单薄，缺乏对现实实践的关注和对政治经济学的理论发展的关注，使教学内容缺乏现实性和针对性，让学生感到枯燥无味，从而兴趣也不大。

要改变这一问题，教师就必须提高与完善自身知识水平与结构。学校与教师可以从以下两方面做出努力：一是加强对政治经济学教师的理论与实践培训，通过“引进来”与“走出去”等方法，让教师有机会聆听到政治经济学权威专家的观点，从而能接触到最新的、紧扣现实的政治经济学研究成果。二是教师要关注政治经济学的理论发展，学习研究邓小平理论、习近平理论等当代的政治经济学的最新理论，要以极大的热情关注社会实践的发展，把我国改革实践与政治经济学紧密地联系起来，不断提高教师自身的知识水平。

12.3.2　教学层面：注重创新型教学

在教学层面，要改变过去传统的政治经济学教学方法，通过创新型教学方法培养学生的创新思维，通过与实践相结合提高学生学习的积极性与主动性。围绕知识结构和能力进行培养，打造动手能力强、专业技能和专业素质高、成熟的技术与基础性理论相结合的复合型人才。

12.3.2.1　以案例教学为切入点

政治经济学研究方法不同于西方经济学，比较抽象，经常用到哲学的分析方法，如果枯燥地介绍理论知识，学生一方面是听不太懂，另一方面也没有多大兴趣。可以在教学中引入案例，通过对经济案例的分析和推论，促使学生掌握或加深对经济学原理的理解。例如，介绍到经济危机时，可以把这些年的经济危机的案例做一个梳理，通过介绍这些案例，使学生对经济危机发生的原因和新变化有比较直观的认识。例如：通过介绍富士康管理，让学生理解剩余价值的来源；通过古希腊人交易案例讲解货币的起源和本质；通过华为手机营销案例介绍资本的循环与周转。通过案例教学激发学生的学习兴趣，引起学生的丰富联想，从而促使他们快速理解和接受政治经济学理论知识。通过这种案例教学法，学生的兴趣大幅提高，并且也完全理解了知识点。

12.3.2.2　发挥多媒体的优势

在制作政治经济学课件时，运用多媒体教学把文字、图片、动画等各种因素结合起来，把一些难懂的理论知识，利用图片、图像展现出来，使学生有更加直观的感受，从而弥补传统教学中仅仅依靠讲述和板书的不足，调节学生课堂情绪，增强其感性认识和对理论的领悟能力。例如：在介绍抽象劳动概念时，很多学生表示不太理解抽象劳动，就可以通过椅子制作的工人劳动过程和鞋子制作的工人劳动过程的动画展示，让学生理解抽象劳动就是凝结在商品中无差别的劳动；在介绍商业利润时，给学生播放《维金公司商业逻辑》《沃尔玛的经营之道》等短小视频，让学生感受商业企业的利润来源；在介绍绝对剩余价值生产时，让学生观看《摩登时代》节选片断，使其感受到在不断延长工作时间、不断增加工作强度的情况下，给工人身心造成的极大伤害；制作多媒体课件时，还要注意学生反馈，根据学生对教学内容的反馈意见不断补充、修改和完善课件，从而满足学生的学习需求。

12.3.2.3 重视公式推导论证和运用图表分析基础理论

市场经济的运行不仅表现出质的关系，更表现出量的关系。用数学公式推导来说明经济关系如何运行，是政治经济学中常用的方法之一。所以，在政治经济学教学中比较重视运用数学演算和公式推导，如对利润率的公式推导，通过利润率又推导出平均利润公式，然后推导出生产价格的公式。又如简单再生产的公式、扩大再生产的公式，以及各公式之间的相互联系，教师都可以通过数学推导出来，从而使经济理论更加明白易懂，也让学生了解到政治经济学是一门非常严谨的科学。这样还可以有效地培养和提升学生思维的准确性、敏捷性、灵活性和严密性。

图表图片等直观性的教学方法，可以帮助学生理解抽象的内容，不断激发他们的学习兴趣。例如：在介绍劳动的二重性时，教师可以配上一张木匠制作椅子时付出的体力与脑力劳动的图片，让学生认识到一个人的劳动不仅有看得见的具体劳动的付出，而且有看不见的脑力劳动的付出，学生就很容易理解劳动二重性的概念；对不变劳动与可变劳动及剩余价值分配可以设计比较表格，对价值规律的表现形式可以设计函数图像；等等。一张设计精巧的图表，使教学内容简明紧凑、条理清晰、层次分明，学生看了一目了然，能留下深刻印象。

12.3.2.4 广泛吸收西方经济学的优秀成果

马克思主义政治经济学是科学的经济思想体系，是开放的、发展的经济思想，所以在政治经济学教学中要处理好其与西方经济学的关系，要广泛吸收西方经济学的理论，借鉴西方经济学对市场经济规律的分析，来研究当今中国社会面临的经济问题，让学生了解和掌握西方经济学一些关键的科学内容，使他们通过学习，坚定对马克思主义经济理论的信念。在吸收借鉴西方经济学优秀成果时，要注意防止全盘接收或全盘否定，所以在教学中介绍西方经济学时，要对所讲的内容进行评议，要让学生注意到它的阶级性和局限性。例如：讲到资本积累的来源时，指出西方经济学认为它来自资本家的节省；讲到工资时，指出西方经济学认为它是形成成本推动型通货膨胀的动因。对这些观点要进行批判性的介绍。

12.3.2.5　注意启发式教学

让学生直接参与到教学中去，能大大激发他们的学习热情，调动他们的主观能动性，提高其自主学习能力，开发他们分析问题、解决问题的能力，使他们在学习中获得成就感，这样可以培养他们科学的学习态度，增强创新力。学生参与教学有两种方式：一种是转换课堂，即教师与学生角色互换，学生自己制作PPT、自己讲课；另一种是小组辩论，即组织学生进行小组辩论。转换课堂受到了学生的欢迎，学生普遍反映自己上台讲课感觉很好，能学到不少东西，能力得到了锻炼，学生对这种方法都很感兴趣，纷纷要求自己上台讲课，但由于课时所限，现实中只有部分同学有讲课的机会。组织学生进行小组辩论，可以选择一些热点问题或现象，让学生用政治经济学进行辩论，锻炼他们理论联系实际的能力和独立思考的能力。例如，在讲到资本主义生产方式的新变化时，可以让学生就这一问题分为正反两方进行辩论，一方认为资本主义发展加重了对工人的剥削，另一方认为其减轻了对工人的剥削，让学生在课下充分准备后在课堂上进行辩论，然后教师来总结并介绍学术界对此问题的看法，收到的教学效果也很好。启发式教育能促使学生积极查阅资料，培养他们的自觉能力与合作精神。

12.3.2.6　教学内容要勇于创新

在教学内容上，首先，要做到重点突出、详略得当。对于在初高中阶段已经学过的货币、价值等内容只要简单介绍即可，而对于市场经济、价值规律要进行详细介绍，并且要联系我国社会主义经济实践进行讲解。目前，我国社会主义建设已经积累了一些宝贵的经验，社会主义经济体制和经济运行也应该是马克思主义政治经济学的重要教学内容。其次，教学内容要丰富且与现实紧密相连。例如：在讲价值规律的作用时，可以谈谈我国彩电行业、电脑硬件行业的激烈竞争；在讲剩余价值理论时，可以谈谈目前在民营企业及外资企业中员工“自愿”加班加点的问题；在讲劳动力的价值时，可以联系外资企业中外籍员工与中国员工同工不同酬、本田罢工等案例；在讲资本主义级差地租时，可以分析一下各大城市高房价的原因；在讲市场经济运行时，可以介绍国企改革的历程、成就和问题，国内五大银行的改革等；在讲经济发展时，要介绍习近平总书记的新发展理念，要让学生明确新发展理念是一个完整的体系，其中创新发展是动力、协调发展是原则、绿色发展是方式、开放发展是路径、共享发展是目的。因此，政治经济学的教学内容一定要丰富化，既要增添学生的知识，又要为他们学好其他专业课程打下良好的基础。

12.3.2.7 利用现代化的教学方式打造金课

现在学习的网站和 App 众多，根据中国互联网协会网站消息，全球的互联网普及率超过了 55%，我国全面接入互联网 25 年，现有 8.29 亿网民，互联网普及率达到了 59.3%①，超过了全球平均水平。现代化科学技术推动了现代化教学改革，各种新型课堂不断出现，如慕课、在线课堂、翻转课堂、金课等，科技使学习更加高效、实时和节约时间，能改变单一教学形式，也能在一定程度上调动学生学习的积极性，互联网技术也使师生之间沟通更加便捷。学无止境不仅针对学生，作为教师更要有终身学习的理念，政治经济学教学要充分利用科技进步给人们带来的好处，适应科技时代的教学改革，全面梳理课程的教学内容，淘汰“水课”、打造“金课”，合理提升学业挑战度、增加课程难度、拓展课程深度，切实提高政治经济学课程教学质量。

① 资料来源：中国互联网协会．我国互联网普及率超过了全球平均水平[EB/OL]．(2019-01-09)[2020-04-10]．人民网财经频道，http://finance.people.com.cn/n1/2019/0109/c1004-30512698.html.

12.4　创新型教学方法是政治经济学教学的发展方向

在整个社会科学中，只有马克思主义政治经济学能引起持续的传播、研究、争论与批判，说明了政治经济学的科学魅力。政治经济学从实践中产生，又要回到实践中去，所以政治经济学不是教义，不是现成的教条，而是要理论联系实际，与时俱进，对政治经济学某些具体观点应当赋予其新时代的内涵。教书与育人两方面不能分开，教师应注重引导学生形成正确的人生观和世界观，让学生学会用政治经济学思考问题的方法，培养学生解决具体问题的能力，引导学生用马克思主义的研究方法去观察世界，培养他们的经济理性思维，而这就需要创新型教学方法。

各种创新型教学方法的灵活运用，可以使政治经济学摆脱枯燥、单调、乏味的面孔，变得具有趣味性、启发性和现实性，也使学生能听懂课、愿意听课、喜欢听课，让学生在学习中感受到政治经济学的魅力，并且能够获得知识，提升解决问题的能力。但要实现这一目标，要求教师必须付出努力，通过大量的资料学习和思考，不断提高自己的理论知识和教学水平。通过各种教学方法的改进，使教师在课堂上不是“满堂灌”，学生在课堂上也不是忙于记笔记，而是共同探讨，从而拓宽思路。总之，政治经济学只有积极探索改革教学方法、完善教学内容，才能体现出政治经济学无可争辩的科学性。

参考文献

[1] 杜伟忠. 我国政治经济学案例教学问题探讨[J]. 山东警官学院学报,2011(11):124－126.

[2] 张玉冰. 政治经济学教学中的案例教学实践[J]. 中国科教创新导刊,2010(19):87－88.

[3] 孙鹏云. 双语教学的课堂实践及思考[J]. 内蒙古财经学院学报,2015(12):60－61.

[4] 郭庆,陈尚松. 传统教学方法与多媒体教学方法的相互配合[J]. 电气电子教学学报,2016(2):95－97.

[5] 李杰,何玲. 微观经济学快乐教学法探析[J]. 管理观察,2014(14):32-35.

[6] 蒋荣生. 政治经济学教学方法探索[J]. 理论与实践,2018(4):112.

[7] 易辉煌. 论马克思主义政治经济学与西方经济学教学的关系[J]. 广东培正学院学报,2010(2):71-76.

13 论高校双语教学中存在的问题和改进建议

杨云鹏[①]

摘　要：近年来，双语教学在国内各大高校中广泛开展，已经成为中国高等院校培养国际化与专业化人才的重要手段之一，更是国内高校适应国际化趋势的教学改革的重要内容。从目前的双语教学现状来看，国内高校无论在通识课程还是专业课程的双语教学应用上都存在一些问题。为了更好地实现双语教学目标，高等院校需要重点关注教材、教师、教学和交流四个关键环节，做到优选课程与合理使用教材、营造环境与转变思维以及把握节奏与掌控效率三个方面，以改进双语教学中存在的不足。

关键词：双语教学；本科教育；通识课程与专业课程；国际化

双语教学（two - way bilingual education）指教学中合理运用两种语言体系教授专业性知识的教学方法，旨在通过两种语言相结合的方式使教学目标更圆满地达成。在国内高等院校的本科教育中，双语教学方法本着以多元化输入提高学习者输出的思路来开展，能够达到更有效地引入国际普遍性和广泛性的目的，同时能够更有效地培养国际化人才以适应国际竞争。因此，双语教学在国内高等院校，尤其是重点本科教学中得到了较多关注和应用。随着国内高等院校本科教学工作改革的不断推进，双语教学俨然成为高等院校培养高素质人才和国际化人才的重要手段之一。

目前，国内高等院校在本科生教学活动中广泛开展的双语教学活动，大多以中文与英文相结合教授为主，覆盖了通识课程和专业课程。同样，

---

① 杨云鹏，女，西南民族大学经济学院世界经济专业讲师。

西南民族大学的双语教学开展也采取中文与英文相结合的方式，目标瞄准通识课程和专业课程。以西南民族大学经济学院为例，双语教学主要针对本科二年级的金融专业维舟班的学生展开，涵盖的课程为专业基础课程，如《国际经济学》等。双语教学的教学材料主要采用英文原版教材与全英文课件，教学活动以中文与英文相结合的方法进行，学生的输出包括作业和测试也鼓励采取全英文进行。经过了几年时间的实践，双语教学取得了一定的进展。本文就学院金融专业维舟班开展专业基础课程双语教学过程中所遇到的一些问题和取得的一些经验进行具体分析和探讨。

13.1 双语教学开展的目的

国内高等院校开展双语教学旨在培养适应经济全球化和科技革命挑战的国际化人才。教育部《关于加强高等学校本科教学工作提高教学质量的若干意见》提出以来，各大高校纷纷响应。"按照教育面向现代化、面向世界、面向未来的要求"，为应对经济全球化和科技革命的挑战，各院系积极创造条件在部分本科专业教育中使用英语等外语进行"双语"教学。暂不具备直接用外语讲授条件的专业，对部分课程先实行外语教材、中文授课，分步到位。① 这说明针对国内的高等学校来说，培养适应国际化社会和科技创新的高级人才必须采用与国际化接轨的教学理念和教学实践。而考虑到高校、教师和学生的实际情况，与国际化接轨的教学仍需逐步实现，因此，双语教学成为培养国际化人才的教学工作改革的重要步骤。

与此同时，开展双语教学还需注意人才培养的梯度性。开展双语教学不仅是为了培养出与国际化接轨的高级人才，还力图给广大学生提供与时俱进的学习平台，为广大学生提供机会了解世界、学习领先知识、开拓国际视野。因此，双语教学还应广泛地开展，最终能够起到梯度性地培养后续人才的作用。

---

① 资料来源：教育部关于印发《关于加强高等学校本科教学工作提高教学质量的若干意见》的通知[Z]. 甘肃农业大学教务处网站，2017-03-07.

13.2 双语教学开展的关键

为了拓宽国际化视野、树立国际化理念、培养国际化人才、实现国际化培养的阶段性目标，国内高等院校在开展双语教学的过程中必须从基本的、关键的问题入手，从而实现双语教学的最终目标。从本科生双语教学活动的实践来看，教材、教师、教学和交流四个方面是双语教学开展的关键问题。

13.2.1 优选教材

首先，教材的选取对于双语课程的教学开展十分重要。教材是课程开展的广度和深度的重要参考，能够给教师和学生提供一个明确的大纲和范本。双语课程的教材无论是从语言上，还是专业上都起到了这种示范作用，让教师和学生能有依据地进行教学和学习。

其次，教材的选取要基于教材本身的特点，需要同时考虑学生的外文能力以及专业基础知识的掌握情况等。从教材本身来讲，通常国内教材多具有体系完整、逻辑清晰、知识点多以及案例缺乏的特点；而国外教材多具有阅读量大、课外延伸多、知识点多以及时代感强的特点。从学生自身特点来讲，国内学生在使用英文原版教材的过程中，由于存在使用非母语阅读的语言障碍，经常出现对语句、段落理解不畅的问题，加之两种语言的阅读逻辑稍有差别，导致学生使用英文原版教材的难度会稍有增加。综合以上分析，国内高等院校针对本科生的双语教学建议采用原版的外文教材，但与此同时，双语教学采用的外文教材不宜再选择专业知识难度较大的版本，以免打击学生学习的积极性，从而成为双语教学的障碍。

最后，为了在教学中实现知识表述的统一性和规范性，达到与国际接轨的目的，还需避免选择较为生僻的教材。

除此之外，不建议学生使用中英文对照教材进行双语学习。有些高校采用中英文对照的双语教材，或者要求学生同时使用原版外文教材及其中文译本。对大多数学生来说，中英文对照降低学习难度的同时，也增加了学习的依赖性。这种做法对于开展双语教学起到的作用是消极的，不利于实现双语教学期待的效果。

13.2.2 教师培训

教师是高等院校开展双语教学活动尤为重要的一环，没有合适的教师，双语教学就难以展开。而双语教学对教师的要求也相对较高，要求相关教师在专业知识和外语能力上均具有一定的积累，如此才能发挥积极的引导作用。

持续培训双语教学的授课教师颇为重要。国内高等院校大多缺乏针对本科生开展双语教学的师资，其中专业知识过硬的教师可能存在外语能力不足的问题，而外语能力较好的教师可能存在专业知识不精的问题。因此，高校应针对此现状对相关教师积极进行专业培训，使其精通学科内容，拥有扎实的理论基础和联系现实的能力；对相关教师进行涉外培训，提高其外语语言能力与外文写作水平，做到表述规范、专业，能够灵活地使用双语进行教学。同时，也要求双语教师自身不断地积累专业知识和语言素养，保持与时俱进的知识储备并不断提升分析与实践能力，最终为培养国际化人才做出贡献。

13.2.3 课程设置

双语课程的选定对学生适应双语课程起着极其重要的作用。总体而言，本科阶段什么时候开展双语课程、开展什么课程为双语课程、开展多少门双语课程等问题，都关乎双语课程开展的教与学的效果。尤为关键的是，双语课程的设置需要遵循由易到难、由少及多的渐进过程，逐渐培养学生的学习兴趣，提高学生的实践能力，最终达到圆满的教学效果。对于课程本身的设置来讲，若双语课程简单且不涉及专业知识，则与外语课程无异；若双语课程难度大，则势必打击学生学习的积极性；若双语课程为选修课，则会导致双语教学推广受限。因此，较为简单的专业基础课程可以作为本科生开展双语课程的首选。随后，可针对已经开展过双语授课的班级，尤其是已经熟悉外文教材体系和双语教学方法的班级及学生，进一步地开展难度更大的主干专业课程。这样，既可以调动学生对双语教学的积极性，又可以保证双语教学的教学效果。

13.2.4　教学方法制定

教学方法是双语教学开展关键中的关键，合理且适当的教学方法能够有效地引导学生掌握双语课程的学习方法并达到理想的教学效果。教学方法应适应大多数学生的进度，确保能激发出大多数本科学生对双语课程学习的兴趣和热忱，进而从双语教学中获益。

首先，教师在双语教学中对中英文使用的比例就是一个十分关键的问题，应合理把握并根据本科双语教学班上学生的情况做具体调整，以确保提升学生学习能力的同时不挫伤学生学习的积极性。其次，双语教学过程中应注意对所学知识点的应用，包括对案例的分析以及对现实状况的解释等。有用的知识才能广泛地引起学生的兴趣。再次，在双语教学过程中注重并加强对教与学的检验。根据学生的情况适时并适当地布置作业和测试，检验学生进度的同时也可以积极整改教学过程中的问题。最后，在双语教学过程中需要适时解决疑问。针对学生的学习情况，积极发现问题并快速解决，以求有效达到教学目的。

13.2.5　及时沟通

及时沟通有助于教师在双语教学中掌握并控制教学的节奏。通过及时沟通，教师能够对课程难度、授课进度、授课方式进行灵活的调整，确保学生能够听得懂、说得出、掌握得到、灵活地用，使学生更好、更早地适应双语教学。

13.3　双语教学现存的问题

自双语教学活动在国内各大高等院校开展以来，双语教学不断地发展、不断地积累经验。然而，目前国内本科院校的双语教学活动仍存在诸多问题亟待解决，将这些困难总结起来其实是同一个问题，即双语教学开展的效果与效率的问题。

效果问题指双语教学目标的达成问题，效率问题指双语教学目标实现的速度问题，如何协调效果与效率的问题是双语教学开展的关键。有些教学实践经验认为，“只要向着双语教学或者全外语教学的方向逐步地展开教学即可达成目的。因此，从中文教材与课件开始也未尝不可”。也有些教学实践经验认为，“双语教学是专业英文词汇和更深入的专业知识的等价交换，采取双语教学必然达不到普通教学的知识深度”。这些经验映射出教学实践中存在的只考虑效果不计效率，或为了效率牺牲效果的两种做法。双语教学应向着《关于加强高等学校本科教学工作提高教学质量的若干意见》提出的“教育面向现代化、面向世界、面向未来”以及适应经济全球化和科技革命的挑战的要求发展，以求实现教学效果。

基于前文对双语教学活动的探讨，双语教学活动需以培养适应经济全球化和科技革命挑战的国际化人才为目标，同时注重教材、教师、教学和交流四个关键问题。因此，下文针对双语教学存在的问题进行详细的梳理，尤其针对本科高等院校双语教学活动的具体实践活动进行分析。

13.3.1 双语教学活动的培养目标不明确

双语教学活动对本科生的培养旨在使其适应经济全球化和科技革命挑战，成为国际化人才。因此，无论是通识课程的双语教学活动还是专业课程的双语教学活动，都应该向着这一目标行进。然而，在现阶段双语教学实践中，国内部分高等院校开展的双语教学活动并未能明确这一培养目标，尤其表现在课程设置、教学内容、课外练习与实践以及考核体系四个方面。

在课程设置方面，双语教学的设置若未能激起学生的学习兴趣和学习责任，将导致双语教学目的难以达成。双语教学手段多在通识课程和专业课程中运用：通常通识课程采用双语教学手段可以引起本科学生学习外语以及专业知识的兴趣，多在较低年级中开展，从而打下进一步使用双语学习专业课程的基础；而专业课程采用双语教学的方法通常可以引起本科学生学习外语以及专业知识的兴趣，多在本科第二学年以及第三学年开展，从而使学生对专业课程以及专业外语有更深入和更国际化的理解。如果在本科教学工作中出现了双语教学的课程设置错配，或者是不适合采用双语教学方法的课程开设了双语教学活动，就会导致学生的学习兴趣和学习责任受到影响，从而不能达成双语教学的目的。

在教学内容方面，双语教学课程一方面要求开展专业知识的教授，另一方面要求介绍并引入国际规则和国际趋势。若双语课程教学中，知识点与案例等教学要点均较为陈旧，不符合国际趋势，则不利于对国际化人才的培养。

在课外练习与实践方面，双语教学需要配合相应的课外练习与实践，这有利于知识点的理解和知识点的转化。目前，国内部分高校开设的双语课程，除课堂授课之外并不配备系统的课外练习和课外实践，而双语教学课程的难度通常又高于普通课程，使学生对知识点的理解与应用难度增加，不利于培养应对经济全球化和科技革命挑战的国际化人才。

在考核体系方面，双语教学活动仍习惯于采用应试教育的考核办法与激励规则，这不利于国际化人才的培养。目前，国内各大高等学校的课程考核大部分仍采取课程试卷的方式进行，而学生则大多习惯于考试前突击复习、背诵知识点、硬套模板等，造成了重结果、轻过程的事实，甚至很多学生考试过后对所学内容一无所知。同时，高校的校内荣誉和奖励等均与课程分数挂钩，这强化了学生对现有考核办法的适应。因此，双语教学活动若仍采取现行考核办法和激励规则，不利于培养应对经济全球化和科技革命挑战的国际化人才。

综上所述，从课程设置、教学内容、课外练习与实践以及考核体系四个方面反映出国内高校存在双语教学课程目标不明确的问题。

13.3.2　双语教材的选择存在误区

双语教学活动的开展离不开双语教材，需要针对学生的具体情况选择双语教材。目前，国内高等院校使用的双语教材通常来自国际的原版教材、国内的译本教材。国内外的双语课程教材各具特点，从教材本身来讲，通常国内教材多具有体系完整、逻辑清晰、知识点多但案例缺乏的特点；而国外教材多具有阅读量大、课外延伸多、知识点多以及时代感强的特点。在考虑学科专业知识的系统性、语言的难易程度、案例与习题的技能训练适度性等问题的同时，双语教材的选择还需根据总体课程特点以及学生的接受度来最终确定，而并非原版引进的教材就一定适合。

13.3.3　缺乏双语教师的培养体系建设

双语教师是双语教学活动中最重要的一环，关系到教学活动开展的进程和结果。目前，国内高等院校双语课程的授课教师大多从专业课程教师抑或外语课程教师中选拔而来。其中，专业课程教师通常具有扎实的专业知识，但外语教学训练不足；外语课程教师通常具有扎实的语言教学方法和技巧，但专业知识略显薄弱。针对以上两种情况选拔出来的双语教师，仍需要系统地培养，以满足高等院校双语教学活动的需要。同时，双语课程的特殊性也要求双语教师接受持续的培训或者自我学习，以掌握国际规则和趋势的变化。总体而言，国内高校缺乏对双语教师的培养体系建设。

13.3.4 缺乏对学生双语学习兴趣和能力的了解

教学的本质是教与学，双语课程的教学也需要正视教学中一对多的问题。目前，高校教学中缺少对学生学习中存在问题的及时反馈机制，使教学上的调整非常滞后且无效。而双语教学活动更是同时要求掌握学生在语言能力以及在专业能力上的及时反馈，这无疑是难上加难。从双语教学的实践经验来看，通常在双语教学开展一个月左右的时间，教学班上的学生就会很明显地产生分化，而后这种分化会更明显。从经验上来讲，前期的分化多来自语言能力的差异，而后期的分化多来自专业能力上的差异。在双语教学过程中，若缺乏对学生双语学习兴趣和学习能力的了解，双语教师就难以针对性地对双语课程的课程内容、教学手段等做出调整，从而导致双语教学活动无效。

因此，为了尽可能地减少双语教学中产生的分化，尽可能地解决学生专业知识与语言能力参差不齐的问题，了解学生在双语课程学习过程中的兴趣所在、能力水平就显得尤为重要。

13.4 改进双语教学的建议

根据以上对双语教学理论与实践经验的梳理和思考，笔者提出以下改进建议以供参考：

13.4.1 优选课程与合理使用教材

针对双语课程的设置问题，首先，高等院校应根据本科生的培养方案以及课程本身的特点，优选课程以开展双语教学实践。其次，双语教学的课程设置应遵循逐门深入的原则，按照由易及难的顺序设置于本科生的课程中。以高等院校经济学院的双语课程设置为例，建议在大学一年级、二年级以较为简单的专业基础课程（如经济学基础、国际经济学的国际贸易部分等）作为本科生接触双语教学的第一选择。继而针对已经开展过双语授课的班级，开设难度更大的主干专业课程双语授课。最后，开设开放式的双语讨论课程或者论文指导双语课程。遵照以上的原则设置双语课程，能够促使学生把学习兴趣有效地转化成学习结果，并最终把双语学习转化成一种能力，这是培养国际化人才的重要过程。

针对双语课程的教学问题，应先根据教材特点和学生情况选定教材，此后要充分并合理地使用教材。首先，发挥外文教材的优点。国内高等院校针对本科生的双语教学通常采用原版的外文教材，其具有阅读量大、课外延伸多、知识点多、时代感强的特点。因此，可以利用原版外文教材的特点增加学生的阅读量，利用书中案例引入知识点，引导学生了解当前时事，使学生一方面能够通过阅读更好地掌握规范表述，另一方面能够通过分析案例更好地学会知识应用。其次，注意在双语教学中对外文教材进行适当的补充。原版外文教材与中文教材的编排相比，缺少对知识架构系统的总结和概括，这尤其会让中国学生产生很多疑问和不适应。因此，教师在双语教学中要帮助学生搭建学科和课程的系统框架，以利于学生更好地掌握知识的层次和关系，更好地消化和吸收学科内容。再次，为了能让大多数学生适应双语授课，双语教学采用的教材通常难度适中。因此，双语教学中可适当增加有难度的知识点进行额外讲授。最后，及时完成课后作业的讲评，及时了解学生对知识点的理解情况与应用情况，从而对教学早做调整。

13.4.2 营造环境与转变思维

通常在外语教学或者双语教学中，学生最大的挑战并不是生僻的单词、难懂的句子，而是非母语带来的思维障碍，这在人文社科的学科教学中尤为明显。例如，学生在双语教学中阅读外文材料时经常会逐词翻译，能掌握每个单词的含义，但对整句话的理解却相去甚远。同时，学生在用外语表达自己的观点时（包括口语表达和书面表达），也经常会词不达意，难以表达出真实的想法或是自己较深的思考。

解决这个问题的第一步是营造较好的外语环境。双语教学应阶段性地实现这一目标。双语教学在营造外语环境的过程中，一定能做到的是通过大量的阅读为学生创造可能。首先，在可能的情况下应做到学生在双语教学中接触到的一切文字都是外语，包括教材、课件、作业以及期末考试等（双语教学初期可根据学生情况进行调整，并尽快实现以上要求）。其次，在学生对阅读有困难或者有抵触情绪时一定要积极引导。最后，学生在逐渐适应了用外语阅读之后，经过不断的积累就会提高外语的阅读速度和正确性。这种方法奠定了国内高校本科生进行外语专业学习的基础，而且这种方式十分适合中国学生。

解决这个问题的第二步是引导学生用外文思维进行思考和表达。转变思维问题是双语教学中的更高级要求，短时间内很难达到。但是，通过积极营造外语教学环境，加上在整个本科生教学期间逐层深入地设置双语课程，使学生在较长一段时间里能够重复学习、理解和表达，那么，学生就能够直接掌握某种理论或者某种应用的规范表达，而不是间接地经过大脑对中文的翻译得来，这样有助于学生转变思维。

13.4.3 把握节奏与掌控效率

针对效果与效率问题，双语教学应追求有效率的效果。在双语教学中，学生是不可控因素，为了最终达到双语教学的效果，势必要通过把握节奏使不可控因素成为可控因素，最终实现有效率的效果。首先，应合理把握双语教学中的中文与英文使用的比例，根据学生的情况做具体调整以把握节奏。其中，教材、课件甚至是作业设置与期末试卷设置应保证较大比例使用英文甚至全部使用英文，以确保学生在英文环境下养成阅读、写作和思考的习惯，这对于中国学生是十分适用的。在此基础上，根据学生英文的听说能力适当对英文教授比例进行调整。其次，教学中要配合外文教材大量引入国内外的现实案例，以引起学生的学习兴趣，并确保绝大多数学生能够掌握课程的基本结论和基本应用。在此基础上，对课程资料的准备要分层次地形成阶梯金字塔，难、中、易不同程度的知识点讲解与应用要能够区别适用于基础好与基础差的学生，确保大部分学生能够适应双语教学，从双语教学中受益。再次，在教学中要反复强调关键词的重要性，通过大量使用关键词强化学生记忆，有助于学生将所有内容串联起来并逐渐形成对课程知识的专业化表达。最后，采取互动式的教学方法而非传统教与学的方法，有助于学生开拓思维。教学中增加课上与课下的互动，创造机会提出探讨性的问题、开放性的问题，让学生积极思考并参与讨论。在此过程中，一定要注意沟通，只有及时沟通才能及时调整，做到把握节奏与控制效率。

参考文献

[1] 陈晶,张凤君,周学明．黑龙江省国际金融课程双语教学改革研究[J]．现代商贸工业,2011(22):108－109.

[2] 申兵,顾瑶．对国际金融双语教学的一点探讨[J]．河北建筑科技学院学报(社会科学版),2004(6):93－94.

[3] 桂花,易露霞,安砚贞．国际金融课程双语教学的实践与研究[J]．当代教育论文,2011(1):77－79.

[4] 韩莉.《国际金融》双语教学的实践与思考[J]．金融理论与教学,2015(4):88－91.

[5] 蒋志芬．国际金融主干课程双语教学探析[J]．金融教学与研究,2008(5):72－73.

[6] 谢继文．国际金融课程双语教学探析[J]．对外经贸,2014(9):144－145.

[7] 王国林．国际金融双语教学实践与思考[J]．考试周刊,2009(31):210－212.

[8] 张万新．国际金融双语教学实践与探索——以湖北第二师范学院国际经贸专业为例[J]．湖北第二师范学院学报,2011(9):111－113.

14 产业经济学创新型人才的教学方法研究

张小兰①

摘　要：产业经济学是应用经济学的一个重要分支，也是普通高等院校经济学本科专业的应用类经济主干课程之一。而该课程目前教学方法等方面与应用型经济学人才培养目标的要求不相适应。通过总结这些年的教学实践，基本体会是：要教好产业经济学，应该在教学中注意使用案例教学、逐步推进双语教学、发挥多媒体的优势、不能忽视板书教学以及注意运用启发式教学。通过不断改进教学方法，产业经济学教学效果与过去相比有了较大的进步，学生兴趣大大提高。

关键词：产业经济学；创新型人才；教学方法

产业经济学介于微观经济学与宏观经济学之间，是具有很强实践性的中观经济学。为了提高学生的学习兴趣，增强教学效果，培养创新型人才，需要不断探索产业经济学的教学方法，从而培养社会需要的创新型人才。

14.1　现阶段产业经济学教学中存在的问题

产业经济学是经济学本科生必修的一门专业基础课，它从产业的角度出发，研究产业发展规律、产业内企业组织间的竞争与垄断关系、产业布局规律、政府管制、产业政策等，是比较新的经济学分支，也是目前经济

①　张小兰，女，安徽马鞍山人，经济学博士，西南民族大学经济学院教授。主要研究方向：产业经济、低碳经济。通信地址：成都市一环路南四段 16 号西南民族大学经济学院（610041）。电子邮箱：zxlan2003@163.com。项目来源：2018 年度中央高校教育教学改革专项资金项目“民族高校应用经济学创新型、国际化人才培养模式研究”之西南民族大学教改项目“经济学应用型人才培养的教学方法创新型研究”。

学领域研究的热点。自 20 世纪 80 年代传入我国以来，产业经济学获得了飞速发展，取得了一系列丰富的研究成果，逐渐成为研究的重点与热点，1998 年被教育部列为经济管理类专业必修课程。但从各高校产业经济学的教学效果上看，产业经济学的教学没有达到应有的目的。

14.1.1　传统教学方式单一

在高校传统的产业经济学教学模式中，教师承担“传道、授业、解惑”的责任，整理教学内容、收集相关资料、讲授课本知识、解答学生问题；学生的任务是认真听课，掌握课堂知识。而产业经济学作为一门应用经济学课程，教学方式应该是理论与实践相结合。但传统产业经济学课程教学方法单一，长期采取课堂“填鸭式”教学方式，表现为“教师讲、学生听”，教师在课堂上往往是“照本宣科”，简单、生硬地把知识点直接教给学生，学生处于一种非常被动的状态，表现为参与度不高，缺乏学习的主动性、积极性和创造性，导致学生只会死记硬背，易产生考试分数较高，但分析现实问题能力较低的现象。教师、学生与社会缺乏交流和沟通，学生理解有难度。

14.1.2　学生能力提高不大

产业经济学是一门应用经济学，通过这门课的学习，应培养学生运用产业经济学的原理分析产业经济问题的能力，从而推动我国产业经济的发展。但在实际教学中，很多学生觉得产业经济学的重要性不如微观经济学和宏观经济学，往往对它并不太重视，再加上传统课堂教学比较强调在既定的课堂学习时间，依据教师提供的教学思路，消化吸收教学内容，学生的学习被动，学生开展创新性学习的难度比较大，缺乏创新精神。学生更多是为了通过考试、获得学分而学习，学完之后，利用产业经济理论分析现实问题、认识问题的能力并没有明显提高。

14.1.3　课程与现实联系不够紧密

产业经济学偏重于实际分析，如社会中大企业如何定位、有没有自然垄断、产业政策如何推进优胜劣汰等问题，都是与社会密切联系的。所以，产业经济学教学中应偏重实践教学，进行产业经济学实验和社会调查。但出于各方面原因，高校对实验教学和社会实习的重视程度不够，教学实验设备与实践基地缺乏，社会实践更是走马观花，很多都流于形式，产生不了实际效果。再加上考试大多为书面考试，学生仅重视对概念、理论的掌握，忽视对知识运用和解决实际问题能力的培养。产业经济学具有研究成果多、发展速度快、包含内容多、学科交叉性强等特点，学生普遍感觉课程学习与理解难度较大。

14.2 产业经济学教学问题背后的原因分析

产业经济学在教学中存在诸多问题，需要分析其背后的原因，才能有的放矢地予以改善。

14.2.1 产业经济学教学目标设置不合理

产业经济学作为介于微观经济学与宏观经济学之间的中观经济学，有些内容如产业结构、产业政策偏向宏观经济学，有些内容如产业组织偏向微观经济学，所以产业经济学教学目标在设定时要注意和微观经济学、宏观经济学有所区分。微观经济学、宏观经济学教学目标是让学生掌握经济学的基本知识和理论，产业经济学是研究现实问题的应用经济学科，是研究产业内部企业之间的垄断竞争关系、产业本身发展规律、产业之间互动规律以及产业的空间发展规律的学科，所以分析、解决现实问题的能力应该成为产业经济学课程的关键教学目标。

14.2.2 学生与教师能力限制

我国教育模式主要是“应试教育”。学生进入大学后，马上进行的是专业课的学习，而缺乏社会实践的经历，学习的广度不够，因此学习产业经济学之后，没有分析现实问题的能力也就不足为奇了。而高校中有的教师，自身知识结构欠缺和单薄，缺乏对现实实践的关注和对产业经济学理论发展的关注，与社会交流沟通也不足，对社会现实发展缺乏足够的了解，使教学内容缺乏现实性和针对性，无法给学生传递现实经济生活和产业发展的真实映像，也难以有效激发学生的主动学习兴趣。

14.2.3 课程设置不合理

大部分高校在设置课程时给产业经济学分配 34 个左右学时，无法将产业结构、产业组织、产业发展与产业政策等内容讲授完毕，只能从中挑选部分重要内容匆匆讲解，也没有课时开展实验教学、案例教学和社会调查等。教学内容存在针对性不强、理论与实际脱节等问题，无法培养学生独立进行社会调查、独立分析并解决问题的能力。

14.3 产业经济学创新型人才教学方法探索

要培养创新型人才，可以通过以下教学方法改革，增强学生利用产业经济学分析现实问题的能力。

14.3.1 把产业经济学教学内容与中国的改革相联系

产业经济学诞生于“二战”后的西方国家，虽然它的理论很多都具有科学性，对所有国家经济发展都有启示意义，但经济学是社会科学，产业经济学不可避免地带有社会属性和历史属性，所以我们对待产业经济学应当有一个积极吸收借鉴的学习态度，不仅应当吸收和借鉴当今世界发达国家先进的科学知识和经验，也要注意产业经济学中的理论政策是与发达国家所特有的历史条件和社会基本制度联系在一起的。我国社会主义经济建设是不能脱离社会主义制度的。所以，我们对待产业经济学的态度应当是：学习、借鉴，但绝不是完全照搬；实事求是，绝不搞一概排斥。教师在进行产业经济学理论教学时，必须体现中国特色，促进产业经济学课程教学的现代化和中国化。通过教学改革的研究与实践，使产业经济学在教学内容方面凸显其应用性特征，即教学应紧跟理论前沿、立足于我国产业发展现实。在教学中紧密结合当前中国经济和产业发展的实际，运用产业经济学的理论和研究方法来分析、解决现实产业发展问题，如产业结构的优化与升级、产业集聚和产业融合、产业竞争和主导产业选择、市场垄断与竞争关系、高技术产业发展、垄断性产业的改革与市场结构调整等。

14.3.2 完善实践性教学

教师进行产业经济学教学时，既要教授基本理论，又要培养学生的实际应用能力，使其能对实际问题做出分析。而实践教学意味着教学离不开企业的支持，应依托一些企业设立校外实习基地，进行校企科研，为企业进行调研分析、解决问题提供决策方案。同时，要准备模拟实验软件，将产业经济学的理论、方法与计算机软件工具结合起来。提高学生的实际操作能力，让更多的学生在校内、在短期实现“教学”和“产业”的“无缝”对接。

14.3.3 加强教学方法与手段创新

14.3.3.1 以案例教学为切入点

案例教学法是国外经济管理院系教学中十分重要、流行的方法。美国耶鲁、哈佛等许多大学都把案例教学视为教学的一种主要手段，用以培养大批高级企业经营管理人员，取得很大成功。在产业经济学案例教学中，要选择与我国经济体制和产业结构调整密切相关的大量“热点”问题、学生所熟悉的企业、学校所在地区的优势产业、学生周围的经济事件作为案例讨论材料。所以，在产业经济学的教学过程中，可以通过大量的教学相关案例来分析产业经济学，通过案例的分析，增强产业经济学对学生的吸引力，使学生理解产业经济学的基本理论与知识，提高学生分析问题的能力。例如，在介绍产业关联中列昂惕夫投入产出表直接消耗系数、完全消耗系数时，可以设计案例：假设一个孤立城镇只有三个生产企业——鸡厂、饲料厂和电厂作为它的经济系统，并且生产每一价值的鸡、饲料和电，都需要消耗其他两个部门的东西作为原料，这时就可引入直接消耗系数的概念。并且进一步指出，在某个企业生产或提供服务时，对任何一个产品的直接消耗事实上还蕴含着其他产品的间接消耗，如鸡厂在生产时直接消耗了电，但它还通过消耗饲料而间接消耗电，因为饲料的生产也需要消耗电，这样就有了完全消耗系数的概念。通过这种案例教学法，学生的学习兴趣大大提高，并且也完全理解了知识点。在上面介绍的案例中，可以加上具体的数字：假设生产价值 1 元的鸡，需消耗 0. 25 元的饲料费和 0. 35 元的电费；生产价值1 元的饲料，需消耗0. 40 元的鸡、0. 05 元的饲料费和0. 10

元的电费；而提供价值 1 元的供电服务，则需消耗 0. 45 元的鸡、0. 10 元的饲料费和 0. 10 元的电费。这时可以让学生列出直接消耗系数矩阵。学生这时候兴趣大增，纷纷兴致勃勃地拿起笔来计算，通过抽查发现学生已经完全理解直接消耗系数矩阵概念。然后可以接着介绍投入产出模型，让学生接着计算：如果已知在该星期中，鸡厂、饲料厂和电厂的总产出分别为 114458 元、65395 元和 85111 元，各企业新创造的价值是多少？通过这种方法，学生对案例教学都表现出了极大的兴趣，在课堂上积极配合教师，并且普遍反映知识点好理解多了，还有一些同学根据介绍内容来计算自己的消耗系数，列出自己生活与学习的投入产出表。

14. 3. 3. 2　逐步推进双语教学

由于产业经济学是一门前沿学科，国际上对它的研究成果颇多，为了掌握最新的研究成果，要求学生要具有阅读相关文献的能力和在实践中使用外语的能力。产业经济学的授课时间在大学二年级下学期，这时候大部分学生已经过了英语四级，甚至有部分同学还过了英语六级，但全部用英文授课，学生听课时还是有些困难。由于双语教学的目的不是让学生单纯地学外语，而是通过外语学习专业知识，所以可以采取逐步推进双语教学的方法。例如，把课件全部改成英文，但在讲解时主要还是用中文，在讲到一些比较容易的章节，如产业发展周期（industry development circle）时，可以主要用英文讲解。另外，建议准备《产业经济学》的英文版本，把部分章节打印出来，让学生提前预习，然后在课堂上进行讲解。如在介绍 Perfect Competition（PC）时，直接让学生掌握 PC 假设条件是：①Homogeneous goods；②Economies of scale are small relative to the size of the makers；③ Firms and buyers are price takers；④Perfect information；⑤No barriers to entry or exit。很多专业词汇和专业术语用外语讲解，如 Predatory Pricing、Monopolization、Linear Demand 等。学生不但不难理解，而且加深了对专业知识的理解，并为今后深入学习专业知识和阅读外语专业文献扫除了语言障碍。为了加深理解，课外可以为学生搜集一些最新的专业外语资料和专业外文网站，让他们自学。

14. 3. 3. 3　充分利用多媒体

在制作产业经济学课件时，一方面针对课程的重点与难点，运用突出的色彩与字体，以加深学生印象。另一方面为了吸引学生的注意力，运用大量超链接。例如，在讲课时遇到一些以前讲过的知识点，可以把以前的知识点超链接过来，让学生马上就能重温讲过的知识。为了增强课件生动性，对一些难理解的知识点，衔接一些有针对性的视听资料，如针对比较枯燥的产业组织理论，在讲课前播放央视系列纪录片《公司的力量》的节选视频，并提出几个问题让学生边观看边思考，如：公司是怎么发展起来的？公司之间激烈的竞争带来的后果是什么？公司之间是否存在合作？随着公司规模的扩大，是否会形成垄断？垄断会给社会带来什么影响？视频看完后，组织学生对这些问题进行讨论，然后由教师对学生讨论进行点评，随后引入产业组织理论，分析梅森教授、贝恩教授等经济学大师是怎样分析公司之间关系的，从而可以调动学生学习的兴趣，收到良好的教学效果。另外，为了调动学生兴趣，也可以在课间放一些《焦点访谈》《财经资讯》等节目，这些视频不仅简短，而且还有点评，道出在社会事件背后隐含的深刻道理，从而开阔学生的视野。

14.3.3.4 重视板书教学

虽然多媒体有着生动、活泼、知识量大的优点，但除了多媒体，教师在上课过程中也要注意使用电子笔进行板书教学。通过调查，学生反映在课件中穿插板书更易于理解困难的知识点，也能更清晰地掌握理论，板书讲解符合学生大脑接受信息的过程，用板书解释过程比直接告诉结论更能引起他们的重视和理解。应该使用板书的地方，一般有以下几处：一是在必要的衔接点和重要知识点要有板书，这样可以加深学生的印象，引导学生的思路，能使他们将前后知识点联系起来。二是在数学模型推导时要有板书，这可使学生知道公式是怎么来的，而不是死记硬背下公式。如介绍完全消耗系数公式 $B = (I-A)^{-1} - I$ 时，就从“完全消耗系数 = 直接消耗系数 + 间接消耗系数”一步步地推导下来。三是进行知识点总结时要有板书，如在讲完一章内容后应该将这章的知识点进行归纳，这时就需要有板书。四是建立课程体系框架图时，板书也有其他教学手段无法比拟的优点。产业经济学包含的内容多、体系庞杂，各章之间内容联系不太密切，学生常常感到无法把握，而通过课程体系框架图，就能把各章之间联系起来，使学生不仅掌握了孤立的知识点，而且还掌握了有机联系的知识。但在运用板书时要注意板书不宜太多，应少而精，它应该是上课过程中的点睛之笔，而不应占据太多时间。

14.3.3.5　重视课堂教学练习

利用课堂练习，要求学生思考解决我国经济和管理中的一些实际难题。课堂练习是课堂教学的重要组成部分，恰到好处的习题练习不仅能巩固知识、提高技能，而且能启发思维、培养能力，是巩固与运用知识的环节，也是学生理解所学内容、运用新知识解决实际问题、培养学习能力与解决问题能力的有效途径。心理学的研究表明，学生对新知识的理解和掌握的程度，并不取决于教师是否有反复讲解，而取决于学生对所学课程的兴趣及其自主学习的能力。精心设计的课堂练习，在课堂教学中起着组织教学、激发兴趣、启迪思维的作用，同时它也能促使学生以旺盛的精力、积极的态度主动探索，从而能优化课堂教学，实现学生由“要我学”到“我要学”、由“学会”到“会学”的转变。

所以，在产业经济学的教学过程中，应根据学生理解、掌握新知识的情况与练习时间的长短，增减练习的数量。课堂练习除了让学生全员参与的形式外，还可以布置一些选择性练习，来调控课堂练习的数量，满足不同学生发展的需要，增强学生学习的信心。课堂练习可以采用原理应用、案例分析等形式，评分时只设评分原则，不设标准答案，只要学生分析过程正确，分析结论与原理或案例背景相符，即可得分，有创新点和独特性见解的，还可加分。采用这一方式，最终目的还是要引导学生灵活地理解知识，创新性地运用知识，培养学生分析问题、解决问题的能力。课堂练习还可以采取多种形式，如进行课堂讨论、写小论文、开展辩论活动、在网上开设在线讨论区等，也可以让学生带着学习过程中的一些疑问进行社会调查实践，并运用所学理论进行思考，在此基础上撰写心得体会、调查报告或小论文等，增强学生独立思考的能力。

14.3.3.6　建立网络课堂

网络教学是课堂教学的辅助手段，学生通过网络课堂可以与教师沟通交流，自学、自测、自主地探索性学习，进而提高学习效率，提高自主学习能力，使学习更加高效、实时和节约时间，不仅能改变单一教学形式，还能一定程度上调动学生学习的积极性。利用产业经济学网络课堂平台，把课程的知识点与 PPT 放在网络平台让学生自主学习，并在教学环节设计网络单元测试，学生可以巩固所学知识、理解所学内容、主动复习；在教学网络平台设计热点问题和案例讨论，从而帮助学生进一步了解社会经济活动，补充书本知识，激发学生的学习兴趣和热情，有助于理论联系实际，提高教学效果。需要注意的是，网络课堂平台设计时要突出网络学习的自主性，在设计交流方式时重视平台使用的交互性，对于案例与热点问题要组织学生进行在线讨论，以便充分发挥网络课堂平台的作用。产业经济学教学要充分利用科技进步给人们带来的好处，适应科技时代的教学改革，全面梳理课程的教学内容，合理提升学业挑战度、增加课程难度、拓展课程深度，建立高阶性、创新性、挑战性的线上、线下、线上线下混合、虚拟仿真的社会实践课程，切实提高产业经济学课程教学质量。

14.4 产业经济学教学改革促进教学相长

产业经济学教学改革过程中，通过授课教师以学生为主体来组织实施产业经济学的教学活动，激发学生学习的积极性，科学引导学生思维，使教师与学生都能从中受益，真正做到教学相长。

14.4.1 调动了学生上课的积极性

加入案例介绍、引入理论的教学方法，不仅可以帮助学生加深对知识点和知识点之间关系的理解，而且让学生感受到产业经济学不是抽象的理论而是活生生的现实生活；辩论、讨论教学方法，鼓励学生主动思考、积极探讨；双语教学促进学生外文阅读能力的提高；学生参与、互动的学习方法，培养学生的自主学习能力，从过去被动地学转变为主动地学。教学形式上将板书、幻灯片、视频、动画等结合起来，多种教学形式的组合不仅可以避免视觉疲劳，而且可以提高学生的兴趣，特别是电影、电视新闻、科教影片等，在教学中能够很好地调动学生的学习兴趣。

14.4.2　提高了学生综合分析问题的能力

通过营造轻松的课堂氛围、使用生动的教学语言、秉持和蔼的教学态度、引进丰富翔实的教学内容、利用多媒体播放影像资料、场景模拟等方式，改变教学中空泛、脱离实际的情况，能激发学生自主学习、善于思辨的内在动力，从而培养学生形成良好的学习方法和思维方式，而不只是死记硬背教师讲授的知识。引导学生结合个体特点，摸索出自身知识体系与能力体系的结合点，不断开发学生自主创新学习的潜力。这样既体现产业经济学理论与实践相结合、教学互动的重要原则，同时又培养了学生认识、思考和解决现实产业经济问题的能力。这种学习经历将促使学生形成良好的学习习惯，即使今后步入社会，也能从容适应知识快速更新、信息量庞大的压力，为学生踏入社会、形成终身学习习惯打下基础。

14.4.3　促进了教师教学水平的提高

“课堂一分钟，课下十年功”，要上好一堂既生动又有丰富知识量的课，在教学内容、教学设计、教学方法上有完美呈现，就需要教师自身加强学习，关注社会经济的发展，注意搜集大量相关产业经济的资料，从中进行筛选，然后根据课程内容进行整理。教师要全面掌握产业经济学理论，根据学生知识水平和接受能力创造和谐的教学环境，通过灵活多样的方式与手段，由浅入深引导学生思考问题、分析问题，最后解决问题。教师也要不断地学习，不断提高自己的理论知识水平，通过加强与学生的互动，增强学生对课程内容学习的积极性与主动性，并从中发现自己的不足之处，从学生那里得到大量有用的材料，真正做到集思广益。通过教学改革，教师在课堂不再“满堂灌”，学生在课堂也不再忙于记笔记，而是共同探讨，从而开阔思路。

参考文献

[1] 张晓宁．信息经济下的产业变革与产业经济学教学改革探索[J]．中小企业管理与科技,2016(34):111－112.

[2] 马诗怡,陈平．案例教学在独立学院《产业经济学》教学中的设计[J]．商业故事,2016(7):87－88.

[3] 闫二旺.《产业经济学》课程的交互式教学改革[J]. 课程教育研究, 2016(28):244-245.

[4] 张晓宁. 互联网经济背景下的产业经济学教学改革与实践探索[J]. 当代经济,2016(27):56-57.

[5] 李停. 经济新形势下应用型本科高校产业经济学内容体系重塑[J]. 许昌学院学报,2016,35(6):137-142.

[6] 王向辉. 基于创新人才培养目标的《产业经济学》教学实践改革与探索[J]. 中小企业管理与科技,2017(3):134-135.

[7] 吉粉华. 翻转课堂式教学模式在产业经济学课程中的应用[J]. 西部素质教育,2017,13(18):44.

[8] 闫二旺,周京,梁姗姗. 产业经济学立体化教学的创新探索[J]. 黑龙江教育(高教研究与评估),2017(6):55.

[9] 申倩. 经济学方法论在高校产业经济学教学中的应用[J]. 教育教学论坛,2014(5):78.

第5篇

教学案例分析篇

>>>>

15 审计学案例教学探索与体会

姜太碧①

摘　要： 案例教学通常是实践技能性较强学科的重要教学形式。本文通过比较审计学案例教学中不同方法的优缺点，重点分析了“案例展演法”的主要内容，包括“案例展演法”的适用对象、教学组织步骤、实际成效等，并结合笔者在审计学案例教学中的教学经历总结了审计学案例教学体会。

关键词： 审计学教学；案例展演法；成效

15.1 案例教学目的与审计学案例教学缘起

15.1.1 案例教学目的

案例教学作为重要的教学方法，具有直观、展示、再现、形象生动等特征，能对课程体系涉及的理论与方法起到重要的阐释、推演、归纳与分析作用。案例教学可以通过案例较好地展现所授课程的理论和方法，有助于教学过程的开展和学生对教学内容的理解和运用（袁义福等，2019）。因此，案例教学方法（或案例教学手段）常被应用于实践技能性较强的学科教学中，无论是自然科学还是社会科学，只要涉及一定的实践技能运用，都可以广泛使用案例教学法。例如，《绿色金融课程案例教学实践研究》

① 姜太碧，女，重庆铜梁人，经济学博士，西南民族大学经济学院教授，硕士生导师。主要讲授课程：会计学（含实验）、财务会计、审计学。主要研究方向：产业经济、农村经济。项目来源：2018 年度西南民族大学经济学院院级教改项目“面向民族地区应用经济学人才培养模式与实践创新研究”；2019 年西南民族大学校级教育教学研究与改革一般项目“民族高校经济学类专业高素质专门人才培养模式与实践创新研究”。

（林绿等，2019）、《智能云翻转课堂教学改革探析——以民法案例教学课程为例》（梁彦红等，2019）、《以现代产业发展为基础的案例教学法在〈禽生产学〉中的应用实践》（黄炎坤等，2019）、《基于学生设计思维培养的园林规划设计课程教学方法研究》（王立科，2019）、《化工专业反应精馏案例教学实践研究》（王磊等，2019）、《案例教学法与情景教学法在神经心理评估教学中的效果比较》（高中宝等，2019）、《战略管理课程教学中“全案例”教学模式的应用》（陈前玉等，2019）、《案例式教学在“食品工艺学”课程教学中的应用初探》（张正茂，2019）、《案例教学法在工科类大学生教学应用中的特点及影响研究》（刘举平等，2019）、《案例教学法在企业会计制度设计课程中的应用》（蒋龙超，2019）等。可见，案例教学法的应用范围很广，案例教学的主要目的在于通过案例教学增强学生的实践技能和运用能力，同时加深学生对相关理论和方法的理解，锻炼学生的实际操作能力。

15.1.2　审计学案例教学缘起

根据我国现行的审计体系构成，我国目前执行的审计体系主要包括三部分：国家审计（或政府审计）、社会审计（或民间审计或注册会计师审计）、内部审计。国家审计侧重对国家财政资金的审查，主要审查国家财政资金在预算编制和执行等过程中的合规性、合法性和效益性；社会审计则主要审查各种经济组织的财务资料的真实性、公允性和合规性；内部审计一般是各单位内部为了提高管理绩效而对其生产经营活动的各环节进行的绩效审查。基于此，西南民族大学经济学院在财政学专业的教学计划中主要根据专业特点设计了专业必修课性质的审计学，一般重点讲解主要承担国家财政资金审查的国家审计（或政府审计）内容；而在其他专业的教学计划设计中，则把审计学设计为选修课，重点讲解使用范围较为广泛的社会审计的主要程序、方法和企业生产经营活动中几项主要的审计内容，目的是使学生了解和掌握审计的基本程序、方法和主要内容。

然而，无论是我国现行审计体系中的政府审计，抑或是社会审计或者内部审计，一般都必须查验被审对象的真实性、合规性、合法性，以实现审计的基本目的。由此也决定了审计学是一门实践性很强的学科，审计中所使用的程序、方法、技术或技巧等都必须结合大量案例才能阐释清楚。为了探索审计学案例教学方法，笔者在以往教学中除了承担财政学专业侧重政府审计的审计学必修课教学外，同时还开设了学院其他专业侧重社会审计的审计学选修课，并希望通过基于不同侧重内容的审计学教学中不同案例教学方法的使用，比较不同案例教学方法的效果与适用条件。笔者承担财政学专业审计学必修课教学的时间较长，所使用的案例教学方法主要通过案例展演的方式实现，因此下文主要针对笔者在审计学教学中使用的案例展演法进行比较和总结。

15.2 案例收集与准备

笔者在教学中使用的审计案例，大部分来自各种文献书籍和媒体报道，也有一部分来自笔者曾经亲自参与的审计项目（为了避免引起麻烦，对该部分审计案例一般都会略去单位名称等重要敏感信息）。在案例收集与准备中，主要根据案例在每一个部分教学内容中的适当性和代表性进行取舍。首先，尽量保证每一部分教学内容都要有合适的案例可使用；其次，对于同一教学内容有多个案例可供选择时，则按照案例的典型性和代表性来取舍；最后，对选取的每一个案例，在上课前应反复设计和斟酌案例的展现形式、应表达的主要内容和需要学生参与的环节等。

15.3 案例教学的主要方法

在其他专业的审计学（2 学分，34 学时）选修课中，笔者对教学中涉及的审计案例主要采用“案例陈述法”，即教师对审计案例本身进行描述，然后引导学生对案例从可能要使用的程序、方法和技术等方面进行分析和讨论。这种方法的优点是节约时间，缺点是学生积极性不高、参与度不足、对案例中揭示的要求其掌握的知识点印象不深等。因此，这种案例教学方法一般只适用于学时有限的选修课。而在财政学专业的审计学（3 学分，52 学时）必修课中，笔者则主要采用“案例展演法”进行案例教学。这种方法的优点是：学生参与度高，能充分调动学生的积极性，且事后学生对案例中涉及的重要知识点、程序和方法等都有很深的印象；缺点是：耗时较长。但是，通过以上两种不同案例教学方法的比较，笔者认为，从实际效果出发，显然"案例展演法"要优于"案例陈述法"。因此，下文笔者主要就财政学专业审计学教学中使用的"案例展演法"的主要做法进行描述和总结。

15.3.1 "案例展演法"教学步骤

15.3.1.1 理论准备阶段

如果想通过一个个案例使财政学专业学生完全掌握国家审计的主要程序、方法和内容，就必须在案例使用前使学生了解整个审计流程、基本方法和基本内容。因此，在学生具体展演每个审计案例前，大约会花费5~6周的时间给学生讲解审计一个项目一般应经历的程序、方法，同时结合国家审计的主要职责讲述国家审计的主要内容（这些内容也应是后来学生案例展演时要逐一讨论的），即主要围绕如何审计各个部门预算执行情况中的各种主题内容来设计，包括：部门预算编制和批复审计内容与方法、部门预算资金拨付审计内容与方法、部门预算基本支出审计内容与方法、部门预算项目支出审计内容与方法、部门非税收入收缴审计内容与方法、部门政府采购审计内容与方法、部门决算草案审签以及部门其他业务审计等。

在理论准备阶段，重点讲授审计的程序和方法，因为在每一个审计案例展演时，笔者的基本要求是使学生必须熟悉和掌握每个审计项目审计的基本程序和常用的审计方法，且要求他们在案例展演中尽量体现出这些程序和方法，因此在理论讲解时一般会反复向学生强调其重要性，并告诉学生在案例展演中凡是能正确表达出这些程序和方法的都有加分，从而引起学生重视。当然，在理论讲授阶段，一般也会穿插"案例陈述法"来阐述审计具体方法的应用，这样也便于学生在案例展演中加以模仿和提升。事实证明，只要教师用案例讲解过的方法，学生在案例展演阶段都能运用自如，甚至能发挥得淋漓尽致。

15.3.1.2 "案例展演"阶段

"案例展演"，主要指基于要讨论和学习的内容，要求学生对案例中涉及的被审单位背景资料、收集的审计证据、采用的审计程序和审计方法等通过展示和表演的方式进行汇报。为了使政府审计的相关主要内容都能让学生有所了解，在事前应计划和控制好案例展演的数量，并设计好案例展演的步骤。归纳起来，该阶段分以下几个步骤：

（1）确定案例展演小组名单

为了便于学生在案例展演中进行分工协作，教师一般只根据班上学生人数和可用时间确定小组数量，同时要求每个小组的学生人数大体相当，而小组成员构成则由学生自由组合，最后的小组详细名单由课代表或班长确定后交给教师存档备用。

（2）制定案例展演基本规则

不仅规则面前人人平等，而且一旦规则宣布，整个课程的所有案例展演将一以贯之。根据审计学案例展演的实际执行情况，我们制定的规则主要包括以下内容：

一是每个小组案例展演主角不允许重复。对每次案例展演，要求每个小组派一个成员作为主要展演者（即案例展演的主角）展演汇报所在小组对本次案例的具体审计情况。其间，小组其他成员可以充当案例展演配角加以配合。之所以制定该规则，主要是考虑要尽量使每个小组的每个同学都有锻炼和表演的机会，这种机会不仅可以检查学生在课程学习中的成效，而且还能培养学生在公开场合进行演讲和表达的勇气和能力。

二是每次案例展演顺序当场抽签确定。案例展演顺序可能会影响一个小组的汇报展演效果，因为在后面汇报展演的小组，可能会参考或借鉴前面小组的一些知识点或方法，因此为了公平起见，在每次案例展演前，由教师制作抽签道具，然后由每个小组派一个成员来抽取签号，再根据签号顺序安排每个小组的展演顺序。实际上，这个规则还可以锻炼每个小组的随机应变能力。

三是每次展演的具体案例根据规定的审计内容和要求由小组自行设计。制定这个规则，一方面是想锻炼学生收集和查找所需资料的能力，另一方面也是为了避免每个小组用相同案例做分析可能出现许多雷同的地方，也体现不出每个小组案例展演的差别。例如，在学习“部门预算基本支出审计”内容时，教师只给出案例中发现的问题：Y 部门机关服务中心在未履行预算调整批准手续的情况下，将超收的房租收入 630 万元以过节费、岗位津贴等形式，违规发放给机关和机关服务中心职工，即属于部门预算基本支出审计中常见错弊的“擅自提高开支标准和违规发放津补贴”。要求学生必须围绕给定的问题性质（即违规发放津补贴）和金额（即 630 万元），自行设计被审单位的背景资料（包括被审单位的部门性质、具体单位名称、部门机构设置情况、部门预算规模、部门用于违规发放津补贴的资金来源等）。实际结果表明，每个小组都能根据规定要求，设计出各具特色的审计案例（如有的将被审单位设计为教育部，有的设计为自然资源部，有的设计为某个市级中学，有的设计为某个大学，还有的设计为某省财政厅等），且每个小组基本上都能对小组设计的审计案例做逻辑较为严密的案例展演，同时由于每个小组设计的被审单位的背景资料不同，每个小组展示的审计证据也各不相同，表演的审计程序和审计场景多种多样，运用的审计方法各有侧重。只是在这样的规则下，教师要集中精力来详细听、记每个小组的案例展演汇报情况，并根据每个小组案例展演汇报中体现出的审计程序、审计方法和审计证据等要点的多少与运用是否恰当等细节给出相应的分数。

四是当场宣布每次案例展演分数，并对每个小组的案例展演进行点评。每次案例展演时，首先，按照每个小组的抽签顺序号叫号上台，每个小组在开始案例展演前，小组展演主角先到教师处签到（其目的是便于教师登记主角姓名，并做标记，以便确认该小组的下次案例展演主角是否更换）；其次，每个小组案例展演主角上台做案例展演，其间，小组其他成员也可以配合主角做案例展演的辅助陈述与表演，而教师则主要根据学生展演中的陈述与表演细节（包括陈述的流畅程度、审计程序是否恰当、审计方法运用是否合理、设计的审计内容之间的内在逻辑关系是否严谨、展示的审计证据是否充分和真实、展演的审计过程和审计场景是否逼真等）做详细记录，并根据这些记录对每个小组的案例展演进行点评，同时给出相应的分数等级；最后，在所有小组的案例展演全部结束后，由教师当场宣布每个小组本次案例展演的分数等级，并针对每个小组的案例展演细节做点评，在点评中主要应指出每个小组本次案例展演中哪些地方是加分项以及加分的理由，哪些地方是减分项以及减分的理由，以便每个小组在下一次案例展演中吸取经验教训，事实证明，通过教师点评后，每个小组的案例展演越到后面做得越好。

15.3.1.3 案例总结阶段

案例总结阶段，主要由教师对在不同年级使用相同案例教学方法和同一年度在不同专业班级使用不同案例教学方法做对比分析和总结。在不同年级中使用相同案例教学方法的比较称为纵向比较，如财政专业的审计学教学中，先后在不同年级财政学专业审计学教学中使用的案例教学方法基本都采用“案例展演法”，因此通过连续几年对不同年级使用“案例展演法”所表现出的问题进行总结分析，为后续年级使用“案例展演法”积累经验。通过多年使用“案例展演法”的分析比较和总结，目前在使用该方法时已形成一套比较成熟有效的操作流程，也取得了越来越好的效果。在同一年度使用不同案例教学方法的比较称为横向比较，如在2017—2018年度的第一学期，笔者同时在财政学专业的审计学必修课和其他专业的审计学选修课中采用了不同的案例教学方法（即分别采用了上文提及的“案例展演法”和“案例陈述法”），并通过不同案例教学方法的比较，主要分析不同案例教学方法的优缺点，以根据不同案例教学方法的特点并结合不同专业对审计学教学的要求进行取舍。如财政学专业的审计学必修课，除了讲述审计的一般理论和方法外，主要还应根据专业特点讲述国家财政资金预算执行情况中涉及的各个环节审计要点，而其中每个环节的审计都可以独立设计出以不同内容和主题为重点的审计案例，使学生学完后能加深对国家财政资金预算执行情况完整过程审计中的常见错弊与审计要点的记忆。唯有“案例展演法”，能使学生通过亲历审计案例的方式去收集审计证据、设计审计场景和选用审计方法，从而加深对审计环节和审计过程的感性认知。加之财政学专业的审计学必修课，学分和学时都比其他专业开设的审计学选修课多一些，因此选用印象深刻和耗时的“案例展演法”相对比较合理。相反，其他专业开设的审计学选修课，旨在使学生了解审计的基本程序、基本方法和基本技能，所以讲述内容以使用范围较广的注册会计师审计为主。而注册会计师审计的主要内容侧重于企业几大业务循环的审计，例如，购货与付款循环、存货与生产循环、销售与收款循环、投资与筹资循环以及货币资金的审计。针对这些循环，主要从符合性测试（即内控制度检查）和实质性测试（即数据真实性检查）两个方面阐述其审计要点和相应的审计方法。虽然这些审计内容和每一个审计要点都能找到审计案例来讲解，但要把每个审计案例都以案例展演的方式表现出来，会出现严重的时间约束，在审计学选修课的学分和学时都有限的条件下，只能选用耗时少的“案例陈述法”进行案例教学。

15.3.2 “案例展演法”的实际成效

“案例展演法”在财政学专业的审计学必修课教学中已使用了四届，从实际效果看，其突出成效体现在以下几个方面：

15.3.2.1 加深了学生对专业知识的理解和应用

审计学本身是一门实践性很强的学科，学生的动手能力和亲身经历尤为重要。在审计中，对审计程序、方法和技能的学习，如果能亲自参加一个审计项目的实际操练，就会留下很深的印象，而无须教师反复强调都能熟记于心。虽然在课堂上设计的审计案例是模拟的，但也是根据现实中众多审计实际案例所表现出来的各种问题和错弊设计的，有现实代表性。首先，在给定的审计问题条件下，要求学生自行设计不同的被审单位背景资料及基本情况，并根据被审单位背景资料与基本情况，设计出审计该问题的审计程序、审计方法、审计场景以及被审单位存在所审问题的内在逻辑关系等；其次，由小组案例展演主角把小组本次案例审计的具体情况展演出来；最后，教师根据小组案例展演的总体情况进行记录和打分。由于每次案例展演后，教师都要对每个小组的案例展演进行点评，并明确指出他们在案例审计中的加分项和减分项，这些加减分数的地方往往包括要求学生必须掌握的审计程序、方法和技能的重要知识点，所以每次案例展演结束后，案例展演主角和小组全体成员都特别在意和认真听教师的点评，无形中加深了学生对审计知识点的理解和应用。

15.3.2.2 充分调动了学生的学习积极性和主动性

由于每次案例展演结束都会当场公布各个小组本次案例展演的得分情况，本次得分高的小组，还想在下次案例展演中保持甚至扩大自己的优势，而本次得分不理想的小组，则想通过教师点评中指出的问题思考如何在下一次案例展演中避免和纠正，同时吸取做得较好小组同学的经验，结果不仅充分调动了学生学习的积极性，而且还把平时教师要学生学习的被动式教学变成了学生主动动脑筋和想办法的主动式教学，因此案例展演教学方法在很大程度上调动了学生的学习积极性和主动性。

15.3.2.3　培养了学生的团队分工与合作精神

虽然每次案例展演由小组案例展演主角做展演，但是小组主角所展演的审计细节和审计具体情况，则是由审计小组全体同学事先共同反复讨论和设计的，甚至有的小组还做了明确的分工，通过小组成员分别扮演不同的角色以情景再现等方式展演审计的具体过程。同时，每次案例展演中每个小组的得分也是每个成员的得分，加之教师要求在案例展演时每个小组的同学都必须到场，如果缺席将会扣整个小组得分，所以一般在案例展演时，每个小组都表现出密切配合、通力合作的团队精神，即使平常不常上课的学生在案例展演时都会到场，害怕他（她）的缺席影响整个小组的成绩，由此培养和锻炼了学生的团队合作精神。

15.3.2.4　锻炼了学生的演讲口才和组织能力

一般教师对学生案例展演打分时，都要求他们尽量表现出审计过程的真实感，这样才能获得较好的分数。而体现真实感的主要表现之一就是要脱稿展演整个审计过程，因为如果学生是真的对某一审计项目进行了认真设计和思考，就相当于他们亲自经历了一个项目的审计过程。而对于自己亲自经历过的东西，不会也不应该照本宣科，反而应像放电影一般给大家把审计过程（包括其中的细节）都能展演出来。因此凡是照本宣科的都会扣减分数，这样逼迫学生在事前反复练习如何表达和演讲，锻炼他们思考如何对一项工作进行完美陈述，以及如何把整个审计过程和审计细节有条不紊地呈现出来，无形中也锻炼了每个学生的演讲口才和组织能力。

15.4　审计学案例教学体会

通过这几年的审计学案例教学经历，笔者认为，第一，对于实践性很强的学科教学，案例教学在教学中的地位尤为重要，如果没有案例的陈述或展演，很难说清楚有关知识点的要点和应用。例如，在审计具体方法中，“观察法”是收集审计证据的常用方法之一，若教师在课堂上直接陈述和讲解观察法的内容，学生一般印象不会很深刻甚至毫不在意，但如果通过举例讲解该方法的运用，学生一般就都能明白其具体含义，而一旦学生亲自做案例展演，就能将收集审计证据中的“观察法”运用和发挥得淋漓尽致，这显然是一般课堂教学难以达到的效果。第二，用于案例教学的案例，除了从相关文献书籍以及媒体中获取外，最好能有亲自经历的第一手案例，这样的案例更直观、生动和逼真，同时能给予学生更多的案例分析细节，启发学生在案例分析时的想象力和拓展空间。但要能做到这一点，一方面要求学校应尽可能给相关教师提供参与审计实践的机会（如学校可与会计师事务所建立长期合作关系，以便为相关教师专业实践搭建平台）；另一方面教师自身也应积极创造条件（如获取 CPA 资格证书或取得 CPA 专业考试能力证明等），以便有条件和能力主动参与审计项目实践活动。第三，应对案例教学中的环节设计和具体应用进行反复摸索和优化，形成一套成熟的操作流程。案例教学不仅要注重案例的收集和设计，也要重视案例教学环节的摸索和总结优化，只有这样，案例教学才能在有限时间内发挥应有的作用。第四，对实践性很强的案例教学，应允许教师根据教学具体情况采用多样化的评分标准和机制，而不应完全拘泥于一般学科教学中规定的评分标准和评分模式。这就要求对实践性较强的学科，学校应充分考虑其课程性质和特征，给予授课教师较大的成绩评定话语权，对于主要检查学生是否学到和掌握了相应的实践技能的课程，教师应给予学生在该实践环节中较高的评分权重，从而充分调动学生的积极性和主动性。

参考文献

[1] 袁义福，毛安．“保护生物学”课程案例教学的实践[J]．中国林业教育，2019(4):57－61.

[2] 林绿，徐悦，潘勋章．绿色金融课程案例教学实践研究[J]．大学教育，2019(8):14－16.

[3] 梁彦红，段振英．智能云翻转课堂教学改革探析——以民法案例教学课程为例[J]．河北师范大学学报(教育科学版)，2019(4):125－128.

[4] 黄炎坤，黄润芸，刘健，杨鹏坤，韩占兵，黄安群．以现代产业发展为

基础的案例教学法在《禽生产学》中的应用实践[J]. 高教学刊,2019(14):112-114.

[5] 王立科. 基于学生设计思维培养的园林规划设计课程教学方法研究[J]. 现代园艺,2019(13):170-171.

[6] 王磊,万辉,管国锋. 化工专业反应精馏案例教学实践研究[J]. 化工高等教育,2019(3):77-81.

[7] 高中宝,王炜,赵杏丽,解恒革,王振福. 案例教学法与情景教学法在神经心理评估教学中的效果比较[J]. 继续医学教育,2019(6):4-6.

[8] 陈前玉,周勇涛. 战略管理课程教学中"全案例"教学模式的应用[J]. 西部素质教育,2019(12):8-11+14.

[9] 张正茂. 案例式教学在"食品工艺学"课程教学中的应用初探[J]. 农产品加工,2019(12):97-99.

[10] 刘举平,余为清. 案例教学法在工科类大学生教学应用中的特点及影响研究[J]. 教育现代化,2019(44):160-162.

[11] 蒋龙超. 案例教学法在企业会计制度设计课程中的应用[J]. 农村经济与科技,2019(10):282-283.

16 案例分析法在财务报表分析课程教学中的运用

刘天①

摘 要：高校教育要实现更高的效率，应更多地将理论与实务相联系。财务报表分析课程是高校经管类院系的专业主干课程。在该门课程的教学中，案例分析法能够很好地将财务理论与经济实例结合起来，有助于学生理解和掌握财务报表分析的课程内容和方法。

关键词：案例分析；财务报表分析；课程教学

党的十九大报告指出，“加快一流大学和一流学科建设，实现高等教育内涵式发展”，强调必须把教育事业放在优先位置，吹响了新时代“双一流”建设的号角，意味着我国高等教育强国建设进入了新时代。教育事业的关键在于教师的教学，提升教学水平、增强教学效果是新时代建设教育强国的必然要求。当前教学方法正在不断创新，高校课程范式的改革是很多教育工作者一直在探讨的课题。

16.1 当前教学改革存在的突出问题

传统的“填鸭式”教学模式导致了大量的“水课”（水课即教师讲得不生动，学生听得不认真，到头来什么也没学到）存在，这种单一的教学模式既浪费了时间和精力，也会导致人才培养目标的口头化。“授人以鱼，不如授人以渔”，大学教育的重心不是对书本知识的简单识记，更多地需要学生发挥主观能动性去掌握学习方法，培养学习习惯和获取学习能力。尤其是在“双创型”人才培养目标导向及“互联网 +”的大背景下，多样化

① 刘天，女，湖北恩施人，经济学博士，西南民族大学经济学院讲师。主要研究方向：民族经济。

的课程教育范式在大学教育中的运用势在必行。当前本科教育建设也在不断加大改革，很多经济类院校本科教学都在加强通识教育课程、教材建设，试行按学部或大类招生，实施通识教育基础上的宽口径专业教育；增加实践教学比重，强化实践教学环节；优化创新创业教育课程体系，构建校院一体、系统化的创新创业教育训练平台和竞赛平台，构建与实验室和实训基地建设相结合、产学研一体化的教学运行新机制；积极开展“订单定向式”人才培养，推进“订单定向式”人才培养模式改革。如何提高教育的效率、增强教学的效果，是每一个教育工作者必须思考的问题。

为了提升教学效率、增强教学效果，很多高校教师都在力求教学方式的生动化、多元化。但现有很多教学方法的多样化归根结底就是将教学资源放在网络上让学生进行自主学习，很多网上课程鲜有人问津，没有达到预期的教学目标。从微课、慕课到翻转课堂再到云课、金课，课堂的形式不断丰富和多样化，然而万变不离其宗，无论形式如何变化，教学的根本仍在于传道、授业、解惑，更新教学形式的目标也是便于学生更好地掌握教学内容，拓宽专业视野和思考专业相关问题。笔者认为，调动学生的学习积极性必须要形成双向的互动，单一地更新教学资料而不去提高互动水平，很难形成学生学习的有效参与机制。当前很多高校教育存在的一个突出问题就是学生所学和社会所需并不完全匹配，教学与就业之间严重脱节，使学生从高校走向社会时存在很多问题。例如：学生学的理论很死板，企业需要的运用环节很灵活；学生学完就忘，运用知识的时候仍需重新进行职业培训；等等。如此一来，高校教育过程中就存在严重的效率低下和资源浪费的问题。解决该问题的有效办法是：教学过程中将授课内容与当前实务运用更紧密地联系在一起，多让学生接触、讨论和思考实务中存在的问题。就经济管理类课程而言，由于它与实务结合得甚为紧密，要想使学生更深刻地掌握经济管理实务中所遇到的问题的解决方法，笔者认为案例分析法，即将财务会计理论知识与当前实践相结合进行讨论分析，仍是教学过程中应广泛运用的一种教学方法。

16.2　财务报表分析课程的教学要求及特点

16.2.1　课程的教学要求

财务报表分析课程是在企业经济分析、财务管理和会计基础上发展形成的一门综合性课程。在实务中，财务分析主要是通过计算财务指标，采用一定的方法对企业财务活动中的各种经济关系及财务活动结果进行分析、评价，为财务决策、财务诊断、咨询、评估、监督、控制提供所需财务信息。财务分析的综合性要求我们在对企业进行财务分析时，不仅要熟悉公司的业务，熟练掌握和运用会计信息系统和公司会计政策，掌握各种分析所需的软件工具，还要具备独立思考、叙述问题、解决问题的能力。此外，还要注意结合宏观经济背景及行业经营的特征，深入理解不同行业企业财务指标的内涵。财务报表分析课程是高校经管类院系的一门专业主干课，属于理论实践类课程。它是建立在会计、财务管理等相关学科基础上的一门理论性和应用性相结合的课程。财务报表作为公司披露基本信息的主要渠道，不仅反映了公司经营情况，对经营者决策起到衡量参考作用，也是以会计特有语言描述公司财务状况、经营成果和现金流动情况，使企业各利益相关者理解企业经营管理过程及其结果的重要手段和工具，在衡量监督上起到至关重要的作用。该门课程以企业编制的财务报表及相关资料为基本依据，运用一定的分析方法和技术，对企业财务状况和经营成果进行评价，为企业未来的决策、规划和控制提供财务信息。

本课程定位于培养学生采用一定的标准，运用科学系统的方法，对企业的财务状况和经营成果、财务信用和财务风险，以及财务总体情况和未来发展趋势进行分析与评价的能力，能较好地为财务报表使用人——外部使用人（主要是债权人、供应商等）和内部使用人（主要是管理层）——提供财务分析。

该课程的教学目标主要体现为：第一，通过本课程的学习，使学生能够全面深入地掌握财务报表分析的知识，具有较强的财务报表分析能力；第二，能够根据已有的财务信息，结合实际情况，进行财务报表分析，毕业后能够很快适应财务报表分析工作的需要。经管院系开设该门课程，旨在通过课程学习，使学生掌握财务报表分析的完整框架，从战略和管理的角度加深对于财务会计内容的理解，明确如何更加有效利用会计信息，使之更好地为管理和决策服务。

16.2.2 课程的特点

财务报表分析作为一门综合课程，集经济学、管理学、会计学（财务会计、管理会计）、财务管理、审计学、经济法和计量经济学的相关知识于一体，汲取这些学科的原理融会贯通再进行应用。但本课程绝非由上述学科机械简单地组合而成，而是在学习的过程中借用其他学科知识，在应用中不断积累经验和创新，这些创新和经验又不断丰富其课程本身。笔者认为，基于该门课程的性质，要求理论与实务相结合，在教学过程中不能只看书本，不看实际。因此，案例分析法应当广泛地运用于该门课程的教学过程中。下文中，笔者将通过两个例子详细地说明案例分析法在该门课程教学中的实际运用。

16.3 通过简单案例讲解财务报表分析中的基本理论知识

在财务报表分析的课程中，明确财务报告的基本内容和形式是课程学习的基础。在财务报告中，审计报告是最为关键的部分之一，它是具有审计资格的会计师事务所的注册会计师出具的关于企业会计的基础工作即计量、记账、核算、会计档案等会计工作是否符合会计制度，企业的内控制度是否健全等事项的报告，是对财务收支、经营成果和经济活动全面审查后做出的客观评价。因此，看懂审计报告，对于财务报表分析者而言尤为重要。笔者认为，在审计报告知识内容讲解的过程中，审计师责任与管理层责任的厘清是教学的重点，这一知识点的讲解，单纯依靠文字的陈述很难使学生把握清楚，此时就可以引入案例让学生进行思考，使学生在案例中学习该理论知识点。

例如，在讲解过程中，教师可引入如下案例引发学生的思考：A 公司对外披露了 2016 年度财务报告，其中财务报表存在错误和舞弊的情况，此报告已经过 B 注册会计师审计，并出具了标准审计意见报告。然后提出问题：投资者 C 通过分析该财务报表进行投资决策导致财务损失，谁应该对此损失负责?

该案例关系简单，通过对案例提出的问题进行分析，引导学生思考管理层和注册会计师责任的边界。事实上，审计报告中已经明确表明了两类型责任的内涵。管理层对财务报表的责任是，按照企业会计准则的规定编制财务报表。这种责任包括：① 设计、实施和维护与财务报表编制相关的内部控制，以使财务报表不存在由于舞弊或错误而导致的重大错报；②选择和运用恰当的会计政策；③做出合理的会计估计。注册会计师的责任是，在实施审计工作的基础上对财务报表发表审计意见，按照中国注册会计师审计准则的规定执行审计工作。中国注册会计师审计准则要求注册会计师遵守职业道德规范，计划和实施审计工作以对财务报表是否存在重大错报提供合理保证。因此，审计工作要实施审计程序，以获取有关财务报表金额和披露的审计证据。选择的审计程序取决于注册会计师的判断，包括对舞弊或错误导致的财务报表重大错报风险的评估。在进行风险评估时，我们考虑与财务报表编制相关的内部控制，以设计恰当的审计程序，但目的并非对内部控制的有效性发表意见。审计工作还包括评价管理层选用会计政策的恰当性和做出会计估计的合理性，以及评价财务报表的总体列报。如此一来，管理层和注册会计师的责任能够得到清晰的区分，学生能够更轻松地掌握这一知识点。

16.4　通过经典案例说明财务报表分析工具的运用

在财务报表分析工具的学习中，必然要对各类型财务舞弊经济案例进行讲解和分析。教师可以通过选取经典财务案例进行讲解，有助于学生更清晰地把握财务报表分析的各类工具，并将之运用于经济实例的分析。基本的案例讲解主要分为背景介绍、案例分解、财务分析、思考讨论四大环节（见图 16－1）。

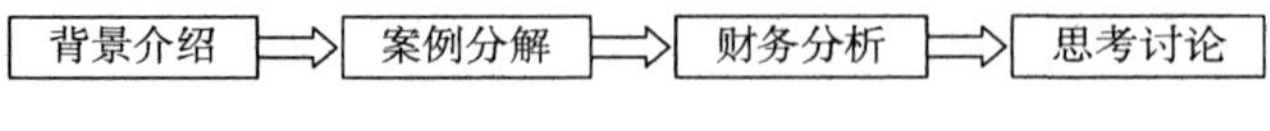

图 16－1　财务案例讲解环节

例如，对于财务舞弊手段的知识点讲解，可以通过经典的银广夏造假案例进行阐释和说明。

16.4.1 案例背景介绍

银广夏股份公司造假案例：银广夏公司全称为广夏（银川）实业股份有限公司，于1994年6月上市，上市后一度业绩喜人，因其具备良好的发展前景而被称作“中国第一蓝筹股”。2001年8月，《财经》杂志发表“银广夏陷阱”一文，银广夏虚构财务报表事件就此被曝光。与经典案例蓝田股份造假案件一样，曾经的蓝筹股突然被爆出惊天的财务造假引起轩然大波。研究该报表的专家认为，该公司不可能以其报表声称的产量生产出相应产品，以天津广夏萃取设备的产能，即使通宵达旦运作，也生产不出所宣称的数量；也不可能以其报表价格进行销售，天津广夏萃取产品出口价格高到近乎荒谬，且用二氧化碳超临界萃取设备提取的产品根本不可能用于出口合同中的某些产品。

16.4.2 财务线索梳理

16.4.2.1 从财务的角度对该案例进行分析

从财务角度分析发现不少疑点。从利润的角度来看，该公司的利润率高达46%（2000年），与同行业的利润率相比，深沪两市农业类、中草药类和葡萄酿酒类上市公司的利润率少有超过20%的，由于该企业经营的产品不属于异质性很高的产品或者奢侈品，如此高于同行业水平的利润率令人生疑。

16.4.2.2 从税收的角度对该案例进行分析

首先，如果该公司对外宣称的出口属实，按照我国税法，出口项目应办理几千万元的出口退税，然而在其年报里完全找不到出口退税的项目，从税收角度无法解释该收入的真实性、合法性。其次，2000年公司的生产性收入形成毛利5.43亿元，公司应当计交的增值税（按17%税率计算）至少为9231万元，但公司年报中披露2000年末应缴增值税余额为负数，即不但未对外缴纳，而且还未抵扣完，完全违背常理。由此可见，要么该公司存在严重的偷税漏税行为，要么该公司的利润存在虚假的嫌疑。

16.4.2.3　从存货项目角度对该案例进行分析

存货项目是企业流动资产中十分关键的项目，由于它贯穿了整个企业的产供销链条，资金占用量大，且审计时需要实地清查，是很多企业造假时难以遮掩的项目，于是很多企业的财务造假都通过该项目暴露出来，如蓝田公司、獐子岛事件等著名财务造假都是从存货问题发现的。银广夏公司原材料购买批量很大，都是整数吨位，一次购买上千吨桂皮、生姜，然而这样的购买量，整个厂区恐怕都装载不了，但公司却以工艺保密为由，不允许外人查看其库房。这类以农产品为经营产品的企业造假很多都是从存货造假入手的，因为农产品这类存货存在天然的难以清查的特点，为造假提供了便利。如蓝田公司主营业务产品为水产品，鱼塘里鱼的多少很难进行存货清点；再如獐子岛主要经营扇贝类产品，扇贝的数量也难以审计。

16.4.2.4　从资金流出的角度对该案例进行分析

公司花费60亿元签下德国诚信公司，据称为一家百年老店，具有大量无形资产，但事实上却是注册资本仅为10万马克的一家小型贸易公司。让人不禁生疑：公司为何要花重金去签这样一家小公司？如果这桩交易是虚假的，那么公司的60亿元去哪儿了？花了很多钱出去，却没有购买到等价值的资产，那么很可能就是公司股东掏空上市公司、进行利润转移的障眼法。

16.4.2.5　从会计指标的勾稽关系对该案例进行分析

公司2000年销售收入与应收款项保持大体同比例的增长，而公司该年的销售并未对应货币资金的增加，大量的收入只是用应收账款兑现，即大量的销售都是以赊账的形式实现的，赊账形成的应收账款在会计层面属于资产，但其可回收性、变现性却较货币资金大打折扣。同时，货币资金和应收款项合计与短期借款也保持大体同比例的增长，显然公司通过借款的形式使账面上货币资金仍然可观，即账面上仍有许多货币资金，让投资者误以为该公司的资金实力仍然雄厚，销售回款情况仍较好，用这种方式掩盖销售收款不力的真实现状。

16.4.3 造假手段分析

“银广夏”案例是财务造假的经典案例，提出该案例后学生对其造假手段十分感兴趣。这样的巨额造假是通过怎样的流程实现的呢？通过查阅资料发现，从原料购进到生产、销售、出口等环节，公司伪造了全部单据，包括销售合同和发票、银行票据、海关出口报关单和所得税免税文件，即从财务信息形成的源头开始着手进行流水线的造假。

企业确定出目标利润指标数据，然后根据财务指标的运算计算得出天津广夏需要多大的产量、多少的销售量以及购多少原材料等数据。1999 年的财务造假从购入原材料开始，虚构了北京瑞杰商贸有限公司、北京市京通商贸有限公司、北京市东风实用技术研究所等单位，让这几家单位作为天津广夏的原材料提供方，对产品原材料采购造假。对发票、银行进账单、汇款单等单据造假，伪造了这几家单位的销售发票和天津广夏发往这几家单位的银行汇款单。有了原材料的购入，还需要产品的售出，于是相继伪造了总价值 5610 万马克的货物出口报关单四份、德国捷高公司北京办事处支付的金额 5400 万元的出口产品货款银行进账单。有了销售环节的单据，继而完善生产环节的证明，伪造了产品生产记录，包括原料入库单、班组生产记录、产品出库单等。在利润环节，虚构天津广夏萃取产品出口收入 23898.60 万元。2000 年，继续进行财务造假，依旧是伪造了虚假出口销售合同、银行汇款单、销售发票、出口报关单及德国诚信公司支付的货款进账单，同时指使天津广夏职工伪造了虚假财务凭据。2000 年，天津广夏虚增萃取产品出口收入共 72400 万元。根据庭审资料发现，在造假过程中，公司的部分财务单据及所涉及的银行公章，是其在电脑上制作出来的。

案例讲述至此，学生不免质疑，这样明目张胆从头到尾的财务造假怎么一直未被发现？没有审计机构审计吗？为何监管不到位？我们看到，该虚假的年度财务报表是经深圳中天勤会计师事务所审计的，并入银广夏公司年报，1999 年银广夏公司向社会发布的虚假净利润高达 12778.66 万元。2000 年，注册会计师刘加荣、徐林文签署无保留意见后，向社会发布虚假净利润 41764.64 万元。显然，审计师在对该公司的审计过程中失去了独立性，未能遵循注册会计师的职业道德规范对该公司的财务状况真实性发表审计意见。其中从审计程序来看，对应收账款的审计应当履行函证程序，而在审计过程中，询证函均由公司方发出，且在未收到回函的情况下审计师便进行了资产确认。注册会计师也未对财务报表实施有效的分析性测试程序，未对很多异常指标表现进行分析测算和整体复核。审计意见的造假使该公司的财务造假多年后才经由社会被发现，造成大量投资者的财产损失。2001 年 9 月后，因涉及银广夏利润造假案，深圳中天勤这家审计最多上市公司财务报表的会计师事务所实际上已经解体。财政部亦于 9 月初宣布吊销签字注册会计师刘加荣、徐林文的注册会计师资格；吊销中天勤会计师事务所的执业资格，并会同证监会吊销其证券、期货相关业务许可证，同时，将追究中天勤会计师事务所负责人的责任。

16. 4. 4　案例思考与讨论

通过该案例分析财务报表造假中各类手段的综合使用，由学生进行案例思考和讨论：从造假主体的角度来看，财务造假的主体一般是管理层，财务造假通常是管理层的集体行为，管理层在公司内部处于核心地位，他们的权力在一定程度上并没有受到有效的制约，虽然公司里的财务造假由会计人员进行操作，但是没有管理层的授意或者允许一般是无法进行的。由于管理层权限过大，会计人员有时无法坚守职业道德。财务造假的客体为财务信息数据。不管财务造假的目的是什么，其造假的客体都是会计凭证或者会计账簿、报表和资产实物等，造假者通过伪造、变造凭证，用不恰当的方法变更会计政策，最终目的就是伪造对外财务报告的数据。从造假手段的角度来看，会计方法的选择本身具备主观性。财务造假的手段多种多样，例如：调节资产转化为费用的时间；关联方交易，高买低卖或低买高卖；应计费用推迟入账；操纵收入入账时间；等等。通过识别这些造假方法，就能够更轻松地识别财务舞弊和造假的行为。从审计的角度来看，审计人员首先需保持独立性，继而在审计准则的要求下，在职业道德规范的框架内进行审计工作。审计工作一定要遵从两个凡是：凡是经营上有运作的，财务上一定要有反映；凡是财务上有反映的，经营上一定要有过运作。像银广夏这种全面财务证据造假的情况确实存在审计的难度，然而造假必有疏漏，这种全面造假的缜密性更加无从保证，很多异常操作从常识的角度都能分析出问题，审计师的失职也是该造假能够隐匿几年之久的重要因素。从市场监管的角度来看，当时正处于我国资本市场发展的初期，监管机构并没有对市场形成有效监管。从投资者的角度来看，为了尽量减小投资风险，必须要学会阅读企业财务报表，从其会计信息的角度去掌握企业经营情况，否则很容易投资失败。

由上可见，财务报表分析课程是一门将理论与实务紧密联系的课程，该课程旨在以财务报表（资产负债表、利润表、现金流量表和报表附注）为载体，使学生能够对企业的偿债能力、营运能力、获利能力和发展能力进行分析，从而得出企业的营运状况和经营成果，最后分析出企业的发展前景。该门课程的教学过程中只讲理论的框架是远远不够的，必须将理论与实务相结合。因此，将案例分析法广泛运用于该门课程的教学，有助于学生更清楚地理解财务报表分析基本理论，并能够结合经济实例运用理论知识。

参考文献

[1] 刘姝威. 上市公司虚假会计报表识别技术[M]. 北京:机械工业出版社,2013.

[2] 张新民,钱爱民. 财务报表分析[M]. 北京:中国人民大学出版社,2017.

第6篇

实践教学环节篇

17 民族院校金融本科生就业选择经验及误区探讨

王永莉①

摘　要：民族高校金融专业是培养西部和全国民族地区经济金融人才的摇篮。本文首先简要介绍了作为直属国家民委的二本院校金融本科专业就业的整体概况；其次结合笔者所指导的金融专业毕业同学的经验教训等，分别以考研、考银行和考公务员等为例，具体分享了部分同学总结的一些经验，并进一步归纳了民族院校金融本科就业选择存在的主要问题；最后就如何提升民族院校金融本科就业选择能力提出了一些建议。

关键词：民族院校；金融专业；就业选择；经验；误区

民族高校肩负为民族地区培养和输送各方面所需人才的重任。民族高校金融专业则是培养西部和全国民族地区经济金融人才的摇篮。关注民族高校金融本科就业择业问题，事关民族地区经济社会稳定和发展。下面结合2014—2017年笔者所在民族高校金融专业的毕业就业概况，以考研、考银行和考公务员等毕业选择的多种就业方式为切入点，并以部分同学总结的经验教训为基础，简要分析和梳理民族院校金融本科就业多元选择的经验和误区。希望不仅对民族高校金融学专业，还能对经济类专业、管理类专业以及其他专业的就业选择有一定的借鉴意义；希望民族高校的就业问题能进一步引起学生及其家长、高校、相关用人单位乃至全社会的高度重视。

17.1　民族院校金融本科毕业生的就业概况分析

笔者所在学校是国家民委直属的一所综合性民族高校，学校始终以服务少数民族、服务民族地区、服务国家发展战略为己任。截至2017年底，有56

① 王永莉，女，四川蒲江人，博士，西南民族大学经济学院教授。主要研究方向：民族地区经济发展等。本文中，本院就业数据均由学院邱海波老师提供，在此表示诚挚的感谢。

个民族的在校全日制学生3万余人，教职员工近3000人，共有23个学院，本科专业85个，硕士学位授权点100个，专业学位授权点12个。全校上下始终高度重视毕业生的毕业就业工作，多次荣获“全国高校实践育人创新创业基地”“全国高校毕业生就业典型经验50强高校”“全国高校创新创业典型经验50强高校”等称号，连续七次被评为四川省毕业生就业工作先进集体。

17.1.1 经济类专业毕业就业概述

笔者任教的经济学院现有在册教师68人，75%以上的专任教师具有博士学位，具有海外学习和研究经历的教师占专任教师的30%以上。该院的应用经济学一级学科是国家民委重点学科，在2012年学科评估中位列民族高校第一。截至2017年，开设有金融学、国际经济与贸易、经济学、财政学、保险学、投资学和金融工程七个本科专业，拥有金融学（含保险学）、政治经济学、区域经济学、国民经济学、财政学等十个学术硕士授权专业，还拥有金融硕士和保险硕士专业学位授权。其中，该院的金融学专业被评为国家特色专业、四川省特色专业、校示范专业等。

尽管学校依然属于二本院校，但在历年招生中，该院的经济类所有专业早已按一本专业投档招生，平均录取分数线历年均远超过当地二本院校分数，并接近一本招生分数线。依托于学校整体强劲的发展势头，加上学院雄厚的师资和良好的生源等，2014—2017年，尽管全国就业形势越来越严峻，但该院一次性就业率平均达98.99%，其中金融学专业一次性就业率达98.55%（见图17－1），受到学校、学生及其家长以及用人单位等的广泛好评。

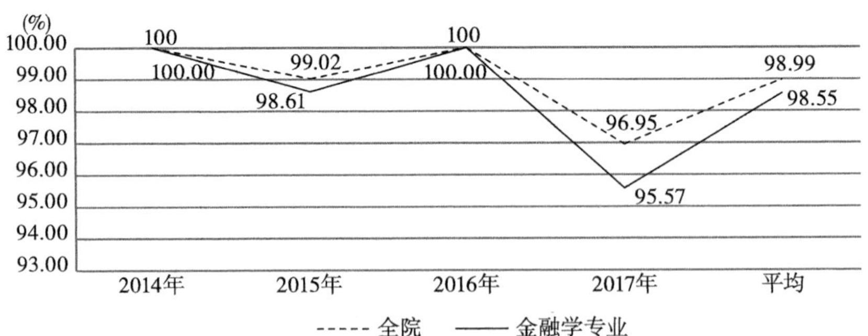

图17－1 2014—2017年全院与金融学专业就业率概况

资料来源：根据学院毕业就业数据整理。

17.1.2 金融学专业与全院毕业生就业方式概况

2014 年，该院只开设有经济学、国际经济与贸易、财政学和金融学四个本科专业，共463 名毕业生，其中金融学毕业生200 名。到2017 年7 月，该学院先后增设保险学、投资学和金融工程三个本科专业，已有七个本科专业共656 名本科毕业生。其中金融学专业有271 名毕业生，开设有金融维舟班、金融班和金融转专业班三个班型。2014—2017 年，金融学专业和全院就业方式包括升学（考研）、出国出境、签劳动合同、签就业协议以及被国家和地方基层项目录取等情况（见表17 -1）。

从表17 -1 中不难看出，2014—2017 年，该院所有专业的考研升学比率都在缓慢升高，这与全国毕业学生增多而就业前景竞争加剧密切相关。2014 年金融学专业和全院考研率分别只有10% 和7.99%；到2017 年，这二者的比率分别达19.56% 和16.31%。2014—2017 年，金融学专业的考研和出国出境比率平均分别达14.42% 和4.06%，比全院平均水平11.78% 和3.49% 分别高出2.64 个和0.57 个百分点。但该学校金融本科专业的考研率和出国率均远低于同期中央民大，后者2013 年金融本科毕业的考研率和出国率就达20%。

表17 -1 2014—2017 年金融学专业和全院就业方式比较

年份	专业	毕业生（人）	升学（%）	出国、出境（%）	签就业协议（%）	签劳动合同（%）	其他录用（%）	国家和地方基层项目（%）	自主创业（%）
2014	金融学	200	10.00	3.00	58.00	25.50	0.50	3.00	0
	全院	463	7.99	1.94	51.19	31.53	3.46	3.46	0.43
2015	金融学	216	11.11	4.63	35.19	43.52	1.85	0.92	0.93
	全院	511	10.76	3.91	27.98	50.49	1.96	1.76	0.78
2016	金融学	241	17.01	4.56	26.56	26.97	14.11	2.07	8.30
	全院	622	12.06	3.70	27.17	28.14	21.06	1.77	5.79
2017	金融学	271	19.56	4.06	21.77	21.40	24.72	0	0
	全院	656	16.31	4.42	21.04	19.21	30.49	0.91	0.91
平均	金融学	—	14.42	4.06	35.38	29.35	10.30	1.50	2.31
	全院	—	11.78	3.49	31.84	32.34	14.24	1.98	1.98

资料来源：根据本院就业率统计情况整理，其中还有应征义务兵、自由职业、不就业拟升学、科研助理人数、待就业等就业方式，因人数及比例较低，所以未包括在表内。

同时，金融学专业和全院签就业协议和签劳动合同的比率却呈现同时下降趋势。2014 年，全院签就业协议和签劳动合同的比率分别达 51.19% 和 31.53%，合计达 82.72%；同期金融学专业签就业协议和签劳动合同的比率分别达 58.00% 和 25.50%，合计达 83.50%。到 2017 年，全院签就业协议和签劳动合同的比率分别只有 21.04% 和 19.21%，合计只有 40.25%，比 2014 年降低了 42.47 个百分点；同期金融学专业签就业协议和签劳动合同的比率分别为 21.77% 和 21.40%，合计达 43.17%，比 2014 年降低了 40.33 个百分点（见表 17－1、图 17－2）。

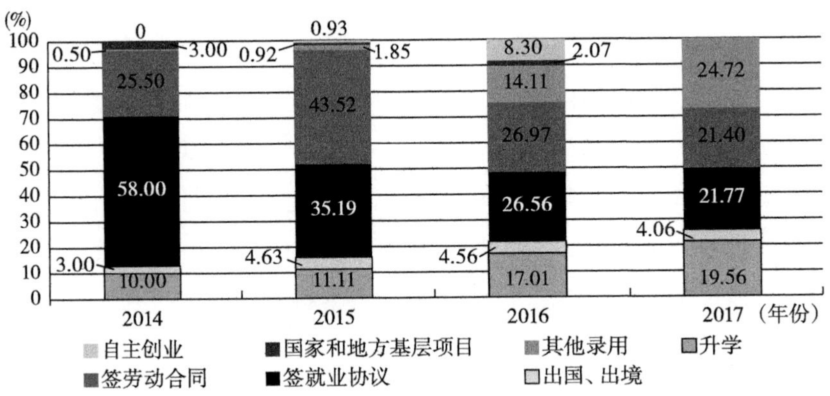

图 17－2　2014—2017 年金融学专业毕业生就业方式变化

17.1.3　金融学专业和全院毕业生就业类型概况

就业形势的严峻还体现在毕业后就业类型的分布上。其中，机关和其他事业单位的就业比率变化不大。例如：2014 年全院进机关和其他事业单位的比率分别为 3.89% 和 2.38%，合计为 6.27%；同期金融学专业进机关和其他事业单位的比率分别为 5.00% 和 1.50%，合计为 6.50%。到 2017 年，全院进机关和其他事业单位的比率分别为 5.18% 和 2.44%，合计为 7.62%；同期金融学专业进机关和其他事业单位的比率分别为 4.06% 和 3.32%，合计为 7.38%（见表 17－2）。显然，机关事业单位等的人才需求变化比较小。

表 17－2 2014—2017 年金融学专业和全院毕业生就业类型比较

年份	专业	毕业生（人）	机关（%）	国有企业（%）	其他企业（%）	三资企业（%）	教育医疗卫生（%）	其他事业单位（%）
2014	金融学	200	5.00	32.50	44.50	0	0.50	1.50
	全院	463	3.89	22.46	53.78	1.94	1.08	2.38
2015	金融学	216	5.09	17.13	54.17	0.93	1.39	0.93
	全院	511	6.26	14.29	51.08	3.72	3.14	1.17
2016	金融学	241	5.39	18.26	40.25	0	0.41	2.49
	全院	622	7.23	15.92	48.07	1.61	1.12	1.93
2017	金融学	271	4.06	11.81	45.02	2.58	1.11	3.32
	全院	656	5.18	10.98	49.70	1.68	0.60	2.44
平均	金融学	—	4.89	19.93	45.99	0.88	0.85	2.06
	全院	—	5.64	15.91	50.66	2.24	1.49	1.98

注：表中将高等教育、中初等教育、医疗卫生等单位合并统计为“教育医疗卫生”，另外还有科研设计单位、部队、农村建制村和城镇社区等就业类型，因人数及比例较低，所以未包括在表内。

资料来源：根据本院就业率统计情况整理。

但毕业后进入国有企业的比率却明显下降了。2014 年，全院和金融学专业毕业生进入国有企业的比率分别为 22.46% 和 32.50%；但到 2017 年，二者比率分别只有 10.98% 和 11.81%，分别比 2014 年降低了 11.48 个和 20.69 个百分点。与此同时，毕业后进入其他企业，即非国有企业的比率变化不大（见表 17－2、图 17－3）。

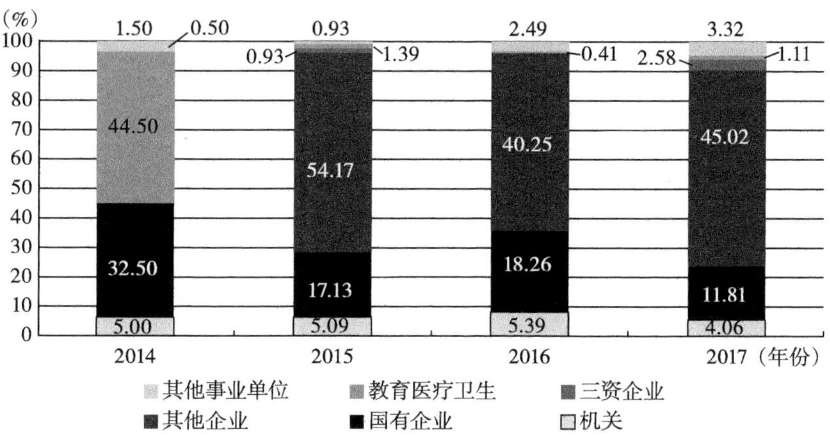

图 17－3 2014—2017 年金融学专业毕业生就业类型变化

17.2　民族院校金融本科生就业选择的经验分享

自学校实行学分制以来，全校和笔者所在经济学院均实行导师制，每位任课教师每届均分配10余名本科新生，从大一到大四，始终与学生保持较多联系和沟通。因笔者一直在金融学教研室担任学分制导师，每年平均指导15名左右金融学本科生，从大一到大四进行毕业论文指导，连续四年对学生的关注和了解等比较深入持久。下文关于毕业考研、考银行和考公务员等经验教训，均是来自多年与各届同学的交流沟通，希望对金融学专业、经济类其他专业乃至管理类等专业学生，能有一定的参考价值。

17.2.1　考研经验杂谈

考研虽然不适合所有同学，但大部分同学都曾经把它作为就业备选方式之一，同时考研也是一种比较公平的选拔方式。笔者所在民族院校金融专业考研比率不如其他一些高校，但近几年考研比率不断提高却是一个明显趋势。对于确定考研的同学，注意如下几个事项，可能会达到事半功倍的效果：

17.2.1.1　确定坚决考研的目标，制订周详的计划

考研这条路并不好走，且准备考研会花费大量时间和精力，也会错失不少集中招聘的好时机。所以一开始就要确定是否坚定考研，大致确定是考本校还是外校，考本专业还是跨专业等，外校又是哪个城市的哪所高校乃至哪个专业。虽然初步选择的考研学校和专业后面也可做些调整，但也不要朝三暮四，因为选择不同的学校和专业，学习和复习的计划就不尽一样。

周详的考研计划属于考研战略，所以非常重要。考研是一个漫长的脑力体力耗费和耐力考验的过程，有的同学大二、大三就开始制订考研计划了。计划最好要有偏宏观一些的大计划和偏微观的小计划，前者包括从准备开始复习到最后考试复试等整个大段时间的安排。小时间段则是具体到每周要完成哪些复习任务，且要落实到每一天。虽然计划并不能完全实施，但是要尽量先去完成，并在自己觉得必要时做适当修改，以适应自己的进

度和水平。复习过程中，尽量赶前不赶后，因为后面可能会有意料之外的其他事情耽误复习时间。

17.2.1.2 协调分配好时间，努力提高学习效率

考研到最后往往都觉得时间不够用，所以要按照计划分配好考研的时间，集中精力提高学习效率。为此，首先，需要找一个相对安静固定的地方坚持学习，如专门的考研教室等。其次，要把时间分配细化到每天各学科的学习时间，以及休息和锻炼时间等。例如，早上几点起床、几点到教室、中午午休多久、晚上几点睡觉等。计划要适当留出休息时间，还要安排每个星期甚至每天跑步运动等的锻炼时间。最后，在学习复习期间，尽量少玩 QQ、少刷微信和逛淘宝等。另外，不妨找一个与你所报考专业接近，但不报同一专业或同一学校的研友互相督促、一起学习。

17.2.1.3 要找到适用于不同科目的不同学习方法

考研最后既要达到国家录取线和学校复试线，还要达到单科的最低分数线要求，所以制订不同科目的复习战术也很重要。对于统考的英语的复习，越早越好，而且中间不能间断，到 10 月冲刺时，英语所花时间就可减少一些，因此需要提前打好扎实的基础。英语单词非常重要，考研英语真题每年的单词重复率比较高，可结合历年真题，通过反复练习阅读来背诵单词。英语作文等也需要找些对应的练习题和范文来练手。数学可以说是决定金融类考研成败的关键科目。复习数学时，要结合本科所学的教材，先把教材上相关定理等都尽量自己证明一遍，知道怎么来且如何用。政治尽管一般得分不容易很高，但也不要轻视。复习政治的关键是要理解，不要死记硬背。至于金融（经济）类的专业课，因是各学校自主命题，所以要根据自己的本科专业课程学习成绩和拟报考学校具体的指定教材等综合复习，最好事先能找到目标学校往年的专业课考试真题，熟悉考试题型、出题难度和常考重点等。至于各科复习需要的资料和教材等，可以咨询往年考过的学长们，也可以浏览一些论坛和网站。

17.2.1.4 认真准备考研复试

经过艰苦的复习备考，终于迎来了通常安排在 12 月底或 1 月初的考研。熬到第二年 2 月底或 3 月初，考研分数即将公布时难免会比较紧张。

尽管最后结果一定是几家欢喜几家愁，但也要随时关注研招网页面消息。其间，首先不妨结合往年目标院校的分数线，预估一下自己的分数是否可进复试。如果可能是踩线进去的，一定要做好两手准备，即准备复试的同时准备调剂；若感觉自己的分数进不了目标院校复试线，则要全身心准备调剂，因为调剂成功与否，就在于较早较充分的准备，包括直接电话联系拟调剂学校研招办和相关学院。其次需要认真准备复试。因为不同学校最后录取时，包括复试成绩在内的各部分成绩比例并不完全一致。如有的学校统考的初试成绩占比50%，有的只占30%。通常复试成绩至少包括专业课笔试、英文自我介绍和专业英语口语等，其中专业课笔试通常可占比50%。而像会计专硕因统考没有会计专业课程考试且各学校复试线普遍偏低，这时的专业课笔试就尤为重要。一般要找到目标院校或者调剂院校要考的那些指定书本，抓紧时间看书，这种短时间集中突击复习可强化记忆并理解不少知识点。

对于专业英语，至少本科所学的相关专业词汇和知识点要熟悉，有的笔试复试还要求用英文作答，全靠长期积累。关于英文自我介绍，大约3分钟，一定要事先打好草稿，反复修改，确保词汇语法结构等没有大的错误后，自己背熟，让复试教师看起来是脱口而出的，就基本差不多了。

17.2.1.5　抓住最后的考研调剂机会

一旦分数公布，查看目标学校往年的复试线，就大致知道能否进复试了。如果确实需要调剂，也不用太惊慌，要抓住机会，提前做足准备。可通过咨询负责研究生招生的教师，马上开始寻找能接受自己分数而自己又能接受的调剂学校或专业，并且一定要逐一打电话到拟调剂的目标专业所在学院的研招办（这些电话，学校官网上通常都有）。最好学生本人打电话咨询，尤其是要确定调剂名额有多少等，对方教师也会询问学生有关毕业学校和专业以及统考分数等情况。一定要等到拟调剂院校的教师同意自己调剂到对方学校时，方才在调剂系统上登记。注意调剂时各学校以及相关学院调剂系统开放时间不定，或许正在自己犹豫不决时，调剂名额已满，系统自动关闭，又需要重新寻找调剂学校或专业了。基本确认无误就要立即认真准备，好好把握调剂获得的复试机会了。当然，如果出于各种原因初试分数不理想，且调剂时对目标院校要求又高，那就准备找工作或明年“二战”考研吧。

17.2.2 关于考银行和进保险公司等金融行业

民族高校金融本科毕业的学生，有一部分会回到生源地金融系统工作，包括进入国有控股银行、城市商业银行、农村商业银行、农村信用社、保险公司和证券公司等。几乎每年金融专业都有30%以上的同学进入金融行业，其中进入银行系统的同学最多，竞争也比较激烈。大规模银行招聘考试通常安排在大四上学期的9—10月（俗称秋招），次年做补充的春招(3—5月)。规模较小公务员省考在大四下学期进行，而银行考试与公务员考试的内容有相同之处。所以，很多金融专业不考研且愿意进银行工作的毕业学生，都从银行考试着手，一是能够尽早准备，二是能够为后面公务员考试积累经验。下面几个环节是准备银行考试时需特别注意的：

17.2.2.1 关于网上报名申请

准备进入国有控股银行（俗称四大行），第一步就是在公告出来的规定时间内在网上申请报名。尽管最近几年银行面临利差缩小和互联网冲击等影响，也时常盛传银行裁员的消息，但进入银行工作依然是很多金融专业同学向往的就业选择。通常银行网申被刷掉的有30%左右。网申时要求填写学校成绩、社会实践以及比赛获奖等信息。若选择回生源地，即回到民族地区的银行，网申比较容易通过。同时，因四大行通常只有总行和省分行两类考试，地市分行和县支行都包括在省分行招聘中，二本金融本科学历一般要留省会城市比较困难，地市级甚至县级分支机构的岗位是比较适中的选择。当然如果是城商行、农商行、农信社等，有的是考试以后再重新分配或到基层锻炼。因各银行都是自主命题，有不少同学是遍地撒网，能够申请的都先申请，考试时间上往往不冲突。

17.2.2.2 准备笔试

网申报名结束后通过资格审查，就可以着手准备笔试了。银行笔试范围较广，虽然各银行的题量和题目不尽相同，但内容均涵盖行政职业能力测验（即行测）、英语、综合知识与性格测试等方面。与公务员类似，行测主要考察语言逻辑和数理逻辑等，需要通过多练掌握一定的解题技巧和快速解题方法，考场上才能快速制胜。英语侧重考查英语词汇和语法等，题目并不算太难，可参照大学英语六级水平复习。综合知识测试，各大银行的侧重点和难度不尽相同，题型有单选和多选，题量大多在70～80道，内容包含时事、金融、经济、财会、计算机、法律、管理、人文等知识。拟报考银行的发展历程、现状和荣誉等常识，也是每年每行必考内容。所以，这部分必须全面复习，多关注新闻和重大时事。虽然各银行各部分题目所占比例不同，但金融是所有银行题目中占比最大的，需重点复习。参加各银行的统一笔试后，公布成绩时是看不到自己总分的，也没有具体分数线，每个银行都根据各省的报名人数和需要招聘人数，按一定的比例从高到低录取并通知面试。有的会大致知道自己分数的排名，通常笔试又会淘汰1/3左右。

17.2.2.3　参加面试和体检

银行面试一般至少要经过两轮，每轮面试都会淘汰不少同学。通常一面是有主题的小组面试，二面是无主题的个人面试。参加小组面试时，太过锋芒毕露或始终一言不发的同学，容易被刷掉。即便有时小组抽到的题目，自己可能不太熟悉，也要沉着应对，可等别人先发言，再选择站队，争取一面留个好印象。二面可能就更有针对性和随意性，取决于同学平常的积累、口才、思路和临场反应等。不可否认，个人身高、外貌和气质等方面有优势的同学，面试环节必然会获得加分，毕竟银行是服务行业、窗口行业。另外，笔试成绩特别优秀的同学，也会有一些优势。二面顺利通过以后，银行体检又会刷掉一部分同学。体检之后等待录取通知通常还有一段时间，需要同学们耐心等待结果。

17.2.2.4　关于选择保险、证券等其他金融行业

保险和证券行业通常没有大规模的、集中的统一考试，但是提前考取证券从业资格证、基金从业资格证和保险精算师等从业资格证的同学，可采取先实习再寻找目标职位的办法。当然，像保险公司等还能应聘经理助理等职位，只要片区经理或部门经理面试通过，就可以入职。近年来，金融专硕、保险专硕等毕业生不断增多，笔者所在学校还是二本学校，金融专业直接进入证券和保险公司的同学相对不多，当然保险专业进入保险公

司的就比较多了。

17.2.3 关于考公务员和进事业单位

“逢进必考”早已成为我国进入政府机关和事业单位工作的必由之路，因政府机关和事业单位没有考核压力，加上父母的偏好等，毕业后选择考公务员和进事业单位工作是金融专业毕业生的重要选择之一。公务员考试竞争同样是非常激烈的，有的岗位1个名额，报考人数却达百人之多。有的考研失利同学也转战考公务员，考研复习的经历所积累的学习和规划等经验可直接用到准备公务员和事业单位考试的复习中。报考公务员和事业单位有如下环节需引起特别重视：

17.2.3.1 关于职位报考

公务员报考也是在网上报名申请，审核通过后才可以参加考试。所以，要根据自己专业和喜好等正确选择拟报考部门的地点甚至职位，选择综合管理类或行政执法类职位。而中国人民银行网上报名时就要选择报考地方和具体职位，也有政府机关是先报考最后才分配具体工作地方。通常政府部门和机关事业单位都有一些对于学历和专业等报考资格的基本要求，而门槛越低的职位，竞争越激烈。从考试时间先后来看，有不少同学从国家公务员（简称“国考”）开始报名，再到省级公务员招考到地市县乡村干部考试等，一路报考下来，前面复习备考的内容和方法，后面可能也会用到，还能大大增加后面胜出的机会。

17.2.3.2 关于课程复习

报考国家公务员中综合管理类或行政执法类职位的同学，其笔试科目包括“行政职业能力测验”（以下简称“行测”）及“申论”。其中，行测的主要题型为单选题，属客观性试题，主要包括言语理解与表达、数量关系、判断推理、资料分析和常识判断（侧重法律知识运用）等。“申论”由注意事项、给定资料和作答要求三部分组成，主要通过给定材料的分析、概括和提炼等过程，考查报考者拟从事机关工作应当具备的阅读理解能力、文字表达能力和解决问题的能力等。考过银行的同学已见识过行测的难度了，公务员的行测比考银行更难。笔试复习时，不少同学通过购买相关教材和网上公开课教学视频等，掌握重点难点，同时每天运用相关做题 App

等进行限时练习，梳理和巩固相关知识点，发现自己不理解的知识点和易错之处再反复练习。然后反复复习课本知识，进行专项练习和巩固提高练习，最后做历年真题。通过不断学习和反复练习，知识脉络梳理得比较清晰，慢慢会练就笔感，形成惯性记忆，能有效提高正式考试时的准确率和速度。尤其是考试临近时的临阵磨枪，每天几乎按照上午写论文、下午做行测、晚上看申论的步骤或反过来进行，如做行测题时要保证每天下午必做1~2套题。备考申论时，则可通过每天利用固定时间，背诵往年优美文章以保证自己写作时的语感，并提醒自己写作必须工整。尤其是考试前1~2周更要不断强化和总结。经过充足的准备，有了平常复习保持的手感和累积的自信等，走进考场时保持愉悦轻松心态，方能从容应考。

17.2.3.3 高度重视面试

国家公务员考试的录取成绩中，公共科目笔试与面试成绩各占50%，因而面试与笔试同等重要。目前，绝大多数公招单位采用的是结构化面试形式，即一对多的面试，要求考生在一定时间内通过口头语言现场回答考官的问题。大致流程如下：面试报道抽签—候考—进入考场—答题—退场—公布成绩—面试结束。显然考生都是现场随机抽题，面试教师也是当日随机抽选。而面试题型众多，包括背景性问题、智能性问题和意愿性问题等，对考生的综合分析能力、人际交往意识和技巧话术等均有一定要求。性格比较开朗或者担任过学生干部、做过社团管理工作或有一定实习经验的考生，尚需针对性地训练；而那些平常性格偏内敛或在重要场合容易紧张的考生，则需要付出比笔试更多的时间和精力来训练。具体可通过先购买相关面试书籍，进行理论复习，了解面试类型，掌握面试方向和技巧，再针对具体题目，通过分析不同题型的固定答题方向和模式，试着将各类型题目自己先写出答案，再对比优秀答案反复修改，慢慢形成自己的思维。大致熟悉面试答案后，再开口训练。所以，也有考生直接报名专门的公务员面试培训机构，或者找相关专业的亲戚长辈等进行专门辅导。通过有针对性地看时政新闻，通过随机出题，大声开口答题，再观看面试训练视频直播课，查漏补缺，进行高强度的思维训练和开口训练，努力提高面试成绩。

17.3 民族院校金融本科生就业选择面临的挑战

每到毕业季，既有不少同学经过自己努力学习和精心准备，最后心想事成，也有部分同学事与愿违，没有找到自己满意的就业方式和岗位。除了毕业生人数不断增多、毕业形势不容乐观之外，部分同学自身也存在一些问题和误区，值得同学、教师、家长和社会等高度重视。归纳起来，主要有如下几方面：

17.3.1 缺少清晰规划，走一步看一步

毕业就业很满意的同学，无论选择哪种就业方式，无一例外都是提前有明确的目标和方向，每一环节都始终做好了充分的准备。相反，最终就业选择不理想的同学，往往缺少明确的目标，常常表现为大一时各种不适应，大二时忙于各种社团，大三时一头雾水，到大四就开始抓狂。有的男同学从大一开始沉迷各类游戏，随意缺课，考试只求 60 分及格甚至挂科，社会实践等活动少有参加。也有少数同学遇到难一些的高等数学或宏观经济学，就一直处于学习低谷，没有学习的主动性和积极性。还有部分同学对毕业就业抱着到时再看的态度，低年级抱着释放高中压力、彻底放松的心态，既没有为找工作做好实习和考证等方面的准备，也没有为考研等奠定坚实的理论学习基础。待到高年级理论学习差不多结束而面临毕业就业时，却茫然失措，陷入被动应付状况，结局自然不尽如人意。

17.3.2 对自身认识不足，容易跟风

缺乏规划的同学，往往同时缺乏对自身的准确认识和定位，复习备考诸多环节流于跟风。例如：有的同学考进大学时也曾发誓要好好学习，但遇到爱打游戏的室友，就跟着晚上熬夜、白天旷课；有的同学看着别的同学参加社团，自己也整日忙于各种社团活动；有的同学看着别人报名考研，自己也跟着报名；有的同学备考银行时还到处找实习机会和参加各种面试；有的同学在复习过程中，听到哪个网站或哪个同学说哪本书或哪个补习班好，马上报名，始终缺少对自己的明确定位和规划；有的同学考试和面试不理想时，不从自身找原因，不脚踏实地调整方向和方法等，往往把失利归因于外在因素；也有的同学在选择报考职位和填报考研学校和专业时，

好高骛远，远远脱离二本学校现实和自己能力等，浪费宝贵的时间和精力。

17.3.3　学习复习面试等方式方法有待改进

尽管每个同学的基础和习惯不一样，但是复习考试面试等诸多环节还是有一些可资借鉴的方法和注意事项等，可以直接拿来使用而无须都用自己惨痛的教训去验证。如上所述，关于如何安排复习时间、如何选择报考专业和职位、如何准备面试等，尤其是很多与个人原有基础差不多或预期目标比较接近的类似方法等，不妨自己多借鉴总结，找到适合自己的方法。相反，就业结果不满意的同学，往往不善于总结和改进自己的方法，常走弯路，如复习考研政治时死记硬背、考研数学练习不够、英语词汇量不足、考公务员时复习申论只背题而不练手、准备面试没有事先反复进行针对性训练等。此外，还有诸如高估自己、报考学校和专业不适合自己、过度追求复习量而不注重效率等，结果越到临近考试面试时专注度和效率越无法提高，越无法保持良好的心理状态等，最终影响考试发挥。

17.3.4　知识和能力储备不足

由于前述规划缺失和方法不当，部分同学对于即将参加的考试和面试在知识和能力等储备方面存在诸多不足。如：考研时要求的数学难度没有达到、英语的词汇量不够、英语和申论等答题速度慢导致做不完考题，专业课复习时教材难度太浅；面试时对面试过程不熟悉、缺乏面试技巧等，考试和面试临场准备不充分；实习时需要的人际沟通能力、基本专业知识和技能等储备不够，对即将面试的单位和岗位不熟悉，或者相关知识已经过时，某些岗位必须具备的从业资格考试没有通过；等等。这些不足反过来又进一步打击了某些同学的自信，使其对就业和社会显得无所适从，短期内很难调适好自己，无法很好地发挥青年学生对民族地区经济社会发展的积极作用，极端情况下还可能变成家庭和社会的不安定因素。

17.4　提升民族院校金融本科生就业的选择建议

据粗略统计，2017 年我国本科毕业生人数为 795 万，比 2016 年新增 30 万，而 2018 年将超过 820 万。随着我国高等教育的普及和本科毕业人数的逐年增加，就业形势更加不容乐观。同时我国又面临经济发展方式转变和经济结构调整等经济新常态，择业就业的竞争越来越激烈，民族院校就业工作将面临更大的压力和更新的挑战，需要同学、学校和社会等各方面予以高度重视。提升民族院校金融学专业本科就业能力可注意如下几方面：

17.4.1 学生要提早进行规划，加强自身学习和实践锻炼

凡事预则立，不预则废。民族院校金融专业学生，不要过多纠结于高考失利的懊悔或是超常发挥的喜悦，要及早面对现实。即便是北京地区的高校金融专业，也只有7.6%的同学有清晰的职业规划，57.6%的同学有简单的职业规划，还有4.8%的同学无职业规划，30%的同学想进行职业规划。所以，民族院校金融专业的同学，更要从入学开始就进行职业规划，根据自己的实际情况尽早确定大致的发展和就业方向，并以此制定大学期间每个阶段基本要达到的目标，始终注重加强自身学习和实践锻炼等。职业规划确定初步就业发展方向时，既要参考父母的意见，也要考虑自身实际、基础条件和家庭经济等情况。一般而言，个性安静内敛，能够沉静下来读书的学生，不妨尝试考研、考公务员等；个性活泼张扬一些，喜欢有挑战性和有压力的任务的学生，可以选择进企业等直接就业的方式。如果有意考研，在学校和专业等没有明确之前，要努力打好数学和英语基础；有意直接进企业工作的同学，则要在诸如计算机、会计、英语口语等课程多花时间，努力争取考取相关的职业资格证书等，并尽早多参加相关实习实践活动，为毕业就业储备和累积相关知识技能。当然，至少在大四之前，职业规划或就业目标还是可以调整的，只是选择或放弃均要在多方比较后慎重而为，不能是一会儿想考研，一会儿又想直接找工作。这种随时跟风，缺少一贯目标引领的同学，平常自然是得过且过，到毕业时就抓狂，枉度大学四年时光。

17.4.2 学校要从课程设置、实习实训实践等方面为学生提供教育训练保障

根据一项针对北京地区金融专业大学生的调查，学生们认为，对就业影响最大的前五项因素依次为：专业知识与技能（19%）、实践和工作经验（18%）、社会关系（16%）、沟通与表达能力（19%）、毕业学校知名度（11%），此外，还有外语能力（9%）、外表形象（6%）等。显然，专业

知识与技能、外语、计算机以及沟通表达等诸多能力，都需要学校根据相关专业及其教学计划要求，通过开设基础课程、专业课程、选修课程和实验实训等不同类型的课程，培养满足民族地区经济社会发展所需的经济金融人才，解决就业人才培养模式与民族地区社会发展需求错位的矛盾。笔者所在经济学院的职业规划课程大多由比较年轻的辅导员等担任，不仅容易与学生们沟通，而且更容易吸收社会新知识和把握社会新动向，比较受学生欢迎。同时，学院还一直在所有专业都开设专业英语课程，注重培养学生的英语阅读和口语表达能力，金融维舟班还专门使用英文原版教材、开设双语课程、聘请外籍专家教授专业课程等，使本院同学在毕业考研、出国等英语考试环节有较多的优势，值得坚持和推广。实验实训课程在巩固专业课知识、培养动手能力和沟通能力等方面也发挥了重要作用。此外，学院还有专门针对考研的数学辅导和专业课程辅导，使学院考研率和就业率一直遥遥领先，值得坚持。当然，在相关实践和实训环节，还有不少地方需要进一步改进和提高，如实践实训有限、实训时人数太多、实践实训的针对性有待加强等。因此，学校要以更加多样化的学习实践活动丰富学生的经历，如有关职业规划可多聘请之前毕业的校友或相关领域的专门培训教师等，增加模拟面试、礼仪培训等的频次，充分发挥本科教育在培养学生相关知识能力中的重要作用。

17.4.3　毕业选择时要扬长避短，努力多方尝试

大学生往往过高估计自己的水平和就业能力。就业能力高低直接决定其大学毕业初次就业的成功率和初期的就业质量，而包括沟通能力、问题解决和决策能力及自我管理能力在内的就业能力，正是他们普遍欠缺的能力。不少大四学生是在投了多次简历石沉大海，或者是考研遭遇挫折，或者是面试屡屡受挫等之后才明白，只有扬长避短尽可能多地尝试、不断总结和调整，才能找到满意的就业方向。即便是尽早确立了发展方向的同学，也可能存在择业预期过高的情况，需要根据自己的实力、基础和兴趣以及竞争对手的实力等，及时调整预期目标和心态，准备接受各种挫折和打击。在不断尝试各种选择和承受相应打击的过程中，经过反复调整自己的目标，不少同学能慢慢找到适合自己的就业方向和岗位，并且会分外珍惜来之不

易的工作机会，脚踏实地地开始慢慢适应社会。当然这期间，毕业生还要学会识别和防范某些招聘骗局和陷阱，如有的打着高待遇的旗号实际工资待遇却比较低，甚至有的是传销陷阱，等等。

17.4.4 企业等与政府相关部门要加强对本科学生的就业关注和指导

民族院校金融专业就业也具有自身的优势和劣势。民族院校金融本科就业选择能力的提升，除了前述发挥大学生的积极主动性和高校的重要作用之外，还需要用人单位、政府相关部门以及家庭等多方面的配合和协调。民族地区作为欠发达地区，个人发展机会应该更多，金融专业毕业学生更要主动投身到民族地区经济金融发展的进程中去，不能只局限于留在发达城市。为此，用人单位和企业应增加对本科毕业生的关注，提前让在校大学生了解企业的需求，尤其是民族地区金融企业更应该主动加强与民族高校的联系，提前让毕业生了解企业用人需求，促使金融专业的学生的自我发展方向和学校教育与企业需求相互协调。针对民族院校就业工作面临的压力和新的挑战，政府相关部门要加大对就业制度的完善，通过就业政策宣传、就业信息发布、专业技能培训、组织专场招聘会以及资助扶持大学生创业相关政策的落实等，加强对就业指导部门的监督，引导学生树立正确的就业观，为大学生创造一个公平健康的就业环境，有条件的地方还要鼓励和扶持大学生积极自主创业。

参考文献

[1] 闫妍. 浅谈金融基础人才的培养与输送——从民族高校金融专业毕业生就业谈起[J]. 银行家,2013(11):136-137.

[2] 温英杰. 经济新常态背景下民族院校提升学生就业力途径研究——基于调查问卷的分析[J]. 民族教育研究,2015(5):21-25.

[3] 刘丽玲,吴娇. 大学毕业生就业能力研究——基于对管理类和经济类大学毕业生的调查[J]. 教育研究,2010(3):82-90.

[4] 塔娜. 民族院校毕业生就业的SWOT分析[J]. 民族高等教育研究,2015(5):71-75.

[5] 张格等. 金融专业大学生就业意向调查研究——基于北京四所高校的调查[J]. 东方企业文化,2013(2):266-268.

[6] 张少杰. 高等院校经济类人才培养与就业问题研究[J]. 黑龙江教育(高教研究与评估),2011(6):24-25.

18　应用型人才培养目标下财政学专业课程实验实践教改研究

肖育才①

摘　要：社会经济快速发展的同时，对应用型人才需求数量和人才综合素质的需求都大大增加，应用型人才的培养成为高等教育人才培养的主要目标，为了增强高校人才培养的质量以适应社会需要，财政学专业在应用型人才培养目标下应更加注重学生实践能力和创新能力的培养，实验实践教学在财政学专业人才培养中具有越来越重要的意义和作用。本文通过对我国高校财政学专业实验实践教学的现状分析，发现普遍存在缺乏完善的实验实践教学体系、实验实践教学方法简单且滞后、缺乏科学的考核体系和评价机制、教学队伍建设有待加强、经费投入不足等问题，导致实验实践教学效果不佳甚至流于形式。鉴于此，我们认为应在应用型人才培养要求下重新对财政学专业人才培养目标进行定位，以提高财政学专业学生的实践操作能力、创新能力以及观察和分析问题能力作为主要培养目标，同时对财政学专业实验实践教学进行改革以满足实验实践教学的要求。

关键词：应用型人才；财政学专业；实验实践教学；教学改革

18.1　社会需求变化对财政学专业人才培养目标的影响

随着中国经济发展的转型升级，人力资本的提升在经济发展过程中的作用越来越重要，无论是政府部门还是企业事业单位都需要实践能力和创

---

① 肖育才，男，湖北红安人，经济学博士，西南民族大学经济学院副教授，硕士生导师。主要研究方向：财政理论与政策。项目来源：2018 年中央高校教育教学改革专项资金之西南民族大学经济学院“应用型人才培养目标下财政学专业课程实验实践教学改革研究”。

新能力更强的人才。中国高等教育的快速发展，为社会提供了大量的人才，对中国社会经济发展做出了重要贡献。但同时我们也应该看到，高等教育在人才培养方面也存在诸多问题，特别是近年来随着科学技术的进步和经济的迅速发展，社会对应用型人才的需求量越来越大，对其要求也越来越高，而高等教育培养出来的学生在一定程度上无法满足社会各领域对人才的要求。中国当前经济发展需要更多的应用型人才，高校培养出来的人才也是建设创新型国家的基石，但很多高校的专业设置、培养目标、课程设置以及教学方式等都无法满足对应用型人才培养的要求，导致大学毕业生实践和创新能力不足，无法满足社会的需求。因此，在高等教育中加强对学生实践能力的培养、提高学生的创新能力和水平是当前高等教育的重要任务。

专业人才培养不仅要传授专业知识，也需要开展知识创新的方法教育，在传授知识的过程中提高学生的行为能力和创新能力，这在应用型人才培养目标下显得尤为重要。实验实践教学是提高学生动手能力和创新能力的主要手段，被很多学科运用，特别是理工科专业中的实验教学方法，取得了很好的效果。实验教学方法在自然科学领域应用时间早，并且从初等教育到高等教育各个层次都有实验教学方法，但在人文科学领域的应用相对较晚，涉及的范围也较小。随着社会的发展，人文社会科学领域对应用型人才的要求也在发生变化，动手能力和创新能力的提升也成为人文社会科学领域学生培养的重要目标。近年来，人文社会科学领域也逐渐开始将实验教学纳入专业课程教学的内容和对学生的考核要求，特别是经济管理类专业实验教学的探索和建设快速发展，实验教学方法被拓展性地应用于经济管理各专业教学中，使实验成为经济管理学理论创新的重要方法。教师通过演示和验证等实验可以增强学生对专业知识学习的兴趣，让学生掌握一定的实验方法，也对提高学生的动手能力和创新能力起到很好的作用。

财政学专业主要研究以国家为主体的收支问题，存在理论和研究内容较为抽象、宏观以及涉及面较广等特征，传统的财政学专业培养目标、课程体系和教学方式中更多注重的是专业知识的传授。而当前社会对财政学专业需求已发生变化，财政学自身专业发展的需要也发生了相应的改变，在应用型人才培养目标下财政学专业的教学目的是为社会提供能够满足财政、税务与其他经济部门要求的高级人才，对学生的实践能力和创新能力的要求也在提高。但我们发现，目前大多数开设了财政学专业的院校在财政学专业人才培养过程中，普遍存在不够重视或者实验实践教学不足的问题，不过其中财经类院校在实验实践教学上进展更快。近年来，在我国财税制度全面深化改革和财税网络信息化建设的推动下，对高校财政学专业学生的动手能力和创新能力的要求进一步提高，也为高校财政学专业实施实验教学提供了基础。在信息技术广泛应用于财税管理的背景下，财税相关领域的模拟实验教学成为很多高校特别是财经院校财政学专业的重要教学内容，通过借助软件设计一系列实验来模拟国家现行的财政税收管理过程的方式，能让学生更好地体验和了解财税领域的实际业务流程。但总体来说，实验实践教学在财政学专业人才培养、课程设计等环节还存在诸多问题，加快改变财政学专业实验实践教学现状，不断探索财政学实验实践教学平台建设和专业课程体系建设，切实提高财政学专业学生的实践能力和创新能力，是当前财政学专业教育和学科建设改革的重要内容①。因此，本文通过对当前财政学专业实验实践教学的现状进行分析，发现目前高校财政学专业实验实践教学存在的主要问题，然后结合应用型人才培养目标对财政学专业学生的要求，探索财政学专业人才培养过程中实验实践教学改革的路径。

18.2 应用型人才培养目标下财政学专业实验实践教学的必要性

18.2.1 应用型人才培养目标下财政学专业人才培养

应用型本科院校人才培养主要是为经济发展和社会发展提供具有实践能力的应用型人才，相关专业的设置与调整、相关课程体系的设计等都要

① 财政学类教指委课题组．切实加强财政学类专业实践教学研究［J］．中国大学教学，2016（3）：80.

以社会的实际需要为导向。应用型本科院校既区别于以研究为目的院校，又区别于培养技能型人才的高等职业院校，在人才培养方面倾向于紧缺的高级应用型人才，在专业建设方面要与社会需求相结合，并通过加强实验实践教学来提高学生实际应用能力，培养具有实践能力和创新能力的高级人才。根据教育部对应用型人才培养目标的要求，应用型本科院校将是我国应用型人才培养的摇篮，其培养目标是：要培养在理论知识、技术水平、素质结构方面具有鲜明特点，同时具有较强的实践应用能力和创新能力的人才。在人才培养目标设置上，主要强调培养与社会需求相符的应用型人才，不仅要求掌握全面的理论知识，还要求具有较强的实践能力，能利用所学的知识解决生活、工作中遇到的实际问题，最终成为各地区经济社会发展所需要的综合性人才。

随着我国社会经济的不断发展，应用型人才培养目标下财政学专业建设面临着新形势和新的挑战，传统的财政学人才培养目标、专业课程实际等都与现实需求存在一定的差距，无法满足社会经济发展对财政学专业人才的需求，导致财政学专业学生的就业优势变小、专业技能特色缺失、毕业生的就业方向不明确不集中、专业对口率低。一方面，公务员考试制度的推行导致财政学专业毕业生到财政税务部门就业的竞争加剧；另一方面，财政学专业理论性强、技能优势不突出，导致财政学专业毕业生与就业市场需求无法形成有效对接。但也应该看到，随着近年来财税体制不断改革深化，财政税务对整个社会经济发展产生了深远的影响，社会各领域都需要专业的财税人才，不仅是政府部门，很多企业也都需要财税领域的应用型人才，这为财政专业毕业生的就业提供了更多的机会。另外，财政学专业本身就具有综合性强和学科交叉的特点，财政学专业的学生具有较强的理论基础，如果能够提高实验实践能力，就能大大拓展其就业口径。因此，应用型人才培养目标下，财政学专业人才培养目标应该根据社会需求重新定位①：一是财政学专业人才培养定位需要从服务政府转向服务社会，制定“宽口径、厚基础、重能力”的人才培养目标；

① 宋学红．应用型本科院校财政学专业实践教学的思考——以吉林工商学院为例[J]．吉林工商学院学报，2017（5）：118.

二是修订人才培养方案，理论教学和实务训练相结合，在保证学生掌握财政、税务、预算等专业基础知识的基础上，具备相应的财税实务操作技能和实践能力；三是强化实验实践教学环节，加大实验实践教学比重，在人才培养上更加突出应用性、技能性、创新性及创业性。

18.2.2 应用型人才培养目标下财政学专业实验实践教学对财政学的必要性

财政学属于应用经济学，但从财政学科发展和财政问题现实性来看，其他学科不断向财政学渗透，财政学本身也在不断移植其他学科的原理和方法来研究财政问题和揭示财政现象，现代财政学已经逐渐演变成了集经济学、管理学、政治学、法学和社会学于一体的交叉性学科。而且随着我国财税制度不断深化改革和财政税务信息化建设的快速发展，信息技术被广泛应用于财税管理中，这就要求财政学专业学生不仅具有丰富的理论知识，还需要了解实际生活中公共部门管理经济运行的业务流程和实际操作，特别是掌握一些财税管理中的信息技术。传统的财政学课程体系和教学方式已经无法满足应用型人才培养目标下财政学专业学生学习的需要，将实验实践教学引入财政学专业教学中来，不断提升财政学专业学生的实践能力、专业技能和创新能力显得尤为重要。随着财政学教育教学改革的深入推进，越来越多的高校意识到在财政学专业进行实验实践教学的重要性和必要性。据不完全统计，目前全国大约有 79 所高校开设了财政学专业，其中大多数都有财政学实验教学，只是在实验教学内容和实验教学程度方面有一定差异。财经院校的财政学专业实验教学走在前列，如中南财经政法大学财税学院建立了现代化多功能的财税实验室，财政学专业学生可以进行部门预算、收入管理、集中支付管理以及税收征管等多个软件系统的实验。

可见，在财政学专业人才培养过程中，理论知识是基础，实验和实践是关键，将理论知识、实践技能和创新能力融为一体的应用型财政学专业人才，才能适应社会经济发展需要。在财政学专业人才培养过程中，实验实践教学正是培养财政学专业学生实践能力、技术能力和创新能力的有效环节，实验实践教学将具有越来越重要的意义和作用①。但现实是，财政学专业学生很少有机会走出校门，把理论和实践有效结合起来，就算部分学生能够到相关部门进行社会实践活动，也很难接触到具体的财政税务方面的实务工作。这就要求在财政学专业人才培养过程中，一方面，立足于实践，根据社会对财政学专业人才的需求来设置培养目标、课程体系和教学方式等；另一方面，在实际教学中具有一定的前瞻性，在增强学生实践能力和动手能力的基础上，注重培养学生的创新意识和创新能力。

18.3　应用型人才培养目标下财政学专业实验实践教学现状及挑战

18.3.1　财政学专业实验实践教学现状分析

随着社会对应用型财政学专业人才需求的转变，财政学专业人才培养越来越重视学生的实践能力和创新能力培养，实验实践教学也逐渐在财政学专业人才培养中占据重要地位。财政学类教指委课题组针对目前各高校和财经院校财政学专业实验实践教学进行了深入的调研，调查结果显示，高校财政学专业实验实践教学取得了长足进步，大多数院校都采用了设置校内实验课、建设校外实践基地、利用假期进行社会实践、毕业实习、开展大学生创新创业教育和校园实训等实验实践教学形式来提高学生的实践能力和创新能力。校内实验课是目前高校财政学专业开展实验实践教学的主要形式，实验实践教学的课程设置主要包括政府预算、税收征管等财政学实验课程，实验课程以技能型实验和仿真模拟型实验为主。在实验实践教学软硬件配置上，大多数高校目前硬件设施基本上能够满足教学需要，并且根据实验实践教学需要购置了相应的软件，主要包括用友政务软件、用友财务软件、兰贝斯财政管理系统、福斯特纳税申报模拟实习软件、

① 张宏霞. 应用型大学财政学专业实践教学改革探讨[J]. 廊坊师范学院学报（自然科学版），2014（10）：122.

CTAIS税务软件和新中大财政管理软件①。另外，为了更好地让财政学专业学生熟悉财政税务实际操作流程并提高实践能力，部分院校与财政税务部门、社会中介机构等协同建立校外实训基地，财政学专业学生可以利用假期进行社会实践活动。在财政学专业实验实践教学的制度建设方面，也取得了一定的进展，大多数高校建立了专门的实验实践教学管理评价体系，通过精品课程、实验教学示范中心等形式，积极鼓励教师撰写有价值的实验教学教材，大大提高了实验实践教学的效果。

具体而言，现行财政学专业实验实践教学模式主要有以下几种：一是依赖相关软件的被动实验模式。由于市场上软件多样，不同学校采用不同软件，实验教学内容受到了这些软件开发目标和对象的影响。二是双向合作开发软件推动实验教学模式。由于财政学专业知识与市场上相关软件存在耦合性较低的问题，在一定程度上影响了实验教学效果，部分院校在财政学专业实验教学中会寻求与软件公司合作，共同开发财政学实验教学软件，如厦门大学和中南财经政法大学与兰斯贝公司合作，根据财政学专业特点和要求，开发出了教学软件，大大提高了财政学专业知识与相关软件的耦合性。三是共享政府财政管理软件进行实验的教学模式。少数院校与地方政府财税部门合作，通过共同培训等方式，采用政府正在使用的财政管理软件，直接进行课堂实验教学，如广东财经大学财税学院实验教学中的税务信息化实验，采用的软件就是广东省国税局使用的CTAIS2.0，较好地提高了学生的专业应用能力。四是自成体系的实验教学模式。部分院校依托自身较为成熟的经济管理实验教学中心，根据实验教学需要，设计财政学实验教学的教学内容，通过综合仿真实验让学生验证所学的专业知识。

就目前高校财政学专业实验实践教学发展来看，大部分高校都在不断完善相关教学体系，提高相应的教学条件，积极探索教学方式方法等，并取得了积极的成效，主要表现在以下方面：一是实验实践教学体系初步建立，基本上所有开设了财政学专业的院校都制定了实验实践教学的培养方案和教学计划，并设置了相关的实验课程。二是实验实践教学条件基本具

① 姚维保．财政专业实验教学创新模式研究[J]．内蒙古财经学院学报(综合版)，2011(2)：48.

备，大多数院校都建立了相关的教学实验室、教学实习基地，购买了相关教学软件，并且组建了实验实践教学的师资队伍。三是实验实践教学方法多样化，教学考核有规可循，教学方式采用了专业软件的操作、模拟业务流程、案例分析等方式，教学考核考虑了实验实践教学任务的完成、教学目标的实现、学生实践水平的提升等多方面指标。

18.3.2　财政学专业实验实践教学面临的挑战

18.3.2.1　实验实践教学的课程体系缺乏系统性，无法满足应用型人才培养目标的需要

由于目前很多高校财政学专业实验教学大多都基于理论课程教学的需要而设置，都是各门专业课程根据自身需要进行实验教学，理论课程的教学内容在一定程度上制约着实验教学内容和安排。目前，各高校财政学专业实验实践教学主要集中在税务及部分会计课程上，而财政预算管理、国债管理等实践和操作性较强的课程相对缺乏，导致财政学专业实验实践教学过于偏重单一环节的实践，多层次、多环节的实验实践教学不足。这种现象使财政学实验实践教学课程之间缺乏有机联系和相互协调，对理论教学和实验教学也缺乏统筹考虑，导致财政学专业实验实践教学课程体系布局的整体性不强，缺乏完整性和系统性。

18.3.2.2　实验实践教学方法单一，教学手段落后

就目前各个学校财政学专业实验教学的方式来看，由于受到传统教学的影响，实验教学以验证性实验为主，其中教师讲授还是起主导作用。具体而言，财政学实验教学以实验室教学为主，通过实验教学验证所学专业理论的正确性和可行性，导致同一门课程实验教学内容过于同质化，不同实验课程的实验教学内容重复率高①。实际上，目前大多数高校财政学专业的实验实践教学还处于简单的操作和参观阶段，本科学生尽管能够参与相关程序的操作，但也只是简单地跟着实验教学软件逐层逐步地运行相关程序，实验实践教学成了理论教学的辅助手段，而综合性和设计性较强的实验以演示为主，学生实际参与设计和操作的机会较少。另外，由于对学生

① 王佳．财税管理模拟实验教学思考[J]．财会月刊，2015(27)：122.

参与实验教学的要求仅限于实验数据和实验报告的完成，整个实验教学过程程式化，导致学生对实验教学感到枯燥乏味，无法让学生锻炼实践创新思维和实践创新能力。

18.3.2.3 实验实践教学考核缺乏科学性，评价制度不健全

受传统教学方式的影响，目前很多高校对实验实践教学的考核和评价制度还是以传统的考核机制为主，主要采用实验报告、调查报告、实习单位评价等对学生进行考核，相关考核内容偏向于对学生知识点掌握程度的考核，在一定程度上忽视了对学生实践能力的考核，无法满足财政学实验实践教学的需要。另外，很多高校实验实践教学的质量监控和评价体系不健全，或并未制定专门的实验实践教学评价管理制度，缺乏统一的教学监控和评价标准，导致实验实践教学质量不高。

18.3.2.4 实验实践教学师资队伍建设水平有待提高

实验实践教学中的师资队伍是不可或缺的主体，也是保证实验实践教学质量的重要因素。目前很多高校财政学专业实验实践教学师资力量薄弱，无论是在数量上还是业务能力上，都不能满足实验实践教学的需要，成为制约实验实践教学质量的瓶颈之一。受传统教学观念和轻视实验实践教学思想的影响，财政学专业教师从事实验实践教学的意愿不强烈，再加上实验实践教学教师的自身实验经历和教学经验不足，师资力量在职称结构、学历层次和年龄结构等方面欠缺合理性，导致实验实践教学师资队伍的整体素质不高。由于很多高校财政学专业教师从毕业之后就一直在高校从事教学科研工作，很多都没有接受过相关的业务锻炼，甚至没有接受过有针对性的实验实践教学培训，更没有参与实践部门的实践，很多专业教师都缺乏实践活动经验和技能，极大地限制了对财政学专业学生应用能力的培养。随着社会需求变化，财政学专业实验实践教学中涉及金融、税务、预算等方面的实际应用，因此应该在教师队伍中选择部分具有实际工作经验或接受过专业培训的教师承担实验实践教学工作。

18.3.2.5 实验实践教学经费投入不足，导致实验实践教学软硬件配备不齐

财政学实验实践教学需要软硬件的投入，但由于实验实践教学经费投

入不足，硬件配置和软件更新无法满足实验实践教学的要求，同时又存在实验室利用率低的问题。校内实验教学主要是通过实验和实训来锻炼学生的动手能力和创新能力，这就需要相应的硬件和软件条件，需要配套的实验室、实验场所以及相关的软件。但很多高校在实验实践教学上经费投入不足，导致硬件过于简单且滞后，以软件为平台的实验教学更新不及时导致实验教学内容过时而无法满足社会发展的需求。再加上很多高校缺乏高水平的实验室管理人才，有时候存在软硬件无法维护和遗失损坏的现象，大大影响了实验实践教学的组织和教学目标的实现。

18.3.2.6　校外实践流于形式，实习效果不佳

财政学专业就业方向主要是政府部门，由于政府部门工作的特殊性，只能接纳非常少量的学生进行社会实践，并且很多实际业务也不能让学生真正参与，学生亲自动手和实践的机会较少，导致实践效果不佳。另外，吸纳财政学专业学生的企业主要是一些社会中介机构，如会计师事务所和税务师事务所等，这些企业也无法接纳太多学生，再加上其业务性和时间性原因，很难提供适合的岗位，导致这样的实践教学活动没有实际意义[①]。

18.4　应用型人才培养目标下财政学专业实验实践教改路径的选择

18.4.1　应用型人才培养目标下财政学专业实验实践教学目标定位

在应用型人才培养目标下，财政学专业实验实践教学要以素质教学为根本宗旨，使学生达到能力培养标准的要求，提升学生分析和解决实际财政问题的综合能力。这就需要更新传统的实验实践教学观念，根据应用型人才培养目标要求、国家财税制度改革现状和就业形势变化等，对财政学专业实验实践教学目标进行重新定位。在财政学实验实践教学改革中，应合理安排实验实践教学和课程教学的比例，结合财政学专业的特色，重新

① 曾艳．应用型本科院校财政学专业实践教学改革[J]．黑龙江教育学院学报，2016(5)：52.

定位财政学专业实验实践教学目标，构建财政学实验实践教学体系、教学内容和方法。财政学实验实践教学应以提升学生实践能力和创新能力为主要目标，使学生在实验实践教学中提高发现问题和解决问题的能力，形成以“学生为主体”的实验实践教学模式。

具体而言，财政学专业实验实践教学的主要目标包括①：一是增强学生对专业知识的感性认识，通过实验实践教学提升学生对专业知识的接受度和理解力。在实验实践教学过程中，让学生通过实验教学对专业知识可行性进行验证，进一步加深对专业知识的理解。二是培养学生的实践操作技能，提升学生观察、分析和判断问题的能力，通过课堂实验教学和课外实践，让学生熟悉实际部门工作流程，具备设计实验思路和实验方法的能力，不断提高学生的实践能力。

18.4.2 应用型人才培养目标下财政学专业实验实践教学改革路径

18.4.2.1 根据应用型人才培养目标要求构建完整的实验实践教学体系

实验实践教学体系设计应该基于财政学专业应用型人才培养目标，根据财政学的专业特点和社会对财政学专业的需求，按照学生不同阶段和认识发展的规律，打破实验实践教学依附于理论教学的传统模式，建立相对独立的实验实践教学体系，并将实验实践教学贯穿于大学四年的教学课程中。在充分考虑财政学专业实验实践教学课程之间、实验实践教学课程与实验实践教学课程体系之间内在逻辑联系的基础上，摒弃原有的各门理论专业课程界限，按照实验实践教学自身的系统性、科学性和规范化特性，独立设课，科学地设计实验实践教学课程体系。应统筹安排实验教学课程，注意实验教学课程之间的前后联系，构成一个由浅入深、循序渐进，具有内在联系的有机整体，形成一体化、多层次、有机衔接的实验教学课程体系，保证对学生创新意识和实践能力的培养贯穿于实验教学活动的全过程。通过建立科学的、完善的实践教学体系，使学生不仅牢固掌握理论知识，

① 申韬，岳桂宁．财政学专业实验教学改革探讨[J]．实验科学与技术，2013(1)：75.

同时能够实现知识向应用方面的转化。

18.4.2.2 探索并丰富实验实践教学方式

实验实践教学方式直接影响到教学的效果，在实验实践教学中应该以培养学生自主学习与研究能力为主，防止实验实践教学变成简单的软件操作。本质上来说，应用型人才培养目标下财政学专业学生不仅要掌握一定的实践知识，更重要的是要明白实验实践操作背后的机理，能够成为将来工作中的改革者和开拓者。财政学专业实验实践教学课程要采用引导启发、问题研究、案例教学等方式，充分调动和引导学生积极思考，从而培养学生研究和解决实际问题的能力。在校内实验教学中，可以采取开放式实验教学方式，将学生置于实验主体地位，根据实验教师布置的实验项目要求，由学生完成查阅资料、拟定实验方案、设计实验步骤、完成实验过程和处理分析实验结果等各个环节①。在实验过程中，学生始终处于独立自主的地位，实验指导教师仅负责提供必要的实验资料，对实验方案的可行性进行审查，给予必要的启发和引导，实验完成后对结果进行评价。开放式实验教学有利于培养学生收集处理信息及获取新知识的能力，使学生掌握科学、严谨的思维方法和研究方法，充分发挥主观能动性和创造性，提高学生分析、解决问题的能力，以及动手能力和应变能力，对培养符合社会需求的开拓创新型人才产生明显的促进效用。

18.4.2.3 加强实验实践教学师资队伍建设

实验实践教学师资队伍是财政学专业实验实践教学中不可或缺的主体，建设一支高素质的实验实践教学师资队伍能直接提高实验实践教学的效果。财政学专业实验实践教学师资队伍应该是一支具有开拓精神、创新意识、知识和年龄结构合理的教学队伍。加强实验实践教学师资队伍建设应该采取“走出去、请进来”的方式，一方面，鼓励实验实践教师和技术骨干参与财政学实验实践教学的培训、学习和交流，开阔视野，了解学科最新发展动向，及时更新知识结构和能力结构，不断提高实验实践教学质量。另一方面，从校外聘请实际业务部门的专业人士来担任兼职实践教学教师，

① 崔惠玉，孙晓峰．财政学专业实验教学的设计与要求[J]．沈阳师范大学学报（社会科学版），2008（3）：24.

定期给学生开办专题讲座、指导实际业务操作等。另外，要加强“双师型”教师的引进和培养，这类教师具有丰富的实践经验，主要讲授专业实验实践课程，有助于训练学生的实验应用能力。针对“双师型”教师，学校应该创造条件，制定一定的激励措施，鼓励他们定期到有关部门、基层单位、企业挂职锻炼，帮助他们丰富教学内容、转变教学方式、提高教学水平，从而提高实验实践教学的有效性①。

18.4.2.4　加大实验实践教学的投入力度

实验实践教学的特殊性决定了其需要硬件和软件的大量投入，实验实践教学投入不足将会严重制约实验实践教学的发展。针对大多数高校实验实践教学长期投入不足的问题，应该探索建立实验实践教学经费投入机制和绩效评估机制，保证实验实践教学的经费需要②。鼓励高校根据财政学专业特点和现实需要与软件开发企业共同开发实验实践教学软件，使软件更加符合教学需求，改变软件与现实需求不符导致实验实践教学流于形式的现状。另外，通过加大经费投入，使实验实践教师有更多机会参与实验实践教学的培训、学习和交流，提高实验实践教学教师的整体素质，还可以聘请校外指导教师，构建合理的实验实践教学体系，让实验实践教学落到实处。

参考文献

[1] 财政学类教指委课题组．切实加强财政学类专业实践教学研究[J]．中国大学教学,2016(3):80－85.

[2] 宋学红．应用型本科院校财政学专业实践教学的思考——以吉林工商学院为例[J]．吉林工商学院学报,2017(10):117－119.

[3] 张宏霞．应用型大学财政学专业实践教学改革探讨[J]．廊坊师范学院学报(自然科学版),2014(10):122－125.

[4] 姚维保．财政学专业实验教学创新模式研究[J]．内蒙古财经学院学报(综合版),2011(9):48－52.

① 郭玲．财政学专业实验教学改革的探索[J]．实验室科学,2011(8):31.

② 赵宝廷．财政学实验教学中的问题与对策[J]．高等财经教育研究,2013(3):51.

[5] 王佳．财税管理模拟实验教学思考[J]．财会月刊,2015(27):122－124.

[6] 曾燕．应用型本科院校财政学专业实践教学改革[J]．黑龙江教育学院学报,2016(5):51－53.

[7] 申韬,岳桂宁．财政学专业实验教学改革探讨[J]．实验科学与技术,2013(2):73－76.

[8] 崔慧玉,孙晓峰．财政学专业实验教学的设计与要求[J]．沈阳师范大学学报,2008(3):22－24.

[9] 郭玲．财政学专业实验教学改革的探索[J]．实验室科学,2011(8):29－31.

[10] 赵宝廷．财政学实验教学中的问题与对策[J]．高等财经教育研究,2013(9):47－51.

19 高校经济学实验性教学现状及改革路径

黄毅　戴季容[①]

摘　要：在中国特色社会主义的新时代，为更好地践行党中央提出的人才兴国战略思想，向社会提供具备相当实践创新能力的经济学复合型人才，对经济学实验性教学环节进行加强和改革是非常必要的。本文探索了高校加强实践性教学的意义，分析了实验性教学的特点，深入剖析了经济学实验性教学的现状及面临的挑战，最后提出了改革的几点思考。

关键词：高校；实验性教学；经济学

习近平总书记在党的十九大报告中指出，人才是实现民族振兴、赢得国际竞争主动的战略资源。人才兴，则民族兴，人才强，则国家强。伴随着经济全球化和我国社会经济的发展，社会对经济学科综合性人才的需求不断扩大，迫切需要培养一大批实践创新能力强的应用型高素质人才。实验性教学在培养学生实践创新能力方面拥有强大优势，是理论教学中不可或缺的重要环节。

19.1　高校经济学实验性教学的意义

19.1.1　改良学科建设，推动教学发展，满足高等教育发展对教学的客观要求

经过近 3 个世纪的发展，实验经济学开始作为一门独立的学科走上主

① 黄毅，女，四川邻水人，西南民族大学经济学院教授，硕士生导师。主要研究方向：政治经济学、服务贸易。通信地址：成都市一环路南四段 16 号西南民族大学经济学院（610041）。戴季容，西南民族大学经济学院硕士研究生。项目来源：2020 年西南民族大学研究生课程思政建设示范课程“资本论选讲”项目。

流社会学科舞台，经济学实验教学也广泛作为传统课堂授课模式的补充，用以提高学生的实验和实践能力。为顺应高等教育由“精英教育”向“大众教育”的转变、现代信息技术的发展、学生层次的不同和实体经济对于发展的需求，经济学高等教育必须由规模发展向质量发展转型。实验性教学作为课程改革中的主要环节，对培养学生的实践能力、创新能力有重要意义。

1999 年高校扩招后，我国的高等教育进入速度和规模加速扩张时期，政府在体制调整、资源组织和物质投资方面起到了强有力的主导作用。高等教育总规模在 2001 年、2004 年和 2010 年分别突破了 1000 万人、2000 万人和 3000 万人，高等教育毛入学率在 2002 年、2005 年、2012 年和 2015 年分别突破了 15%、20%、30% 和 40%。教育社会学家马丁·特罗对高等教育阶段的划分为：当毛入学率在 15% 以下时，该国的高等教育就处于精英化阶段；当毛入学率大于 15% 小于 50% 时，该国的高等教育便处于大众化阶段。可见，我国高等教育已整体从精英阶段迅速跨入了大众阶段。高等教育由“精英教育”向“大众教育”转变，实施素质教育以及对创新意识和综合能力的培养，要求我们拓宽教育支撑的基础，从教学内容、教学手段到教学方法都必须进行改革。

首先，在高等教育大众化的时代，科学技术日新月异，信息交流和管理技术水平不断上升，新经济、经济全球化和经济信息化建设无不以现代信息技术作为基础或手段。因此，培养适应社会信息化的经济学人才，应该在专业课程教学中系统地、自然地融入新技术、新知识和新思维，通过构建和加强新型实验性教学环节来为专业教育提供一个新的舞台。

其次，在高等教育大众化的时代，入学学生的个体学习能力存在较大的差异，因此，“单层次，一刀切”式的教学模式不再广泛适用。而针对这种状况，实验性教学可分层次培养的模式就显得十分必要。实验性教学的分层次培养模式把教学大纲要求的理论教学、实验教学和开放性实验教学有机地结合起来，在学生之间形成良性的竞争氛围，既因材施教地培养了学生的实践创新能力，又提高了教学资源利用的充分性。

2007 年，国家实施了本科教学质量与教学改革工程，明确了高等教育由规模发展向质量发展转型，以实践育人为导向的课程改革全面展开。而实验性教学作为课程改革中的主要环节，对培养学生的实践能力、创新能力有重要意义。

此外，信息技术的发展为经济学的发展创造了前所未有的条件，大大拓宽了经济学的研究建设空间。现代信息技术与现代经济理论的交叉领域往往是研究方向、研究成果和培养复合型人才发展的重要方向。传统的以定性为主、单纯思辨的研究方法和手段不足以满足学科和社会发展的要求。发展和壮大基于信息技术的经济学实验性教学环节，是信息化社会经济学教学改革的必经之路。

19.1.2 提高实践能力，培养创新意识，适应经济社会发展对人才的客观要求

人才兴，则民族兴；人才强，则国家强。面向经济社会的人才供应的质量，将直接对传统行业的延续与优化产生或积极或消极的影响，也将对高新产业的兴起与发展起到或抑制或促进的作用。只有加强实验性教学环节，培养经济学的专业复合型人才，才能满足不断发展的经济社会对人才的需求，才能适应经济社会亟待进一步发展的客观必然要求。

在我国，高等学校的教学主要包括理论教学和实验教学，二者是教学体系中既相互联系又相互独立的两个环节、两种手段。其中，实验教学在培养实践创新人才方面具有理论教学所不能替代的作用，该环节是大学生素质养成、能力培养的重要环节，其质量好坏直接关系到社会人才供应质量的高低。

一方面，实体经济是一国经济的立身之本，是财富创造的根本源泉，是国家强盛的重要支柱。习近平总书记在主持中央政治局第三次集体学习时提出，要大力发展实体经济，筑牢现代化经济体系的坚实基础，这是党中央立足全局、面向未来做出的重大战略抉择。实体经济蓬勃发展，对经济管理类人才的需求也快速增长，特别是大量的普通操作性岗位需求量急剧增加，相当一部分学生首先直接面向的将不是决策性岗位，而是营销、金融、对外贸易、制造企业等一线工作岗位，企业更看重的是应聘学生的实际操作能力。因此，除了参加社会实践以外，利用电子技术和商业沙盘

等载体，通过实验性教学模拟实践提高学生理论实践素质，是经济社会发展对人才培养的客观要求。

另一方面，经济学作为理论性很强的学科，通常被认为是不可实验的，因为许多经济学家认为经济规律无法通过严格控制的实验来揭示。然而20世纪80年代之后，越来越多的经济学家意识到了实验的价值，尤其是2002年和2012年的诺贝尔经济学奖分别颁发给了两位实验经济学家——弗农·史密斯教授和罗斯教授，标志着经济学已经发展成了一门实验学科，主流经济学的分析框架已被突破，经济学方法论有了重大创新。实验经济学在过去的30年中快速发展，作为经济学的前沿地带，已经涵盖了经济学、金融学、管理科学、博弈论、决策论和市场营销等多个研究领域，故而各高校研究所对拥有经济学实验策划执行能力的学术科研人员的需求也与日俱增。只有加强经济学实验性教学环节，才能适应对新一代经济学学者日益拔高的要求，才能保证理论领域的不断拓宽与进步。

19.2　高校经济学实验性教学的特点

19.2.1　经济学实验性教学以问题为导向

在我国高等教育的教学模式中，除去传统授课模式（Lecture - Based Learning，LBL）以外，比较常见的模式还有三种：以案例为基础（Case - Based Learning，CBL），即以实际案例为中心，将理论融入展示案例中来施以教学；以团队为基础（Team - Based Learning，TBL），即以小组为单位，强调团队讨论与协作，在观点碰撞中强化对理论知识点的认识；以问题为基础（Problem - Based Learning，PBL），即以问题为平台，强调激发学生的主动性，从而可以更深刻地理解理论知识点。而经济学的实验性教学环节往往以问题为导向，将三种侧重点不同的教学模式融为一体：一方面将案例实验化，让抽象的理论知识点可以更为生动地被讲授出来；另一方面激发学生的主动性，通过小组讨论、头脑风暴来解决案例中的问题，将理论知识点与实践相结合地刻入大脑。

事实上，经济学的学习内容综合性较强，知识体系的分支构建具有一定模糊性，因而围绕着理论知识点而展开的教学往往会让学生感到脱离实际，对如何切实应用相关知识点心生疑惑，真正面对社会问题时又因找不到合适的切入点而束手无策。为了解决这一问题，在实验性教学中通常选择与现实活动同构的问题或任务，模拟现实活动中的情景，以问题为导向来帮助学生在不同情景中综合应用多个概念理论或多门相关学科的知识技能，从而加强对问题解决策略的自我思考意识，有效地提升问题解决能力。

实验性教学环节以问题为导向，切实地提升了学生的研究探索意识，因为作为导向的问题实际上是没有明确的终点的，是在环环相扣中逐步解决的。这种相对开放式的探索可以触发那些期望提升自己技能的学生的好奇心，在自我求知、团队讨论和教师指引中获益。

19.2.2 经济学实验性教学以实践为基础

经济理论与经济实践不是对立的概念，也并不完全分离，某一经济实践可能有多种经济理论的解释，同一经济理论也可应用于不同的经济实践。在认知心理学的研究范式中，实践作为情景—行动者的刺激条件，为心智观念做出“现实输入”；与之相对应，行动者的内在思维活动被看作认知系统的“输出”，使认知过程完整化。心理学认为，具有一定挑战和技巧的活动可以激发一个人的积极体验，难度适中的问题解决过程能够有效调动人的思维运动与认知行为。在实验性教学环节中，教学内容和教学方式的选择综合考虑了学生对于专业、课程的求知期待，激发了学生的参与热情与自发思考，以实践带动思维认知。

实践是认识的基础、认识的来源、认识发展的动力、认识的目的和检验认识真理性的唯一标准，同时人的认识还是一个在实践中不断深化的能动的辩证发展过程。感性认识是认识的初级阶段，需最终上升到理性认识；理性认识是认识的高级阶段，以感性认识为基础。感性认识和理性认识辩证统一的基础是实践，在实践中获取丰富而合乎实际的感性材料，是实现由感性认识飞跃到理性认识的基础和前提。人们对客观事物的认识总要受到主观条件的限制，而客观事物又是复杂的、变化着的，其本质的暴露和展现也有一个过程，这就决定了人们对一个事物的正确认识往往要经过从实践到认识，再从认识到实践的多次反复才能完成。因此，只有以实践为基础，才能充分发挥实验性教学环节的积极作用，让学生有效地获取感性材料并运用抽象和综合的思维方法对其进行加工，提升对理论知识的应用性理解，把握经济事物的本质和内外部联系。

19.2.3　经济学实验性教学以发展为原则

自然界、人类经济社会以及人的思维都是在不断地运动、变化和发展的，这样的运动、变化和发展具有普遍性和客观性。发展的实质就是事物的前进、上升，是新生事物对于旧事物的扬弃。因此，我们必须坚持以发展的观点看问题，在实践中透过现象认识本质，并通过实践不断检验认识。进入中国特色社会主义新时代，我国高等教育面临新的重要战略机遇期，呈现出新的阶段性特征，高等教育需求发生结构性变化，推进高等教育内涵式发展已经成为新时代高等教育发展的必然选择。

此外，近年来世界经济出现了各种新趋势，最突出的是经济的数字化、制造业的服务化和服务业的智能化。在新趋势下，各国和国际的经济结构不断进行着调整，全球化的进程也面临着各种不确定性。根据国际货币基金组织的预测，世界经济增长动力将逐步弱化，金融体系趋于不稳定，同时贸易保护主义也将出现上升趋势。如何合理解释新趋势和新形势下的经济新事物，如何有效解决贸易保护主义、单边主义带来的矛盾与疑问，如何稳定全球金融货币市场和大宗商品价格，成为经济学亟待商讨的议题和学科的新前沿。

经济学的实验性教学环节是以发展为原则的，这是由不断发展变化的经济社会和不断革新的经济理论所决定的；经济学的实验性教学环节必须以发展为原则，这是社会对经济学人才的专业素质需求日益提高和拓宽所要求的。

19.3　经济学实验性教学现状及挑战

19.3.1　经济学实验性教学的发展现状

19.3.1.1　经济学实验专业化

实验经济学的渊源可以追溯到1738年尼古拉斯·贝努利提出的圣彼得堡悖论，但经济学家开始认识到实验在经济学研究中的重要作用，是两百多年后的事了。20世纪30年代人们开始使用规范的实验室研究经济学，

Thurstone 的个体无差异曲线的研究和 Flood 的“囚徒困境”博弈的研究都表明经济学是可实验的。此后，哈佛大学的张伯伦教授在课堂上以学生为实验对象，验证了市场的不完全性，弗农·史密斯当时作为研究生参加了张伯伦的实验，很受启发。史密斯倡导经济学实验方法，促成了实验经济学的产生，自他的市场实验之后，实验经济学开始蓬勃发展，逐渐融入主流经济学的研究工作之中，在理论界的影响也日渐增强。2002 年，弗农·史密斯被授予诺贝尔经济学奖，标志着实验经济学开始作为一门独立的学科走上主流社会学科舞台。现在，以哈佛大学为代表的多数美国大学已将经济学实验教学作为传统课堂授课模式的补充，以提高学生的实验和实践能力。

实验经济学的本土化影响始于 20 世纪 90 年代，一些外国学者开始在国内传播行为和实验经济学，与此同时，部分海外华人学者也开始回国普及行为和实验经济学，一些本土研究者和学生开始认识到实验方法对经济学的重要性，对其进行了初步的探索。金雪军教授于 2003 年申报了经济学教学案例与案例实验室建设项目，成立了实验经济学研究小组，建立了经济学实验室，编写了经济学教学案例集。2005 年东北财经大学经济学院编译了 *Experiments with Economic Principles*，2006 年暨南大学成立了经济学实验室并编著出版了《实验经济学教程》。2006—2008 年，国内实验经济学本土化迎来了第一个高峰，一些代表性成果相继在重要期刊上发表，让国内经济学界耳目一新。然而，尽管我国部分高校已先后成立了经济学实验室，但真正将经济学实验教学运用于课程讲授中的仍较少，系统阐述经济学实验教学的文献则更少。

19.3.1.2 学科间交叉普及化

对于经济学实验而言，它强调遵从科学研究的实证主义传统，试图明确经济理论和经济实验的统一分析结构，用以分析市场中的经济事物和经济主体的行为规律。然而，在实验经济学的不断发展中，纯经济学的理论渐渐难以解决经济学实验中的所有问题，其中具有代表性的问题是实验效率低下和主流经济理论基本假设的不足。好在与此同时，学科间的交叉日益普及，越来越多的学科穿插进经济学实验中来——主要是心理学和计算机技术——推动了经济学实验的科学发展，在交叉领域也诞生出许许多多的研究成果。

经济理论的实验是把社会中的人作为被试，所要验证的是人的行为命题，自然就需要借助行为和心理分析的方法。一方面，运用心理学中的行为理论来完善和改进实验；另一方面，运用行为理论来解释实验结果。许多经济学实验的结果与理论预测出现差异，其原因在于理论假设行为人是理性的，而被试的行为却是理性和非理性的统一。因此，只有运用了诸如展望理论、后悔和认知失协理论、心理间隔理论等心理学理论，来设计实验和分析被试的非理性行为，才能有效地进行实验和解释实验结果。近来的一股研究热潮利用了心理学和实验经济学传统的结合，对经济学和金融学的所有领域产生了深远的影响，如今的许多经济学家已将心理学的见解和实验方法看作现代经济学不可或缺的组成部分。

2000 年以来，计算机技术的迅速发展，为经济学实验的开展提供了良好的技术平台，越来越多的经济学实验依赖于计算机来开展数据的收集、整理和记录。伴随着实证研究和计量经济学的兴起，通过经济社会的实际数据来研究经济现象、剖析其中蕴含的经济理论渐渐成为主流，而计算机技术的普及化，减小了实验研究的误差，提高了实验研究的效率，更生动地用图像展示出变量关系。这种实验模式可以显著提高实验效率，实验的参与人通过鼠标即可操作整个实验的流程。在经济学教学中，SPSS、Stata、EViews、R 语言和 Python 等应用软件逐渐成为实验性教学环节中不可或缺的教学内容和工具，因而针对该类应用软件的入门课程和实际应用课程成为目前经济学实验性教学环节的重要内容。

19.3.2　经济学实验性教学面临的挑战：实验单向设计，内容先验封闭

19.3.2.1　实验设计单向导致学习被动化

在实验性教学环节之前，授课教师会事先设计好实验内容，准备好所需的电子器材和数据资料，反复检查流程以确保预期教学目的的实现。这意味着，整个教学环节所处的假设背景和具体研究的目的走向都是由授课教师单方面决定的，这割裂了教学环节设计筹备阶段和学生之间的潜在关

联，学生从这里开始就被置于被动的地位，作为实验性教学环节的主体和中心，却无法对实验起到能动的作用。

正如前文提及，设立实验性教学环节，目的是培养学生的创新意识和综合能力，拓宽教育支撑的基础，对教学形式进行改革，以满足、适应经济社会发展和高等教育改革的客观实际要求。然而，因为实验内容的单向设计，实验性教学环节不能充分发挥其平台作用，继而无法使授课教师与学生完成双向交流，也无法使理论知识点和实践相结合，最终导致该教学环节的实质效用与预期效用相去甚远：学生无法深入学习理论知识，同时也无法加强对其的应用性理解，甚至可能因为浪费了有限的课时，连基本理论知识学习都受到影响，可谓是得不偿失。

19.3.2.2 实验内容封闭导致结论先验化

在实验性教学环节中，学生按部就班地遵循授课教师的指导，使用准备好的电子器材和数据资料，在规定的时间内，依照固定的步骤完成整个实验，得出不会异于预期的结论。过程中，因为授课教师的指导和帮助，学生们完全不必过多地对实验产生自发思考，即使没有深入地理解实验中蕴含的理论知识点，没有设想过实验目的为何而确立，也没有比较过不同的实验进行方式，也不影响课程形式上的最终走向与授课教师对课程的预期之间的一致性。其根本原因在于：实验性教学环节的内容是被授课教师提前决定的，背景、目的、理论支撑和具体步骤都已经被限定在一定范围内了，也就是说，实验内容是封闭而具体的；实验性教学环节企图用怎样的手段说明怎样的理论已经清楚地被写进了备课手册里，因而无论该教学环节的步骤是如何拟定的、是否在一定范围内具有开放性，以结论为导向的实验，其最终导向的结论都是先验的。

在实验性教学环节结束后，学生按照教学环节的具体情况撰写报告或心得，这份报告或心得往往是用学生自己的话，不加思考地把授课教师备课手册上的实验内容复述一遍，该环节就算“圆满”完成了。事实上，因为实验的内容是封闭而先验的，学生与该教学环节的结合度难免较低，这就直接导致了在教学结束后，学生对于某些理论知识点的认识依然是模糊的、抽象的，对于这些理论知识点和实践的切实结合仍旧感到困惑。

19.4　经济学实验性教学的改革路径

19.4.1　调整实验性教学课时安排

在有限的经济学授课总课时中，实验性教学环节所占的比例往往较小。一些学校对经济学实验性教学的认识不足，不知道怎样引入实验教学法，怎样让学生在实验中亲自检验理论的真实性与有效性，所以基本不安排课时用于实验性教学环节；一些学校对经济学实验性教学的认识有限，该环节的进行方式仅仅限于以实际案例为基础的小组讨论和小组展示，通常每一科目是一学期 5 次以下，每次用时 1 课时左右，占总课时的比例不到 1/4；还有一些学校将经济学的实验性教学和数据分析软件教学糅合在一起，作为专业选修课供学生们挑选，然而数据分析软件使用的理论支撑涉及比较复杂的计量经济学，这样的选修课程并不受欢迎。

除此之外，实验经济学本身作为一门独立的学科，在国内经济学专业教学体系内并不算普及。从中国研究生招生信息网上提供的 2019 年全国硕士专业目录来看，仅有陕西省的陕西师范大学设有实验经济学的二级学科硕士学位授权点，与之形成对比的是西方经济学、政治经济学、发展经济学和产业经济学等学科，它们在本科教育中普遍作为专业必修课和专业选修课而受到重视，本身发展良好，因而但凡有理论经济学和应用经济学一级学科硕士学位授权点的学校，其二级学科往往都包含这些独立学科。而实验经济学作为一门本科教学课程，其本身是为了增加学生对实验经济学的了解，使学生能够独立设计经济学可控实验，进而解决若干实际问题的，显然其对于经济学实验性教学环节的改善和加强是有相当的积极作用的。

因此总体看来，一方面，经济学实验性教学环节的课时安排是不够的，只有提高实验性教学环节所占课时，同时在不断的实践探索中寻求该环节与传统教学环节的科学合理比例，将传统授课模式的理论教学和实验性教学环节有机地穿插交织起来，才能有效地在兼顾理论知识教学的同时，培养学生的实践创新能力，满足学科和社会的发展需要。另一方面，学校应当引入实验经济学作为经济学本科教学的一门课程，着重学习经济学中的实验方法，将其充分运用于经济学的实验性教学环节中，将行为分析理论与经济运行规律、心理学与经济科学有机结合起来，分析现实经济事务，修正主流经济学中一些前提假设的不足。

19.4.2 改变实验性教学设计思路

19.4.2.1 提高实验设计阶段学生的参与度

前文提及，目前经济学实验由教师单向设计，因而弱化了实验性教学环节的平台作用，阻碍了授课教师与学生的双向交流，使理论知识点和实践相分离，学生无法兼顾基础理论知识的学习和理论知识的应用性理解，最终导致培养学生实践能力、创新能力的经济学实验性教学目的难以达成。要改变经济学实验的单向设计情况，就要提高学生的参与度，而决定整个实验性教学环节学生参与度的，是实验设计阶段学生的参与度。

综上所述，经济学实验教学前，在经济学实验的设计阶段，教师应该只规定基本的实验规则和实验预期目的，然后鼓励学生去进行实验相关理论的自学，以小组为单位进行讨论，探索出可以完成指定目标的多种备选实验手段——包括实验方法、实验步骤和实验逻辑等。在学生已经选择出具体的实验手段后，授课教师再辅助学生准备相应的实验器材，并且对其实验思路提供一定指导，最后帮助其解决在实验中遇到的问题。如此一来，学生在积极地获取相关理论知识和活跃地寻求内在逻辑的过程中，根据对于不同知识点的不同理解程度，依照需求进行了深入而适用的学习，拓展了理论相关的应用性理解，最终有效地提高了实践创新能力。

19.4.2.2 增加实验进行阶段教学的开放性

在实验性教学环节中，往往实验性教学环节的内容是被授课教师提前决定的，背景、目的、理论支撑和具体步骤都已经被限定了，实验内容变得封闭而具体。学生们在实验进行阶段照猫画虎，欠缺对知识点和实验手段的自发思考，最终只是被动地接受实验导向的先验结论。教学实验是封闭而先验的，导致教学结束后学生对于某些理论知识点的理解不够清晰具体，难以合理应用这些理论知识点去解决实践中的现实问题。要改变这一现状，就必须增加实验进行阶段的开放性。实验性教学的开放性包括教学实验内容的开放性和教学实验时间的灵活性，授课教师应当为学生提供一定范围内的自由实验空间。

一方面，虽然授课教师要事前指定需要被说明的经济理论知识点，要事前准备需要被研究的现实经济事务，但是应当给予学生自由地探索可以用指定理论解释的其他现实经济事务、自由地研究现实经济事务中潜在的其他经济规律的权力，重要的也是唯一的原则是，要实证地、问题导向地进行实验研究，避免先验研究的低效率和无意义。另一方面，考虑到学生各自学术水平的参差不齐，以及实验前开放探索所需时间的不同，在可接受的范围内，教学性实验进行的时间应当趋于灵活，实行弹性的实验时间将提升实验进行的效率和实验教学资源的利用率。

19.4.2.3　革新实验完成后接收反馈的手段

在实验完成阶段，授课教师需要接收学生对于该实验性教学环节的反馈。在我国的高等教育中，接收反馈的手段一般有两种：审核实验报告和进行测试。

传统的实验报告框架往往是：实验目的—实验材料—实验步骤—实验结果—实验结论。在这样的撰写过程中，学生并不需要考察实验的内在逻辑、反思实验中待改进的问题，只要把实验指导手册或者教学课件上的内容抄下来即可。所以，授课教师应当在实验报告基本框架的基础上，要求学生经过独立思考后画出实验的逻辑流程图，自发地在实验中搜集数据并量化分析实验结果，写下实验中体现出的知识点和它们是怎样被应用的。

对于测试的改革也是必要的。在经济学的测试中，通常对记忆型知识点的考查占了大半，剩下的则是针对知识框架梳理的论述题和考查数理应用的计算题，基本不会涉及经济学实验的相关内容。然而，经济学实验性教学的意义绝不仅是完成实验过程本身，更深远的意义是在经济学的学习中培养和加强学生的实验性逻辑思辨能力，使学生在看到经济理论的时候可以自发地寻求其与现实经济事务之间的联系，在看到现实经济事务时可以主动思考其中蕴含的经济学原理，在建立出理论与实际的逻辑联系后可以设计出一整套经济学实验来进行验证。因此，可以革新地在测试的论述题中加入对实验设计的考查，一方面引导学生加强对经济学实验的重视，另一方面接受学生的学习反馈，如此就可以不断地促进经济学实验性教学环节的发展和进步，不断地推动对于实践创新型经济学人才的培养。

参考文献

[1] 董志勇. 实验经济学[M]. 北京:北京大学出版社,2008.

[2] 霍涌泉. 西方心理学关于理论与实践关系问题的新理解[A]// 中国心理学会. 第十二届全国心理学学术大会论文摘要集[C]. 中国心理学会,2009:1.

[3] 梁彤,贾永堂. 我国高等教育大众化道路的历史考察——基于发展型政府理论的分析[J]. 高等教育研究,2019,40(4):14 - 22.

[4] 罗勇,骆东奇. 经济管理实验教学平台建设研究[M]. 成都:西南财经大学出版社,2012.

[5] 孟祥霞,王金圣,李刚. 基于创业导向的经管类专业新型实验教学模式——理论与实践[M]. 杭州:浙江大学出版社,2010.

[6] 舒燕. 微观经济学课程的可实验性和实验教学[J]. 实验室研究与探索,2015,34(10): 206 - 209.

[7] 王宇,朴燕,杨絮,等. 大众化高等教育形势下实验教学的分层次培养模式研究[J]. 科技资讯,2019,17(11):137 - 139.

[8] 闻待. 指向课程核心技能训练的文科实验性教学设计研究——以《公共政策概论》为例[J]. 广西师范学院学报(哲学社会科学版),2015,36(3):63 - 67.

[9] 张丽娟. 世界经济的大变局与未来挑战[J]. 东亚评论,2019(1):16 - 18.

[10] 周业安. 改革开放以来实验经济学的本土化历程[J]. 南方经济,2019(1):1 - 40.

[11] Roth A E. Introduction to experimental economics[J]. Handbook of Experimental Economics Results,1995(1):3 - 109.

20 民族高校国际经济与贸易专业人才培养质量的教学实践创新

涂裕春　石川①

摘　要：民族高校国际经济与贸易专业人才培养质量的创新导向型教学实践和研究，基于"四象限"教学模式的融合突破，从教师和学生、民族与世界两个并行视角构建了"蝴蝶双翅"教学改革模型，并通过"7+X"校企联合授课、学生双创赛事指导、实习实训等途径，开展深入民族地区、闪耀世界舞台的教学实践，形成具有民族高校特色的代表性教学成果，为相关院校同类型专业建设提供参考借鉴。

关键词：创新导向；"蝴蝶双翅"模型；融合突破

民族高校肩负着为少数民族和少数民族地区培养各类人才的使命，但深处西部内陆地区的民族院校，如何培养具有国际化视野的创新型国际经济与贸易专业人才是一个值得思考的问题。同时，少数民族地区语言基础薄弱、信息化掌握水平较低的生源结构特征，以及院校本身教学方法单一等问题，也是民族高校创新人才培养教学改革中的痛点和难点。从培养目标角度看，在全球化、信息化时代下，培养既有"一带一路"国际化视野，同时又能服务民族地区的"应用型、创新型、复合型"国际经济与贸易专业人才，对民族高校的人才培养质量提出了更高的要求。

---

① 涂裕春，女，四川射洪人，经济学博士，西南民族大学经济学院教授，硕士生导师。主要研究方向：世界经济。石川，男，宁夏银川人，经济学博士研究生，西南民族大学经济学院讲师，实验师。主要研究方向：区域经济学。项目来源：四川省2018—2020年高等教育人才培养质量和教学改革重点项目"民族高校经济类专业双创人才培养的实践教学创新系列改革"。

20.1 教学实践中的问题和痛点

20.1.1 问题：西部民族地区如何培养国际经济与贸易专业学生

西南民族大学经济学院在 2003 年成立之初，教师就在思考一个问题——深居西部内陆地区，如何培养具有国际化视野，具有一定实操能力和扎实专业理论基础的创新型国际经济与贸易专业人才？国际经济与贸易专业不仅要求系统地掌握经济学和国际贸易的基本理论，掌握国际贸易的基本实操技能，同时还需熟悉当代世界经济、政治、技术等发展现状，熟悉通行的国际贸易规则与惯例以及中国对外贸易的政策法规，属于应用型经济学专业。培养适应中国经济与社会发展需要，能够进行双语交流，具有国际视野、创新和开拓精神的应用型国际经贸人才，是经济学院国际经济与贸易专业培养方案制定过程中贯穿始终的主线和靶向目标。

20.1.2 痛点：生源局限性、教学方式单一、学生创新实践能力弱

“一带一路”倡议使西部民族地区成为对外开放的前沿，深度开放使西部地区对国际化人才的需求快速上升。新背景下传统人才培养理念、模式及培养目标与社会需求脱轨，学生适应国际化变革的综合能力不足。建院以来，经济学院的国际经济与贸易专业为藏族、彝族、羌族等民族地区的稳定发展和人才培养做出了不可替代的重要贡献。但西部民族高校地处内陆，国际化程度较低，国际经济与贸易专业近 5 年第一志愿录取率为 60%。如果只采用传统的理论教学方式，过度依赖课堂上知识的单向输出，难以达到预期培养效果；学生在创新实践能力、动手能力方面优势不明显；人才培养和社会实际需求存在脱节和断层现象。为此，应不断提高学生专业实操能力、应用能力、创新能力，扩展学生国际视野，提升其处理国际经贸业务水平。

20.1.3 目标：培养具有“一带一路”国际化视野 + 服务民族地区的“应用型、创新型、复合型”外贸专业人才

西南民族大学经济学院的发展定位，就是发挥学科特色和学科优势，以“服务少数民族、服务民族地区、服务国家发展战略”为宗旨。为改变

国际经济与贸易专业以传统“填鸭式”课堂教学为主的教学方式，改变人才培养的局限性，落实立德树人的根本任务，应以建设一流本科专业为目标，以深化教育教学改革为突破口，强化创新创业实践教育，加强教育信息化建设，提升教师教学能力和学生学习实践能力，全面提升人才综合素质。近年来，国际经济与贸易专业进行了多次培养方案的修订，将现代经济学前沿理论与民族经济社会发展相结合，以培养具有“一带一路”国际化视野和服务民族地区“应用型、创新型、复合型”外贸专业人才作为核心目标，并使其贯穿教学、教研、教改和学生创新实践过程。

20.2　“四个融合”的创新教学模式

国际经济与贸易专业是一门综合性很强的应用型学科，不仅涵盖经济贸易管理等理论知识，同时对政治、法律、外语、计算机等实务性内容均有涉及。西部内陆高校国际化资源相对缺乏，因此，为解决“应用型、创新型、复合型”人才培养的难点，释放民族高校师资潜能，激发民族地区学生创新意识，发挥校企资源平台优势，国贸教研室近年来采用“四象限”教学方法进行改革和创新突破，即“课上 + 课下”“线上 + 线下”“校内 + 校外”“国内 + 国外”的四个融合（见图 20 – 1）。在保持已有人才培养特色的基础上，对先进的理念进行融会贯通；将师资队伍建设和学生课堂内外学习实践相融合；“走出去”开拓师生视野，“引进来”国际先进的人才培养理念；使中西文化碰撞融汇。

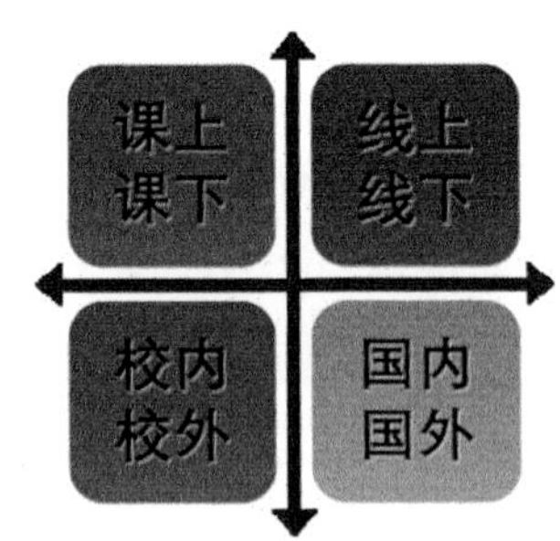

图 20 – 1　“四象限”教学模式的融合

20.2.1 “课上+课下”教学与科研相融合

针对专业课教师，通过培养方案修订、课程系数调整、配套经费支持等激励机制，鼓励专业教师在课堂上积极采用互动教学、案例研讨、翻转课堂等混合式教学方法，并充分利用微信、互联网、App 等信息化技术手段，推动课堂教学主体从以教为主向以学为主转变。

课堂上，教师不再是传统教学的讲述者，而是互动教学的引导者、组织者和理论知识深化的点拨者；课堂下，通过教改立项、师资培训、教研室活动、教学授课赛事等途径，围绕培养目标进行梯队建设，推动教师团队在创新课程开发、教学研究、教材编著、教改项目等方面不断创新和突破。

20.2.2 “线上+线下”理论与实践相融合

面向学生主体，在人才培养方案里设置“理论+实践”“线上+线下”课程体系，开设双语专业理论课程、实务类实践操作课程、商务礼仪选修课程等。通过案例分析、项目研讨、主题讲座等探究式课堂活动，使教学从低层次的信息记忆转向有助于学生个体发展的高层次教学。

同时，线上建设在线精品课程库，构建国际贸易实务虚拟仿真实训教学平台，以突破信息化时代下学习时间和空间的限制，便于学生充分利用线上资源自我学习和实训练习。线下通过举办讲座沙龙、带领学生参与国内外各类创新赛事、组织学生参与暑期社会实践、指导学生从事科研活动等多元形式，让学生在赛事中“干中学”，在实践中理解并熟识理论，同时提高学习的主动性，丰富交叉学科内容，全面提升学生的综合素质。

20.2.3 “校内+校外”专业与创业相融合

校内教学实训和校外创业实践相融合，实施校内外产学研协同育人教育，解决人才培养过度依赖校内课堂教学的问题，提高教学质量和应用型人才水平。

引入校外企业导师制度，聘请校外专家走进校园，承担部分实践教学工作，指导学生论文和创新项目。充分利用校内实验室、双创空间等创新创业平台和国际贸易相关软硬件专业实训资源，开展对接社会实践前的理论学习和专业训练，使人才培养与社会需求无缝对接。建立多个校外实训实习基地，充分利用校外优势资源，落实校企联合培养有效途径，将创新创业教育、深造就业融入校内外教育中，体现以学生为中心的参与式和共创式学习理念。

20.2.4 "国内+国外"民族与世界相融合

一方面是教师队伍国际化视野的优化，另一方面是学生国际化能力的优化。

教师端主要体现在以下三方面：一是引进了一批具有留学背景、具有国际化知识结构和国际化视野的教师；二是引进了一批国外教学经验丰富的教师，通过和院校具有合作关系的国外高校互派教师访学，由访学教师承担教学任务；三是立足于自身培养，派遣教师到国外知名学府进修、访学，培养教师的国际化视野。

学生端：国内结合民族地区情况，开展爱心支教、学生项目帮扶等大学生公益活动，通过各类大学生"双创"赛事，对民族地区的特色产业、非物质文化遗产等进行创新实践；组织学生参与国际学科竞赛和国际交流合作项目，使民族高校学生享受到国际高水平的教育资源，拓宽眼界，提升国际化能力和素养，同时在世界舞台彰显中国传统民族文化和风采。

"请进来，走出去"——通过进修访学、交流深造、国际赛事、海外师资项目等途径，拓宽校内师生的国际视野；国内外协同人才培养提升了国际经济与贸易专业师生在海外合作高校的影响力，并进一步拓展了更多的合作协同育人的空间和资源。

20.3 教学实践的成果与特色

20.3.1 "蝴蝶双翅"模型的创新教学成果

根据以上"四象限"教学模式的融合创新，从教师和学生、民族与世界两个并行视角构建了国际经济与贸易专业特有的"蝴蝶双翅"教学模型，如图20-2所示。

"蝴蝶双翅"模型是以人为核心，以民族观和世界观为主轴，教学与科研相融合、理论与实践相融合、专业与创业相融合、民族与世界相融合的

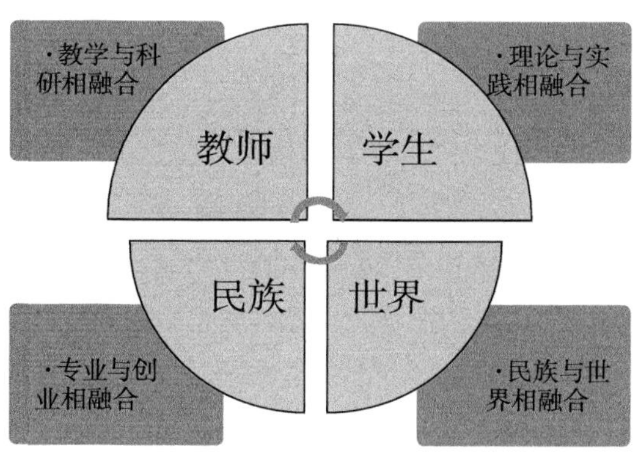

图 20－2 基于“四象限”教学模式构建的“蝴蝶双翅”模型

“四融合”人才培养模式。“蝴蝶双翅”模型不仅是“双符双适型”人才培养教学实践的创新成果，亦可通过该成果的推广进一步产生蝴蝶效应。

该模型有两个内涵：一是本文认为教师和学生均是教学改革和创新人才培养的主体。传统观念认为人才培养只针对学生，但实际上只有教师的观念、方法等有了创新和突破，对学生的培养才会水涨船高。同时，通过创新赛事、社会实践、交流访学等“干中学”活动，师生综合素质和水平均会得到提升。所以，蝴蝶的上翅主要以教师和学生的并行发展为核心，体现以人为本的教育理念。

二是人才培养离不开文化和思想的教育。培养师生的民族观、世界观，以及中西文化的融会贯通，对于民族高校国际经济与贸易专业的师生而言至关重要。面对欠发达的民族地区要有沉得下去的仁爱之心，同时还需具备国际化高度的开阔视野，并能作为民族和世界的沟通桥梁，发挥创新型、复合型应用人才的作用。

另外，教师和学生、民族与世界四个部分相辅相成、相互作用、相互联系，结合“四象限”的融合突破，共同实现国际经济与贸易专业人才培养的目标。

20.3.2 “蝴蝶双翅”模型的教学实践特色

结合“蝴蝶双翅”模型的内涵，在教学实践中不断优化方案，逐步形成具有经济学院特色的课程体系。在校内开展创新型“7＋X”联合授课模式，突破传统教学方法、教学手段和教学形式，即校内国际经济与贸易专业师资团队的7位专业课教师与X位国内外企业导师或校友资源进行联合授课，全程采用混合式教学方法进行小班互动教学和实践，同时，“7+X”位校企教师也作为学生“双创”活动的导师进行赛事或创业指导，将“四象限”教学模式践行落实。

20.4　教学成果推广应用意义

本文的研究对于民族高校国际经济与贸易专业人才培养的教学改革和模式研究是一个补充，创新性地提出了“蝴蝶双翅”模型的人才观、民族观和世界观并行教育理念，并通过“四个融合”进一步落实教学模式，对其他高校或其他专业的人才培养模式改革具有一定借鉴和示范作用。但由于篇幅所限，在支撑数据图表、教学实践案例和民族高校地区多样性、复杂性方面的分析，还存在一定的不足。

参考文献

[1] 洪光荣．创新导向下的乡村规划教学研究[J]．产业与科技论坛，2018(5)：159－160.

[2] 方长明．关于提高民族高校世界史教学质量的几点思考[J]．教育教学论坛，2014(5)：29，86.

[3] 李静，陈延伟，焦阳．在专业课程中以“创新”为导向的研究性教学研究与实践[J]．大学教育，2015(7)：111－113.

[4] 汤大莎．蝴蝶模式——校企合作人才培养的创新模式[J]．教职论坛，2006(24)：19－21.

后 记

本书是西南民族大学2018年度中央高校教育教学改革专项“民族高校应用经济学创新型、国际化人才培养模式研究”（项目主持人是郑长德教授）的研究成果。

参加课题研究的主要是西南民族大学经济学院的教师，本书各章撰写人员：第1章民族高校本科教学管理体系研究——以西南民族大学经济学院为例，作者李道凤、王巍伟、余国娟；第2章高校加强中国特色社会主义政治经济学教研思考，作者黄毅；第3章民族院校高等数学教学改革探讨，作者何雄浪；第4章经验数据、规范性回归与博弈论的应用——简述产业组织理论的演化，作者安果；第5章基于生涯理念的大学生就业指导课程设计分析，作者冯筱；第6章信息网络化背景下金融专业人才培养模式探究，作者伍艳；第7章国际化创新型人才金融学双语教学课程建设与改革研究，作者杨海燕；第8章社交媒体在国际商务沟通课程教学模式创新中的实践探索，作者刘彤；第9章国际贸易理论与实务课程教学模式探究，作者王焱霞；第10章以问题为基础的教学模式在证券投资学课程中的应用研究，作者付强、文斌；第11章金融开放背景下“反洗钱硕士”培养初探：模式、手段与课程，作者熊海帆；第12章政治经济学创新型教学方法初探，作者张小兰；第13章论高校双语教学中存在的问题和改进建议，作者杨云鹏；第14章产业经济学创新型人才的教学方法研究，作者张小兰；第15章审计学案例教学探索与体会，作者姜太碧；第16章案例分析法在财务报表分析课程教学中的运用，作者刘天；第17章民族院校金融本科生就业选择经验及误区探讨，作者王永莉；第18章应用型人才培养目标下财政学专业课程实验实践教改研究，作者肖育才；第19章高校经济学实验性教学现状及改革路径，作者黄毅、戴季容；第20章民族高校国际经济与贸易专业人才培养质量的教学实践创新，作者涂裕春、石川。李道凤老师承担了课题的部分组织工作，对书稿进行了统筹编辑。在项目的申报过程中，西南民族大学经济学综合实验教学中心的石川老师和文斌老师做了大量的工作。感谢课题组全体成员的辛勤付出。

感谢西南民族大学校领导和发展规划与学科建设处对经济学院教学研究的鼎力支持！特别感谢发展规划与学科建设处原处长刘兴全教授的关心和督促！特别感谢西南民族大学经济学院领导对教学研究和改革工作的重视和支持！正是因为各级领导的关心、支持和督促，项目才得以顺利推进。

课题组成员在写作过程中参考、借鉴了有关教学改革发展的各种文献，包括书籍、报纸、文件资料和互联网上搜集到的各种信息，在此，对各位作者表示最真挚的感谢！

最后，还要感谢中国经济出版社经管分社社长李煜萍以及所有为本书出版付出辛勤劳动的出版社的老师们！

由于本书涉及内容广泛，课题组能力有限，书中难免有疏漏之处，敬请读者批评指正。本书各章的作者对所撰写章节承担完全责任。

课题组
2020年4月10日于蓉城